「大東亜共栄圏」経済史研究

Yuzo Yamamoto 山本 有造 ……【著】

名古屋大学出版会

私は，比較級や最上級のことばのみを用いたり，思弁的な議論をするかわりに，自分のいわんとするところを数，重量または尺度を用いて表現する。　　　　　　——W. ペティ『政治算術』

はしがき

　本書『「大東亜共栄圏」経済史研究』は，著者の日本植民地帝国研究に関する第3論集に当たる。第1論集『日本植民地経済史研究』は日本帝国の「公式植民地」を取り扱い，第2論集『「満洲国」経済史研究』は「満洲国」を主題とした。そして本書では主に「大東亜共栄圏」をテーマとする。

　これら3著を通じてわれわれが目指したところは，広義の「日本植民地帝国」における植民地支配の態様を実証的に明らかにすることであった。日本と「植民地・支配地・占領地」の間の支配と被支配の関係，およびその結果としての植民地経済の実態をできるだけ数量データに基づいて描き出すことにあった。

　採られた基本的な方法は，いわゆる「数量経済史的方法」である。数量経済史という方法についてはかつて少し触れたことがあるので，ここで詳述することはやめる[1]。私の方法を一言でいえば，「国民経済計算」的な枠組みによりつつ，主に国民所得，マクロの生産指数，国際収支に関する数量データを整備し，その解析を行おうとするものである。

　3著を通じての問題は常にマクロ的数量データの探求にあった。まず基礎資料を見つけ出すこと，基礎資料を必要に応じて加工すること，それら資料を最も適当な形で分析すること，こうした作業は多くの人々が考えるほど複雑ではないが，またそれほど簡単でもない。第1論集ではデータの推計に苦労した。第2論集ではデータの発見に苦労した。本書第3論集では基礎データに何を用いるか，その選択に苦労した。第1論集では公式植民地の国民所得と国際収支の新推計資料を取り揃えることができた。第2論集では既存統計の精査により「満洲国」国民所得と国際収支に関する良質の資料を見つけることに成功したが，分析においては国民所得に代えてマクロ生産指数を利用することにした。この第3論集では，結局のところ，物量データによる貿易（交易）分析を中心に据え，これを国際（対外）収支と金融システムの分析で補完するというきわ

めて限定的で，あまり変わり映えのしない方法を取ることになった。

　厳しい国家統制の下にありながらハイパー・インフレーションが亢進する戦時経済の実態を明らかにするに当たって，どのような数量データに依存することができるであろうか。「大日本帝国」を中核とし，「満洲国」および中国関内を含む「北方圏」と，ほぼ東南アジア全域を含む「南方圏」とを包含する「大東亜共栄圏」の経済関係を知るためには，どのような数量データを利用するのが良いのであろうか。本文で明らかにするように，国民所得推計の試みも，国際収支推計の資料もなかったわけではない。しかし結局のところ，現在われわれがとりあえず安心して依拠しうる最大の資料は，金額ベースではなく物量ベースの貿易統計ということになった。「大東亜共栄圏」の数量経済史的分析はいまようやく始まり，前途は正しく遼遠というのが実感である。

　本書は全9章を3部に分かって構成される。第I部「日本植民地帝国」論は，1895（明治28）年4月下関条約調印から1945（昭和20）年8月ポツダム宣言受諾まで，約50年にわたる「近代植民地帝国」としての「日本帝国」の構造と特質を概観しようとする。主論文である第1章「日本植民地帝国の展開と構造」は，まず，1942（昭和17）年前後「大東亜共栄圏」期の「肥大した日本帝国」の構造を3つの環節を持つ帝国としてモデル化するとともに，その形成過程を3つの段階に分けて分析しようとした。続く2章はこれを補足する論考である。第2章「近代日本帝国における植民地支配の特質」は，比較史的観点から日本の特質を見た植民地論を提示し，第3章「日本植民地統治における「同化主義」の構造」は社会学的方法を借りて，「日本的同化主義」の特質を考えようとした。

　第II部「大東亜共栄圏」論は，「大東亜共栄圏」という概念の形成過程を追った総論的な第4章「「大東亜共栄圏」構想とその構造」を除いて，戦時期「大東亜共栄圏」に関する「国際収支」分析である[2]。第5章「「大東亜共栄圏」交易論」では，市場経済的な「貿易」概念に代わって統制経済的な「交易」概念が展開するなかで，中国を含む「円域交易」と南方占領地の「軍直営交易」，およびその中間に位置する南方乙地域すなわち「仏印・タイ交易」の

方式と体制，そしてそれら交易の統計的実態（品目と数量）を解析した。第6章「「大東亜共栄圏」と日本の対外収支」では，「大東亜共栄圏」と日本本土との間の当該時期の「国際収支」，すなわち貿易（交易）収支，貿易外（交易外）経常収支，および資本収支の状況を概観し，総力戦戦時期に現れる特有の諸現象・諸問題を明らかにした。日本植民地帝国50年の歴史を通じて，日本本土と植民地の対外経済関係をごく要約していえば，ペイパー・マネーをばら撒いて植民地資源を吸収するシステムの構築ということになろう。そしてこのシステムは，戦時統制と戦時インフレーションがその極限に達した「大東亜戦争」の下で最も暴力的な様相を呈した。第7章「「大東亜金融圏」論」は，この問題を，国際収支の決済と国際金融システムという面から考察する。

　第III部「南方共栄圏」論は「南方圏」に関わるやや補完的な2論文を収める。第8章「「南方圏」交易論」は第5章の詳論であるが，ここでは当該戦時期の最大の戦略物資としての石油およびその輸送に焦点を当てた。また第9章「「南方圏」国民所得の推計について」はどちらかといえば資料篇に属する補論である。

　本書を『「大東亜共栄圏」経済史研究』と称することには，必ずや羊頭狗肉との批判を受けるであろう。繰り返しになるが，われわれが選んだ道は政策史ではなく数量経済史的実証分析であった。この道はいまようやくその出発点に立っている。それにしても，筆者の非力を思わないわけにはいかない。とりあえずは，「私の」日本植民地帝国史3部作の最後を形にできたことで満足したい。

［註］

1）山本［1992］はしがき，［2005］［2011b］。なお数量経済史に関する最近の解説としては，斎藤［2010］を見よ。植民地の「経済発展」を論ずる数量経済史的手法に対して，これを「開発論」的方法と呼ぶ慣習がある。ここでいう「発展」はむしろ「展開」の謂であって，必ずしも「進歩」や「改善」を意味するものではないので，この用語はミスリーディングであると考える。また数量的研究が制度史を軽視するという批判があるが，良い推計が良い制度史理解の上にはじめて成り立つことは，いまさら多言を要しな

2）国際収支分析のもうひとつの主要分野である資本移動，なかでも事業投資については近年研究が進んでいる。「大東亜共栄圏」期の「中国圏」および「南方圏」に限っても，疋田 [1995] 第2章，第7章，第8章，第9章，第10章，柴田 [2005][2008], 春日 [2010], ほか多くの優れた研究が見られる。なお補足すれば，当時の帝国内人口移動については蘭 [2008], また労働動員については金子 [2007], 等が参考になる。

凡　例

(1) 年次の表記は，原則として西暦表記に統一し，必要に応じて括弧内に元号を記した。法令など本来元号を頭書する場合においても西暦で記し，あるいは省略した場合があるが（たとえば 1896（明治 29）年法律第 63 号「台湾ニ施行スヘキ法令ニ関スル法律」），必要に応じて元号で頭書した場合もある（たとえば「昭和 18 年度交易計画」）。
(2) 資料の引用については，出典・出所として記載したものに拠った。基本的には出典の原文のママとしたが，旧字体は新字体に改めた。ひらがな，カタカナについても出典に拠った。
(3) 「満洲」「満州」については，基本的には前者を採ったが，引用あるいは参考文献については元の表記に従った。
(4) 「中国」「支那」「清国」「中華民国」については，一般的には「中国」と表記するが，引用その他の事情により異なる。「華北」と「北支」などについても同様である。
(5) 地名についてはなるべく常識的で平易な読み方に統一したが，時代と引用により表記を異にすることがある。たとえば，マレイ，マレー，マラヤ，マライ（馬来），あるいはシンガポールと昭南のごとくである。
(6) 数表における「0」は単位以下を，「―」は皆無を，「…」は不詳を示す。またブランクはデータなしを意味する。

目　次

はしがき　i
凡　例　v
図表一覧　xi

第I部　「日本植民地帝国」論

第1章　日本植民地帝国の展開と構造 …………………… 3

はじめに　3
I.　「公式帝国」の形成　5
II.　「非公式帝国」の拡大　11
III.　南方進出と「大東亜共栄圏」　17
むすび　25
　　──日本帝国の終焉──

第2章　近代日本帝国における植民地支配の特質 ………… 33

はじめに　33
I.　遅れてきた帝国　33
II.　東アジアの帝国　35
III.　帝国の皇民化　38
IV.　帝国の工業化　40
むすび　42

第3章　日本植民地統治における「同化主義」の構造 …… 45

はじめに　45

I.「同化主義」の対応概念　46
　　　　1)「同化主義」対「分離主義」／2)「同化主義」対「協同主義」／3)「同化主義」対「自治主義」
　　II.「同化主義」に関する二次元モデル　54
　　III.「同化主義」の日本的特質　59
　　むすび　63

第II部　「大東亜共栄圏」論

第4章　「大東亜共栄圏」構想とその構造 ……………………… 69
　　――「大東亜建設審議会」答申を中心に――

　　はじめに　69
　　I.「大東亜共栄圏」構想の成立　70
　　II.「大東亜建設審議会」について　76
　　III.「大東亜建設審議会」答申における「大東亜共栄圏」構想　81
　　　　1) 大東亜経済建設基本方策／2) 大東亜産業建設計画／3) 大東亜物流金融基本政策／4)「中核体」対「外郭体」
　　むすび　92

第5章　「大東亜共栄圏」交易論 ……………………………… 97

　　はじめに　97
　　I.「大東亜交易」という構想　98
　　　　1) 日中戦争と戦時経済統制の開始／2) 太平洋戦争と「大東亜共栄圏」の建設／3)「大東亜計画交易」という概念
　　II.「大東亜交易」の方式と体制　105
　　　　1) 円域内交易／2) 対仏印およびタイ交易／3) 南方占領地交易／4) 交易営団の設置
　　III.「大東亜交易」の統計的実態　111
　　　　1)「大東亜共栄圏」交易の概要（価額）／2)「大東亜共栄圏」交易の概要（品目と数量）／3)「中国」と「南方」に関する補足的考察

むすび　120

第6章 「大東亜共栄圏」と日本の対外収支 …………… 127

はじめに　127

I. 戦時期日本の対外収支統計　127

1) 統計概観／2) 項目分類とその内容／3) 地域分類とその問題

II. 戦時期日本の対外収支（総括）　133

1) 前史概観／2) 貿易（交易）収支／3) 貿易外（交易外）収支／4) 金銀収支／5) 収支不均衡の決済

III. 戦時期日本の対外収支（地域別）　141

1) 統計概観／2) 対「満洲国」収支／3) 対蒙疆・華北収支／4) 対華中・華南収支／5) 対タイ・仏印収支／6) 対「南方甲地域」収支

むすび　152

第7章 「大東亜金融圏」論 ……………………………… 157

はじめに　157

I. 「大東亜金融圏」構想の成立　157

1) 新体制運動と「基本国策要綱」／2) 太平洋戦争と「我国対外金融政策ノ根本方針ニ関スル件」／3) 大東亜建設審議会と「大東亜金融財政交易基本政策」

II. 「大東亜金融圏」構築の工作　165

1) 円系通貨圏の拡大／2) 双務的清算協定／3) 特別円制度／4) 日銀改組と綜合清算制度構想

III. 「大東亜金融圏」機構の崩壊　177

1) 「大東亜金融圏」の決済構造／2) 「円」等価リンク政策とその矛盾／3) 価格差調整の諸方策

むすび　184

第 III 部 「南方共栄圏」論

第 8 章 「南方圏」交易論 …………………………………… 191
　　　　──市場から資源へ　貿易から交易へ──

　はじめに　191
　　　──外南洋・南方・東南アジア──
　I.　「南方圏」交易前史　194
　　　──1920年代・30年代──
　　　1) 地域別・国別概観／ 2) 商品別概観／ 3) 貿易摩擦の発生
　II.　「南方圏」交易の形成　204
　　　──占領地統治体制の整備──
　　　1) 「南方」進出とその目的／ 2) 対蘭印・対仏印経済交渉／ 3) 「南方占領地」経営方針／ 4) 「南方交易」の体制整備
　III.　「南方圏」交易の展開　216
　　　──資源の内地還送を中心に──
　　　1) 「南方物資取得三ヵ年計画」／ 2) 内地還送の実績／ 3) 石油の内地還送／ 4) 南方への物資供給
　IV.　「南方圏」交易の崩壊　230
　　　──資源の内地輸送を中心に──
　　　1) 海上輸送力の喪失／ 2) 石油輸送線の切断／ 3) 終戦処理
　むすび　235
　　　──東南アジア貿易の復活──

第 9 章 「南方圏」国民所得の推計について …………… 245
　　　　──解題・高橋泰蔵『南方経済に於ける国民所得の推算に関する一資料』──

　はじめに　245
　I.　南方経済に於ける国民所得の推算に関する一資料　245
　II.　東京商科大学東亜経済研究所・南方派遣調査班　253
　III.　戦時期の国民所得推計と国家資力研究所　256
　むすび　260

附図　東京よりの等距離図　266
附表　戦時「日本帝国」関係略年表　268
あとがき　273
参考文献一覧　275
索　　引　287

図表一覧

表 1-1	「大東亜共栄圏」期・日本帝国の構造	4
表 1-2	公式「大日本帝国」の版図	6
表 1-3	「大東亜共栄圏」の版図	18
表 1-4	南方軍各司令部の担当軍政地域（1942年）	21
表 4-1	大東亜共栄圏および接壌地域の面積および人口（1940年）	72
表 4-2	銑鉄・普通鋼材生産目標	87
表 5-1(1)	大東亜共栄圏内の相互交易（輸出）	110-111
表 5-1(2)	大東亜共栄圏内の相互交易（輸入）	112-113
表 5-2(1)	日本の輸出と大東亜共栄圏の地位	折込
表 5-2(2)	日本の輸入と大東亜共栄圏の地位	折込
表 5-3	日本対「中国」輸出入地域別表	118
表 5-4	日本対「南方圏」輸出入地域別表	118-119
表 6-1	「円ブロック」形成期・日本の対外収支	134
表 6-2	「大東亜共栄圏」期・日本の対外収支（総括表）	136-137
表 6-3	「大東亜共栄圏」期・日本の対外収支（地域別総表）	142
表 6-4	「大東亜共栄圏」期・日本の対外収支（1943年度・地域別明細表）	144-145
補表 6-1	1943年（度）貿易諸統計の対比表	156
表 7-1	基本国策要綱ニ基ク具体問題処理要綱（1940年8月1日閣議決定）	159
表 7-2	「基本国策要綱」に基づく重要施策要綱（閣議決定の分）	160
表 7-3	「大東亜建設審議会」部会答申一覧	164
表 7-4	中国における円系通貨一覧	166
表 7-5	南方諸地域の通貨体制	167
表 7-6	大東亜共栄圏諸地域における通貨発行高と物価指数	180-181
表 8-1	「南方圏」各地の面積と人口	192
表 8-2	「東南アジア」諸国の面積と人口（2002年現在）	193
表 8-3(1)	戦前期日本（本土）の地域別輸出概表	194-195
表 8-3(2)	戦前期日本（本土）の地域別輸入概表	196-197
表 8-4	「東南アジア」国別・地域別輸出入表	198-199
表 8-5	日本対南洋主要商品別輸出入額表	202
表 8-6	南方物資取得三ヵ年計画	217
表 8-7	戦時中南方物資輸入実績	219-222
表 8-8	南方石油の生産実績と内地還送	226
表 8-9	南方向け輸出織物の戦前・戦時比較対照表	229

表 9-1	馬来に於ける通貨消費の推算	248
表 9-2	馬来に於ける国民所得と貿易の比較	250
表 9-3	旧蘭印に於ける職業別人口による1日当りの所得の推算（1930年）	250
表 9-4	南方軍の編制と調査機関担当団体	254
表 9-5	国家資金計画の概要	259
附 表	戦時「日本帝国」関係略年表	268-271

図 1-1	日中戦争期「中国関内」関係略図（1941～42年）	16
図 1-2	アジア太平洋戦争期「南方圏」略図	20
図 1-3	「大東亜新秩序」の内部的政治構図	22
図 3-1	日韓併合時のジャーナリズムにおける「同化主義」の構造（山中モデル）	55
図 3-2	「同化主義」の構造に関する改訂山中モデル（山中＝山本モデル）	58
図 7-1	日本と諸地域との為替取引方式	178
図 8-1	南方地域別産油額（1940年）	225
図 8-2	太平洋戦争期の船舶保有量	231
補図 8-1	昭和18年度大東亜各地域相互交易計画図解	243
図 9-1	高橋泰蔵『南方経済に於ける国民所得の推算に関する一資料』	246
附 図	東京よりの等距離図	266-267

第Ⅰ部
「日本植民地帝国」論

第1章　日本植民地帝国の展開と構造*

はじめに

　1941年12月8日未明，日本軍によるマレー半島上陸と真珠湾攻撃により始まったアジア太平洋戦争は，緒戦の「赫々タル大戦果」によりその占領地を「南方方面」において次々と拡張した。1942年2月までに香港，マニラ，シンガポールを占領した「南方作戦」は，5月ビルマのマンダレー占領をもって一段落をつけ，対日協力政権と軍政支配による「南方経営」に入った。

　1942年初夏，「大東亜共栄圏」建設がいまだ夢見られていた前後の時点において，そこに想定されていた「大東亜共栄圏」とはどのような外貌を持つものであったか。それは，(1)「日本帝国」(日本本土＋公式植民地)，(2) 満蒙・中国を主体とする「北方圏」，そして (3) 東南アジアに広がる「南方圏」からなる，「南に肥大した日本帝国」として存在した。あるいは，それを支配の形態にまで立ち入って区分すれば，帝国宗主国としての日本本国を中核として，① 公式植民地，② 傀儡政権による支配地，③ 軍事占領地，の3環節からなる「円環的に拡大した日本帝国」として存在した。まず，1942年前後をイメージしたその版図の見取図を表1-1のように整理する[1]。

　このように，その最後の段階において3つの環節から形成されることになった「肥大した日本帝国」は，それでは一体どのような経緯を経て作り上げられたのか。われわれはその過程を，①「公式帝国」の形成，②「非公式帝国」の拡大，③ 南方進出と「大東亜共栄圏」，という3段階をもって観察しようとする。

　本章は，近代における日本植民地帝国の展開と構造を，一種の「模式図」と

表 1-1 「大東亜共栄圏」期・日本帝国の構造

支配の類別			地域および備考
統治本国 　宗主国	いわゆる日本内地	日本本土	明治憲法公布施行時における「大日本帝国」
公式植民地 　植民地①	日本が完全な統治権を持つもの	台　湾 南樺太 朝　鮮	台湾および澎湖諸島 北緯50度以南の樺太
植民地②	日本の統治権が完全でないもの	関東州 南洋群島	中国からの租借地 国際連盟の委任統治地域。米領グアムを除くマリアナ諸島，カロリン諸島，マーシャル諸島
傀儡政権支配地 　支配地①	日本の支配力の比較的強いもの	満　洲 蒙　疆 華　北	熱河省を含む「満洲国」 蒙古聯合自治政府の支配地。察哈爾・綏遠2省に山西の一部を含む 華北政務委員会の支配地。河北・山東・山西の3省に河南・江蘇の一部を含む
支配地②	日本の支配力の比較的弱いもの	華中・華南 タ　イ 仏領インドシナ	南京中華民国政府（汪兆銘政権）の支配地 日タイ軍事同盟による同盟国 ヴィシー政府との共同統治
日本軍占領地 　占領地①	陸軍主担任地域	香　港 フィリピン 英領マレイ スマトラ ジャワ 英領ボルネオ ビルマ	
占領地②	海軍主担任地域	蘭領ボルネオ セレベス モルッカ諸島 小スンダ列島 ニューギニア ビスマルク諸島 グアム島	

して描いてみることを目的とする。

I.「公式帝国」の形成

　いま「国内植民地」としての北海道，沖縄（琉球），小笠原，千島の問題はしばらく措くとすれば，「近代植民地帝国」としての日本の出発を，日清戦争戦勝の結果として中国（清国）から台湾（および澎湖諸島）の割譲を受けた1895（明治28）年の時点に置くのが妥当であろう[2]。同年4月の日清講和条約（下関講和条約）締結にともなう台湾の割譲から1932（昭和7）年3月「満洲国」建国までを，大きく日本植民地帝国史の第1期とする。この期間は，明治維新によって「国民国家」を目指した日本が，国際条約による戦利品としてはじめての「公式植民地」台湾を獲得して以来，日本の国家防衛の拠点としての「韓満―満蒙」を「面として」確保することに成功した時点までをカヴァーする。

　日清戦争に続く日露戦争戦勝の結果として，1905（明治38）年には南樺太の割譲と関東州（および満鉄附属地）の租借権の譲渡を受けた。長く日清，日露間の争点であった朝鮮（韓国）については，1905年にこれを「保護国」とし，1910（明治43）年に至って併合＝完全植民地化を果たした。さらに，第一次世界大戦中に占領した旧ドイツ領南洋群島が1921（大正10）年国際連盟による委任統治地として日本の支配下に置かれた。以上によって「近代植民地帝国」としての日本帝国の骨格が定まることになった。いまその版図の概要を示せば表1-2のごとくである[3]。

　台湾をはじめとして次々に植民地獲得に成功した日本では，「日本本国」と「新附の植民地」を区別する用語として，これまでの日本本土を「内地」，植民地を「外地」と呼ぶ慣習が広く行われるようになった。これに従い法制上でも「外地法」あるいは「外地法令法」といった用語が広く使用されたが，その定義に確定的な説があるわけではない[4]。ここではひとまず，次の定義に従うことにする（清宮四郎『外地法序説』有斐閣，1944年，29頁）。

すなわち，一国の領土（純領土および準領土を含む）内のある部分領土について，領土としての素質・機能においていまだ統一的な領土に編入せられ得ない事情が存し，そこには全国にわたる統一的統治の除外例が認められ，該部分領土に通用する統治行為の定立の仕方が憲法に普通に定められたものと原理を異にし，しかも該部分領土に通用する法が一つの部分法体系を形成すると見られる場合に，かかる部分領土を外地という。

これに従って，まず地理的範囲からいえば，「大日本帝国憲法」（明治憲法）の施行時すなわち1890（明治23）年11月29日現在において「大日本帝国」の領土であった本州，四国，九州，北海道（千島列島を含む），沖縄諸島，小笠原諸島，およびこれらに附属する島嶼を「内地」といい，同施行後に新たに日本の領土（または準領土）となった台湾，南樺太，朝鮮，関東州，および南洋群島を「外地」とする。

なお「外地」たる5地域については，台湾，南樺太，朝鮮が日本の純然たる領土として日本帝国に併合されたのに対して，租借地たる関東州および委任統治地たる南洋群島は国際法上日本の統治権が完全かつ無制限に行われる領土とはいいがたく，また国内法的にも時に特殊な取り扱いがなされたために，前者を「純領土たる外地」，後者を「準領土たる外地」と区別することがある[5]。

要するに法制上の「外地」とは，日本の統治権の及ぶ範囲でありながら「内地」とは異なる法体系が妥当する地域，すなわち「異法領域」を形成する地域を指すものであり，台湾以下の5外地はそれぞれに内地とは別個の法体系を持つ独自の法域を形成したのである。ただし個別の法領域については「内地」の法域に

表1-2 公式「大日本帝国」の版図

（単位：千平方キロ，千人）

	面積	人口		
	1940年	1920年	1930年	1940年
日本本土（内地）	383	55,963	64,450	71,420
植民地（外地）	298	21,997	27,344	32,111
台　湾	36	3,655	4,593	5,872
南樺太	36	106	295	415
関東州	3	920	1,328	1,367
朝　鮮	221	17,264	21,058	24,326
南洋群島	2	52	70	131
総　計	681	77,960	91,794	103,531

出所）山本［1992］表3-1。原資料は大蔵省管理局［1950a］第2章。
註）関東州の1920年，1930年の人口数値には満鉄附属地を含む。

統合しあるいは「内地法」と同一法令を施行することを妨げていないから，ある地域について全面的または部分的に，あるいは「外地の内地化」が起こり，あるいは「外地の外国化」が起こる事態が発生した[6]。

　日本の植民地法制が，各植民地長官に広範な立法権を委任し，植民地ごとに個別の法領域を形成したことは以上のとおりであるが，このことはまた行政権および司法権の行使についても同様であった。日本の植民地統治は，天皇の統治権に直結する植民地長官に権限を集中し，内地権力（議会・内閣・大審院）の干渉を極力排除する形に設計された。その代表例は朝鮮統治である。

　1910（明治43）年公布施行の「朝鮮総督府官制」によれば，陸海軍大将から親任され「天皇に直隷する」総督には，天皇の委任により政務全般のほかに陸海軍の統率権をもあわせた強大な権限を付与された。まず立法権では，総督の命令である「制令」および「総督府令」によって広く朝鮮の法規を制定することができた。また官制の制定，官吏の任免は国務大臣の輔弼，植民地特別会計予算には帝国議会の協賛を要したが，そのほか内地であれば勅裁に委ねられる事項あるいは各省大臣の権限に属する事項も，広く総督の権限において定めうるものとされた（百瀬［1990］403頁以下）。こうした植民地政府（総督─総督府）の独立性は，早く台湾統治創設時の1896（明治29）年「台湾総督府条例」に定められ，朝鮮統治に引き継がれたものであるが，朝鮮の戦略的重要性を反映して，台湾よりも朝鮮においてより強く現れたといえる[7]。

　一方同じく「純領土たる外地」であるが，樺太においては総督府統治とはやや異なる統治方式が採られた。その居住民の構成や日本との関係が北海道と類似していたために統治方式もそれに準じ，1907年「樺太庁官制」により樺太庁および樺太庁長官が置かれた。また「準領土たる外地」に属する南洋群島では，1922年「南洋庁官制」により南洋庁および南洋庁長官が置かれた。樺太庁長官および南洋庁長官には基本的には兵権の委任はなく，また立法権の委任もなかった。

　「準領土たる外地」に属する関東州は，「満洲」との特殊な関係のために上の2類型が順次に現れた。まず，日露戦争中の占領地行政を担当した関東総督府の後身として関東都督府が置かれた。1906年「関東都督府官制」によれば，

陸軍大・中将から都督を選任し，兵権とあわせて関東州の管轄，南満洲鉄道線の保護取締，南満洲鉄道株式会社の監督に当たるものとされた。次いで，1919年の官制改革により都督府を廃して，その行政部分を関東庁（長は関東長官）に移し，陸軍部は独立して関東軍となった。1932年「満洲国」成立後は関東軍司令官が関東長官を兼務するとされ，さらに1934年の在満機構改革により関東軍司令官が兼任する満洲国駐箚大使大使館に関東局が設置され，その下に関東州庁（および関東州庁長官）が置かれた。

　日本の植民地統治が基本的に横に並列的であって，中央からの縦の統一が図られなかったことは，たとえば植民地全体を統括する強力な中央機関が設けられなかったことにも現れている。植民地行政を統括する中央官庁としては，ごく短期に拓殖務省（1896～97年），そしてのちに内閣拓務局が断続的に設けられてきたが，1929（昭和4）年に改めて独立した省としての拓務省が創設された。これにより，拓務大臣には朝鮮総督府，台湾総督府，関東庁，樺太庁，南洋庁に関する事務を統理し，あわせて南満洲鉄道株式会社（満鉄）および東洋拓殖株式会社（東拓）の業務を監督する権限が与えられた。ただし，拓務大臣の「統理」が植民地行政に対する「指揮監督」を意味するか否かについては拓務省官制審議の時期から論争があり，とくに朝鮮総督府は拓務大臣の監督権を認めないことを強硬に主張した。1934年関東庁から関東局への改組にともない，関東州および満鉄に関する権限は内閣に置かれた対満事務局に移され，さらに1942年には拓務省および対満事務局が廃止されて，朝鮮，台湾，樺太に関わる事務は内務省が，関東州，南洋群島に関しては新設の大東亜省が所管することになった。「純外地」行政の統括が「内地」各自治体と同様に内務省に移管されたことは時局下における「内外地行政一元化」の一環とされ，これにより朝鮮総督府以下に対する内務大臣の指示権が明示されるとともに，総督はまた所管の一定の事務に関して総理大臣および各省大臣の監督を受けるべきことが明確にされた。

　以上に見たような日本の植民地統治方式における「特別統治主義」という現実と，一方に日本の植民地統治思想に見られる「同化主義」という言説との関係については，また別に考えることにする（本書第2章，第3章参照）。ただ拓

務省の設置と改組に見られたような，植民地長官の権限を制限し，中央政府の監督指導を強化しようとする方向性は，台湾統治のはじめから存在し，時代を下るにしたがって次第に強まったといえる。以下，こうした動きを画した3つの局面について簡単に概観する。

　植民地統治における「植民地分離主義」対「内地延長主義」の議論は，台湾統治の開始に当たって，台湾立法権を広範に総督に委任した1896（明治29）年法律第63号「台湾ニ施行スヘキ法令ニ関スル法律」（いわゆる「六三法」）制定時に遡る。「外地」に対する「内地法延長主義」の立場を取り，かつ憲法の下における全ての法律は議会の協賛を要すると主張する民党側と，「内地」に施行することを主眼に制定された一般の「法律」を歴史・風俗・習慣の異なる新附の「外地」に施行することは統治政策に無理があるとし，かつ外地に随時施行する法律事項を民党議員に審議されることを好まない政府側との妥協の産物として，この「外地法令法」は3年間の時限立法として成立した。いわゆる「律令原則主義」の採用である。この結果「六三問題」をめぐる議論は議会において繰り返され，1906（明治39）年法律第31号「台湾ニ施行スヘキ法令ニ関スル法律」（いわゆる「三一法」）による「法律・律令並行主義」への移行を経て，1921（大正10）年法律第3号「台湾ニ施行スヘキ法律ニ関スル法律」（いわゆる「法三号」）による「内地法延長主義」に決着する。恒久法としての同法は，その第1条において「法律ノ全部又ハ一部ヲ台湾ニ施行スルモノハ勅令ヲ以テ之ヲ定ム」とし，台湾においても内地と同一の法律を施行することを原則とし，これを制限する律令ないし勅令を例外とすることとした。台湾統治の開始以来25年を経て台湾法令法は「律令原則主義」から「内地法・律令の並行主義」，そして「内地法延長主義」へと転換し，以後これが「終戦」に至るまでの台湾統治法の基本となった[8]。

　1919（大正8）年は日本の植民地統治政策に大きな変化が起こった年として記憶される。国内では1918年の「米騒動」による寺内正毅内閣の倒壊と原敬内閣の成立，また朝鮮における1919年「三・一独立運動」の高揚と第2代朝鮮総督・長谷川好道の辞任をきっかけとする，いわゆる「武断政治」から「文化政治」への転換がこれである。この年，各植民地官制が大幅に改定されて，

総督の兵権を解き，あわせて総督武官制が廃止され，また原敬首相の「内地延長主義」あるいは「漸進的同化主義」政策の具体化が指示された。この改革は台湾では一応機能して1919年10月前逓信大臣・田健次郎が初の文官総督として就任し，以後1936年9月まで9代にわたって文官総督の就任が続いた。一方朝鮮については，この改革にもかかわらず，最後の総督（第10代）阿部信行まで陸海軍大将経験者が総督の地位を独占し，「満洲事変」に当たって越境将軍・林銑十郎（朝鮮軍司令官）を生む土壌が続いた。

　日本の公式植民地統治政策に見られる第3の局面は，1940年代いわゆる「皇民化政策」と呼ばれる強い同化政策の展開である。これは，たとえば朝鮮においては，創氏改名の強要や小学校の国民学校への改編，特別志願兵制度から徴兵制の導入，また一方に（徴兵制に対する反対給付としての）植民地参政権の一部拡大が行われた。台湾についてもほぼ同様であるが，初期における皇民奉公会の結成や後期における「高砂義勇隊」の結成などに特色が見受けられる。さきに触れた「内外地行政一元化」もまたこうした流れの一環であった（水野［1997］）。なお樺太については1943年4月内地への編入を行い，ほぼ北海道と同等の地位に置かれるものとされた。これらは「総力戦」の進行と「拡大する帝国」の展開のなかに現れたいわば「外地の内地化」現象であり，それはまた，たとえば「『満洲国』の外地化」（さらには「『南方圏』の外地化」）などと並行して，帝国の中央から外周へ向かって進行した「同化現象」の一環として捉えることができる[9]。

　以上本節で述べたように，第一次世界大戦後，1920年代に一応の完成を見る「公式の日本植民地帝国」については，日本本土すなわち「内地」を中核とし，その外周を「純領土たる外地」としての南樺太，台湾，朝鮮が（この順序で「外地性」を強める形で，いいかえれば「内地性」を弱める形で）取り巻き，さらにその外周を「準領土たる外地」としての関東州，南洋群島が取り巻くという，いわば三重の円環構造として描くことができる。

II.「非公式帝国」の拡大

　1931（昭和6）年9月「満洲事変」の勃発とそれに続く1932年3月「満洲国」の成立は，日本植民地帝国50年の歴史を分かつ画期的な事件であった。場合によっては，われわれが第3期に分けた「大東亜共栄圏」期の展開もまた，この連続上に見ることができる。この2つの事件は，第一次世界大戦後の内外情勢の変化を背景として生みだされたものであり，かつその後の日本帝国膨張のあり方にモデルを提供したという意味で，まさに画期的であった（山本[2001][2003b]第1章）。

　内外情勢の変化の「外的」部分とは，「公式植民地」の確保・拡大によって「帝国」を膨張するという方式が第一次世界大戦後の世界においてすでに時代遅れになりつつあるという認識が広く共有されたことである。国際連盟の「委任統治」による「旧植民地」処分は，「植民地問題の公正な解決」「民族自決」といった思潮に対する西欧列強の弥縫策にほかならなかったが，ようやく「世界五大国の一員」にのし上がった日本としても，ひとりこの思潮に逆らうことは難しかった。また内外情勢の変化の「内的」部分とは，いわゆる「昭和軍閥」の成長であり，その内部での危機感の醸成であった。「軍部」の政治化と海外駐屯軍（関東軍・支那駐屯軍）の拡大が，「満洲事変」およびそれ以降の対外軍事行動の起動力になった。

　なぜこの時点において「満洲事変」は起こらなければならなかったのか。日露戦争以来，日本が主張する「満蒙特殊権益」の全面的確保を，① ソヴィエト・ロシアが軍事的に弱体なうちに，② 国際連盟や米英の介入を防ぎつつ，③ 国家的統一を進めつつある中国国民政府問題と切り離して解決することのできる方策とは何か。関東軍参謀で事変を主導した石原莞爾らは，この難題の解決を，圧政に苦しむ満洲人が内部的に分離することを関東軍が支援するという名分の下に，東北4省（黒龍江省，吉林省，遼寧省，熱河省）を軍事的に分離することで可能になるとした。それはまた，「ロシアが弱体のうちに，日中戦争を持久的に戦い，国力を充実させてアメリカとの最終的な戦争に向かうとい

う」石原独自の世界最終戦イメージを蔵するものであったことはよく知られている（加藤［2002］）。

　ではなぜ「満洲事変」の帰結が「満洲国」という形を取らなければならなかったのか。いまや時代遅れとなった「公式植民地」の獲得に代わる「非公式植民地」の獲得，そして中央が任命する（ということは国内政治からの介入をゆるす）「総督」の直接統治に代わって現地軍の「内面指導」による間接統治という方式，この知恵が生んだものが傀儡国家としての「満洲国」であった。このモデルがやがて中国関内への侵略に踏襲される。いわゆる「分治合作」主義と呼ばれた方式である（古厩［2004］232頁）。

　「満洲国」設立以来，日本は冀東・察南・晋北各自治政府など各地域を切り取っては傀儡政府を作ってきたが，日中全面戦争開始後もこの方針を受け継ぎ，小政権を合併して内蒙に蒙疆聯合委員会（37年11月，のちに蒙古聯合自治政府），華北に中華民国臨時政府（同12月），華中に中華民国維新政府（38年3月）を設立した。1938年7月，五相会議は「連合委員会若くは新中央政府の下に北支，中支，蒙疆等各地毎に其特殊性に即応する地方政権を組織し，……分治合作を行はしむ」（「支那政権内面指導大綱」）ことを策定して「分治合作」主義を確認し，1940年には「新中央政府」となるべき汪精衛政権が設立される。「大綱」は「諸政権の首脳者以下官吏は支那人とするも枢要の地位には所要に応じ少数の日本人顧問を配置し或は日本人官吏を招聘せしめ以て内面指導を容易ならしむ」とした。

　それではなぜ日本の中国侵略が「満洲国」をもって止まらなかったのか。日露戦争以来，日本が悲願としてきた「満洲」の面としての囲い込みは，何故に日本植民地帝国の自己完結性を構築することに成功しなかったのか。ここでは，「昭和軍閥」が本能的に持った膨張主義的傾向とは別に，「満洲から華北へ」という欲望の肥大化をもたらした経済的要因として，「満洲経済が本来的に有するその非完結性」を指摘したい。日本にとっての「満洲経済の非完結性」は，(1)「満洲」経済の非自立性，および(2)「満洲」資源の不完全性の2つに分けられる（山本［2003b］）。

　「満洲」経済の基盤をなす大豆モノカルチャーの原型は，中国人（漢人）移

住を軸とする中国関内との循環の上に形成された。この関内との紐帯を図式化すれば，華北とは人的（労働力）に，華中とは物的（大豆輸出・生活必需品輸入）に，そしてそれぞれに対応する金融ネットワークにより結ばれていた。大豆輸出の主要部分はやがて日・露の外国人資本に担われるが，しかし生産・国内流通・消費の場面における中国人ネットワーク・システムに基本的な変更はなかったのである。日本による「満洲国」の創設は，このネットワークを人為的に切断するものであった。満洲農村経済を維持するにせよ，鉱工業開発を図るにせよ，華北労働者の流入ないし季節移動を禁止しては円滑な労働力供給を行いえない。そして彼らの生活必需品の供給と配給を全て日本が負担しえない以上，人為的に切断されたネットワークは法の網を潜ってでも再生する。「満洲国」の創設，すなわち面としての満洲の支配は，点と線による満洲支配の時代には見えなかった満洲経済の非自立性を明らかにしたのである。

　日本の華北侵略を動機づけたより直接的な経済要因は，資源問題にあった。資源自給論の立場から，満蒙の次は中国本部という発想は早くから存在した。石原莞爾の満蒙領有論においてすら，長期的展望として「若シ（日米）戦争ノ止ムナキニ至ラハ断固トシテ東亜ノ被封鎖ヲ覚悟シ適時支那本部ノ要部ヲモ我領有下ニ置キ……東亜ノ自給自活ノ道ヲ確立シ長期戦争ヲ有利ニ指導シ我目的ヲ達成ス」（石原莞爾「国運転回ノ根本国策タル満蒙問題解決策」角田順（編）『石原莞爾資料―国防論策―』原書房，1967年，40頁）としていた。しかし，少なくとも当面「国防資源として必要なる殆んど凡ての資源を保有」する（板垣征四郎「軍事上より観たる満蒙について」『現代史資料7　満州事変』142頁）はずであった満洲が，必ずしも期待どおりの資源潜在力を持たないことが少しずつ明らかになった。

　日本が満洲国で取った経済政策は，大豆をはじめとする農産物に加えて鉄鉱，石炭，オイル・シェールなど日本に不足する重要資源の供給地として開発することにあったが，当初においては，むしろ（満蒙領有ではない満洲独立国構想とも関連して）日本からは一定の独立性を持った経済圏の建設が企図された。鉄鋼・アルミ・石油といった原料財の生産とそれを基礎にした重化学工業建設の計画がこれである。ここに，日満のさらに外側に資源供給地を求める（とく

に満洲だけでは十分でない資源を確保したいという）動きが生まれてくる。日本が，そして満洲が華北に期待した主要資源は，次の6つであった（「第二次北支処理要綱」『現代史資料8　日中戦争1』371-372頁）。まず鉄鉱石と石炭。無尽蔵ともいわれるその量とともに，とくに製鉄に不可欠の強粘結炭の供給が日満製鉄業の編成に必要とされた。次に塩と石油。石油は満洲において開発中の石炭液化事業を補完するもの，また塩は工業用原料塩で，アフリカから輸入されていた岩塩に代替する華北海岸で天日製塩されるもの。最後に綿花と羊毛。これらは華北および満洲において農民・労働者に供給する生活必需衣料の原料の意味も有していた。

　1933（昭和8）年2月からの熱河作戦そして5月の塘沽停戦協定は，「満洲国」建国過程の最終段階に属するが，それはまた新たに満洲国境を長城線にまで押し広げて，その外側（南側）に日中停戦区域を設定することにより，華北工作の拠点を形成することになった。いわゆる「華北分離工作」は，関東軍の策動に支那駐屯軍が積極的に連携することにより1935年以降本格化し，その延長線上に1937年の盧溝橋事件そして日中全面戦争が待ち受けていた。

　1940年（昭和15）3月，日本は汪精衛（兆銘）を擁して南京に「中華民国国民政府」（汪精衛政権または南京政府）を樹立し，日華基本条約を結んでこれを正統中央政府として認証した。こうして太平洋戦争前夜の日本の中国支配においては，「満洲国」，「蒙古聯合自治政府」そして「中華民国国民政府」という傀儡政権網が連携して当たる体制ができあがった。しかしそれが，「満・蒙」（そして一部「華北」）地域を除いて，ほとんど実効支配力を持たなかったことはすでによく知られている[10]。

　日中戦争期の中国は，（現代用語で大まかにいえば）(1)国統区（蔣介石国民政府の支配地），(2)淪陥区（日本軍の占領地・支配地），(3)解放区（共産党支配地）の3地域に分けられる。これらの地域はまた時期によって大いに伸縮するから，当時の日本の支配地を正確に定義・指示することは難しい。以下の証言は1939年段階のものであるが，しかし当時としてはかなり客観的な観察を示しているといえよう（中支経済研究所［1939］2-5頁）。

我が方が占拠せる地域は北支としては山東，河北，山西，河南，長江流域を含む中支に於ては江蘇，浙江，江西，湖南，湖北，南支は福建，広東等と言ふ風に広大なる地域に及んでゐるが，我が作戦が交通線を中心とせる為之等の各省のうち完全占領は数省に過ぎず他の大部分はその大半の地域が尚ほ蔣政権の下に存在している次第である。中支に例を採れば江蘇は大体全部我方に占拠されてゐるが浙江省は尚ほ半ば，安徽は三分の一程度，湖北，湖南，江西は夫々長江に沿ふた一部といつた工合である。そして之等の占拠地域は大体物資の集散地を中心としたものである。従つて実際に於ける物資生産地は未だ蔣政権の支配下に置かれてゐる。

ここでは言及されていない「解放区」が，日本が軍事・政治支配を強めていた「北支」において広く展開していたことは，今日ではすでによく知られている。当時の「解放区」については，「陝甘粛，晋察冀，晋冀豫，晋綏，冀熱遼，山東，蘇北・中，蘇浙皖，浙東，淮北，淮南，皖中，河南，鄂豫皖，湘鄂，東江，海南など19の解放区をもち，その面積は95万km^2，人口は9,550万人であり，これらの解放区は戦略的には重要な位置にあり，鉄道交通路を制圧しており，日本軍と傀儡軍は人民の部隊の包囲下にあった」という（姜念東ほか『偽満洲国史』吉林人民出版，1980年，中村・桐山［1985］29頁より再引）。これは，中国共産党が全面反攻にでる1945年段階の情況であるが，日本軍の支配地の内部もまたこのようなものであった。これら3地域の大略配置を石島紀之の地図を借りて図1-1に示す。

日中戦争期に喧伝されたいわゆる「日満支ブロック」なるものは，日本およびその公式植民地からなる「大日本帝国」，中国東北4省の「満洲国」，および蒙古聯合自治政府が支配する「蒙疆地区」，そして（形式的には南京政府に属するが実態的には別の政権を形成した）華北政務委員会が実質支配する「華北」の一部（「平津地区」）からなるものであった[11]。「支」のその他の大部分は，長江流域および海岸線に沿ったわずかな日本軍占領地と広大な未占領地からなっていたといえる。

以上本節で見たように，「満洲」は「華北」につながり，「華北」は「華中」

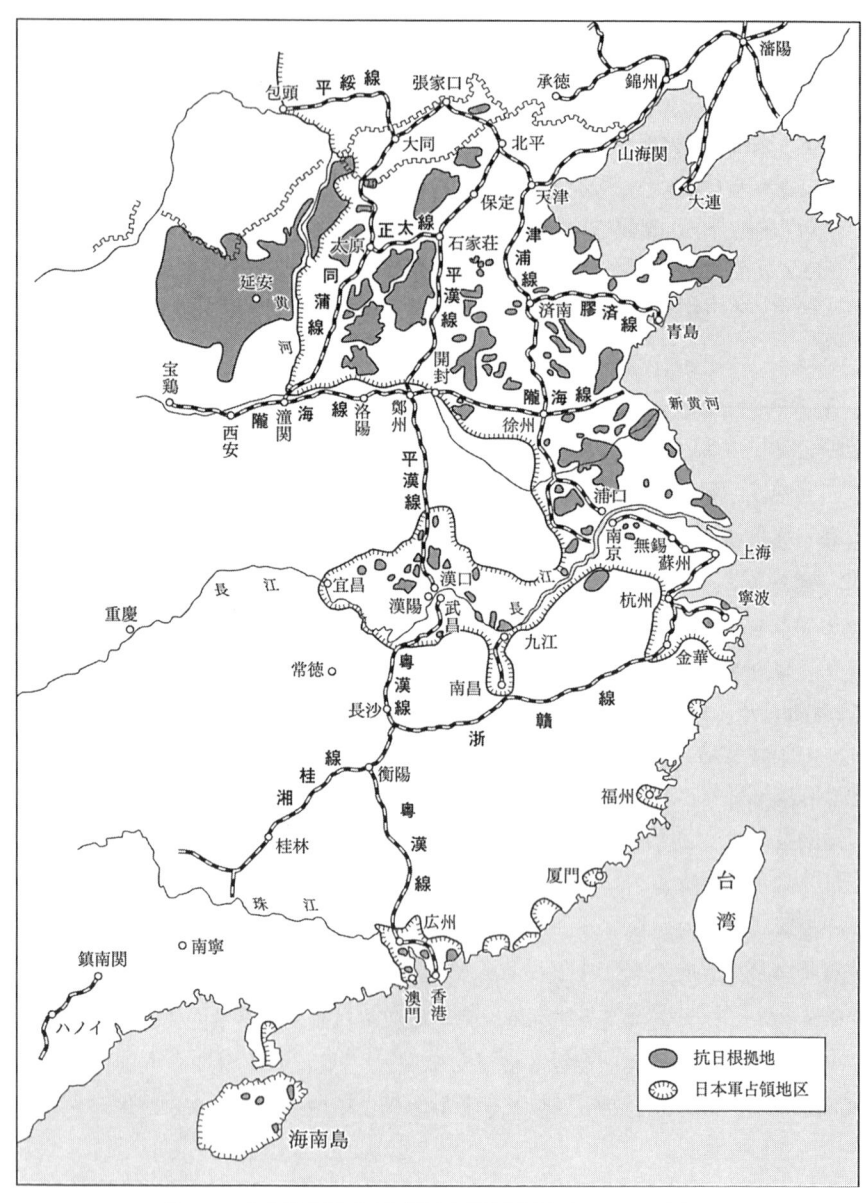

図 1-1　日中戦争期「中国関内」関係略図（1941～42 年）
出所）石島［1984］140 頁。

につながり，結局のところ日本は中国全体を敵に廻すことになった。「暴戻なる支那を膺懲する」ことに失敗した日本は，その背後にある米英勢力と対峙することを余儀なくされ，「南進」への道を選ぶことになる。長らく日本の対外政策の根幹をなしてきた「北進政策」を転じて，積極的「南進政策」に向かった政府・軍部の動機を，ごく単純にひとつには援蔣ルートの切断，ふたつには石油対米依存の打破にあったと要約すれば，その先にあった「大東亜共栄圏」建設の理念なるものの実態がどのようなものであったか。それを類推することは難しくない[12]。

III. 南方進出と「大東亜共栄圏」

　1941（昭和16）年12月10日大本営政府連絡会議は，12月8日にはじまる「今次の対米英戦は支那事変をも含めて大東亜戦争と呼称す」とし，また「即ち大東亜戦争と称する所以は，大東亜新秩序建設を目的とする戦争なることを意味す」として，「大東亜戦争」の目的が「大東亜共栄圏」の建設にあることを明らかにした。

　「大東亜共栄圏」という概念と用語の生成について，詳しくは本書第4章の考察に譲る[13]。「日満支」に「南方」を加えた「大東亜共栄圏」建設が行動プランに登場するのは，1940（昭和15）年7月第二次近衛文麿内閣の成立前後であった。同年7月26日の閣議決定「基本国策要綱」において「皇国ヲ核心トシ日満支ノ強固ナル結合ヲ根幹トスル大東亜ノ新秩序ヲ建設スル」ことが謳われ，次いで7月27日の大本営政府連絡会議における「世界情勢ノ推移ニ伴フ時局処理要綱」により，時局の変転を利用し「好機ヲ捕捉シ」て「対南方武力行使」を推進する方針が決定される。ここに，「東亜」に加えて「南方」を含む「大東亜」の観念が明示的に姿を現すことになる。

　しかし「大東亜共栄圏」の地理的広がりが具体的に姿を現すのはもう少し遅れる。すなわち同年9月6日四相会議決定「日独伊枢軸強化に関する件」の別紙第3「日独伊強化ニ対処スル基礎要件」のなかに「皇国ノ大東亜新秩序建設

表 1-3 「大東亜共栄圏」の版図
（単位：千平方キロ，千人）

	面 積	人 口
大日本帝国	681	103,531
日本本土	383	71,420
植民地	298	32,111
中　　国	2,871	243,661
満洲国	1,303	43,203
蒙古聯合自治政府	615	5,508
中華民国臨時政府（華北）	603	116,306
中華民国維新政府（華中）	350	78,644
南方圏	4,402	138,678
タイ国	620	15,718
仏領インドシナ	630	23,854
英領マレイ	136	5,330
英領ボルネオ	211	931
ビルマ	605	16,119
蘭領インド	1,904	60,726
フィリピン	296	16,000
総　　　計	7,954	485,870

出所）小林［1988］43 頁，岡部［1979］第 1 表，第 2 表。原資料は大蔵省管理局［1950a］，ほか。
註 1 ）人口は 1940 年基準。
　 2 ）中国のうち，「華北」については「蒙疆」を除く華北全域，「華中」については浙江，江蘇，安徽 3 省の合計と思われる。

ノ為ノ「生存圏」」の定義として「日満支ヲ根幹トシ旧独領委任統治諸島，仏領印度（支那——山本）及同太平洋島嶼，泰国，英領馬来，英領ボルネオ，蘭領東印度，ビルマ，濠洲，新西蘭竝ニ印度等トス」が現れる。オーストラリア，ニュージーランド，英領インドを含むとする大風呂敷を広げる一方で，アメリカへの配慮からかフィリピンを含まない（矢野［1975］157 頁）。この「生存圏」の線引きについては，この前後に政府各部門でさまざまな構想が検討された模様であるが[14]，1940 年 8 月 16 日に閣議決定された「南方経済施策要綱」における「国防国家建設の為皇国を中心とする経済的大東亜圏」建設構想のなかに現実の「大東亜共栄圏」の姿が仄見えてくる。「仏領印度支那，タイ国，ビルマ，蘭領東インド，比律賓，英領マレイ，ボルネオ，葡領チモール等の内圏地帯の施策に重点を置き英領東印度，濠洲，ニュウジーランド等の外圏地帯は第二段とす」。すなわち今後の対南方経済施策の「軽重緩急」を 2 段階に分け，施策の重点を「内圏地帯」に置こうとするものであった。この「内圏地帯」からなる「大東亜共栄圏」の版図の概略を表 1-3 で示す。

　1940（昭和 15）年 9 月日本軍による北部仏印進駐はなお援蔣ルートの切断を主目的とする中国作戦の一環であったが，1941 年 7 月の南部仏印進駐によって日本は大東亜戦争への最後の一歩を踏み出すことになった。南方諸地域の軍事占領と占領行政に関する軍の研究は，これを受けて 1941 年 8 月から本格化

したといわれる。参謀本部作成の原案を海軍と協議し，同年11月20日の第70回大本営政府連絡会議で決定された「南方占領地行政実施要領」によってその後の南方軍政の基本指針が定められた。「実施要領」はその「第一 方針」において「占領地ニ対シテハ差シ当リ軍政ヲ実施シ治安ノ恢復，重要国防資源ノ急速獲得及作戦軍ノ自活確保ニ資ス」とした。すなわち治安確保，資源獲得，現地自活という，いわゆる「軍政三原則」を明らかにしたのである。

なお南方諸地域のうち仏印とタイについては，これを「協力的地域」として（軍政下に置く）「占領地」と区別し，後者を「甲地域」，前者を「乙地域」と呼称した（1941年12月12日「南方経済対策要綱」）。仏印については旧宗主国フランス（親独ヴィシー政府）との共同統治，タイは一応の独立国として同盟関係を結ぶものとしたからである。

一方，軍政統治を行う「甲地域」に関する陸軍と海軍の担当区域については，開戦に先立つ1941年11月26日の「占領地軍政実施ニ関スル陸海軍中央協定」によって以下のように定められた[15]。

(1) 陸軍主担任区域（海軍ハ副担任トス）
　　香港，比島，英領馬来，スマトラ，ヂャバ，英領ボルネオ，ビルマ
(2) 海軍主担任区域（陸軍ハ副担任トス）
　　蘭領ボルネオ，セレベス，モルッカ群島，小スンダ列島，ニューギニア，ビスマルク諸島，ガム島
(3) 陸軍主担任区域中ノ左ノ諸地域ニハ海軍ニ於テ根拠地隊ヲ設定ス
　　香港，マニラ，新嘉波，ペナン，スラバヤ，ダバオ

なお，この陸軍と海軍の分担区域の決定については，「主トシテ陸海軍現地兵力配備ノ関係ヲ考慮シテ定メラレタルモノニシテ之ヲ概観スルニ人口稠密ニシテ行政処理繁雑ナル地域ハ之ヲ陸軍ニ委シ海軍ハ人口希薄ニシテ将来帝国ノ為保有スベキ処女地ヲ主担任トスルコトトナレリ」というのが理由であったという（原［1976］14頁，岩武［1981］（上）34頁）。海軍にとって，この分担区域は有望な石油資源地域を除外されたことで必ずしも満足のいくものではなかったが，その分担地がいずれ日本直轄領になることが予定されていることが

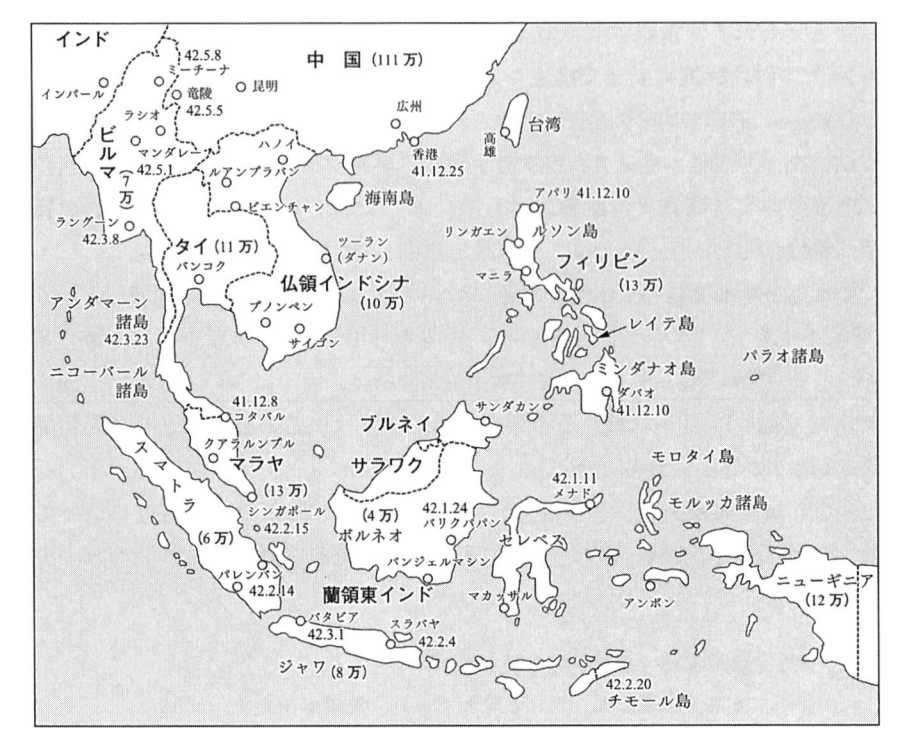

図 1-2　アジア太平洋戦争期「南方圏」略図

出所）中村・桐山（編）［1985］図3。原資料は木坂［1982］付図による。
註 1 ）図中の年号は日本軍占領の年月日。
　 2 ）（　）内の数字は1945年 8 月の日本軍兵力の地域分布。ただし，中国は関内のみでほかに東北に51万。マラヤにはアンダマーン・ニコーバール両諸島の数字が含まれる。
　 3 ）本図掲載のほかに，日本軍は，日本本土370万，朝鮮32万，樺太 8 万，沖縄ほか西南諸島23万，小笠原諸島 2 万，中部太平洋 9 万，ビスマルク諸島 9 万，ソロモン諸島 3 万，東部ニューギニア 1 万。

評価されたといわれる（小池［1995］146頁）。甲地域と乙地域を合わせた「南方圏」に対する日本軍の侵攻時期と兵力配置の概略を，中村平治・桐山昇の作図を借りて図1-2に示す。

　「南方の軍政」については，近年重要な史料の発掘や復刻が行われてきており，個別の実態については今後の研究に俟つところが多いが，その概観については岩武照彦らによる先駆的業績によって窺うことができる（岩武［1981］［1989］，小林［1993］）。南方占領作戦が進行するに従って各地に軍政部ないし

表 1-4　南方軍各司令部の担当軍政地域（1942 年）

司令部の名称	文字符号	位　置	担当軍政地域
南方軍総司令部	岡	昭　南	隷下各軍の担当全域
第十四軍司令部	渡	マニラ	フィリピン全域
第十五軍司令部	林	ラングーン	ビルマ全域
第十六軍司令部	治	ジャカルタ	ジャワ全域
第二十五軍司令部	富	昭　南	マライ・スマトラ全域
ボルネオ守備軍司令部	灘	クチン	北ボルネオ全域

出所）岩武［1981］（上）第 1-10 表，岩武［1989］第 11 表。
註）本表各軍の配置は 1942 年 8 月段階であり，その後編制の改正がしばしば行われた。詳しくは岩武［1981］（上）65-67 頁を見よ。

軍政本部（海軍の場合は民政部）が置かれていったが，軍政機構が本格的に整備されるのは，南方作戦が一段落する 1942（昭和 17）年 7 月「南方軍勤務令」改正以降であった。すなわち昭南（シンガポール）に置かれた南方軍総司令部の下に軍政総監部が設置され，隷下の各軍内に軍政監部が設けられ，それぞれの軍政監には各軍の参謀長が就任した。各軍の司令部の位置および担当地域は表 1-4 のとおりである[16]。また海軍の場合は，1942 年 8 月にセレベス島マカッサルに南西方面艦隊民政府を設立し，それまでの根拠地単位の民政部を整理して，ボルネオ（在バリクパパン），セレベス（在マカッサル），セラム（在アンボン）民政部を置いた。なお同年 3 月にはニューブリテン民政部（在ラバウル）が置かれており，1944 年 1 月にはニューギニア民政府が作られる[17]。

さて日本は，「大東亜戦争」を通じて，「南方圏」を含む「大東亜共栄圏」に一体どのような「新秩序」を形成しようとしたのであろうか。ここに海軍省調査課が作成した「大東亜新秩序の内部的政治構図」と題する文書がある[18]。「大東亜戦争」開戦以来約 9 ヵ月，1942 年夏前後に作成されたと思われるこの文書において，「大東亜共栄圏」の将来はどのように構想されていたのか。圏内の各構成要素は「（日本）帝国の持久的国防総力の強化なる目的に適合すべく」「帝国の指導下に，それぞれの分に応じその処を得るところの，有機的差等関係に立たねばならぬ」。したがって各構成要素は「歴史的事情や民度を考慮し，指導国，独立国，独立保護国，直轄領等に分かたれる」（図 1-3 参照）。これら構成体に期待される役割を整理すれば以下のようになる。

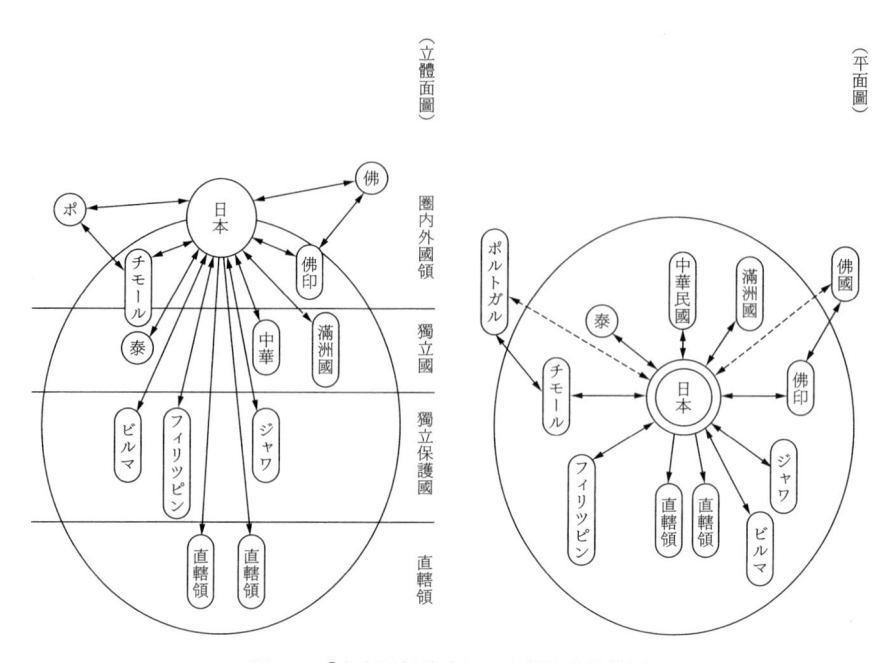

図 1-3　「大東亜新秩序」の内部的政治構図

出所）『昭和社会経済史料集成』第 17 巻（大東文化大学東洋研究所，1992 年）27-28 頁。
註）「立体面図」にはジャワを抹消する書込みがあるという。本章註 19) 参照。

(1) 指導国は即ち日本帝国であって，大東亜圏の自主安全性を圏外に対して防衛し，圏内諸邦間の指導媒介の中心をなし，圏内の平和を保持し，圏内の政治，経済，文化等の建設運営の指導を，その任とするものである。

(2) 独立国とは，在来の独立国とほぼ同様の属性を持つものであるが，大東亜広域圏内においては，常に指導国の指導媒介に服する点で絶対主権の原理は保持されえない。指導国との関係は形式的には外交使節によって外交ないし条約の関係をもって結ばれるが，実質的には内面指導に服するものである。満洲国，中華民国，タイがこれに属する。

(3) 独立保護国は，保護条約により予め指導国の宗主権を認め，とくに軍事，外交についてはこれを宗主国に委ねるものである。一応は独立国の体裁を保ち，国内の統治者はその原住民をもって充てるが，宗主国は高等弁務官，指導官等を派遣してこれを保護指導する。これを宣伝教化の目的で

「独立国」と称するのは妨げないが，厳密には (2) にいう独立国とは異なり，むしろ不完全独立国である。ビルマ，フィリピン（および将来考慮すべき地域としてのジャワ[19]）に予定される「独立」は，少なくとも当分の間はこの意味の「独立」と解すべきものである。

(4) 直轄領は，指導国が直接にその領土として統治するものであって，総督または長官により統治する。このなかにも，それぞれの地域または民度に応じ，立法，司法等の機関にそれぞれの程度において原住民の参与を認め，また州知事，郡長，市町村長等にも原住民を選任することあるべく，その段階は種々たるべきである。上記の独立国，保護国，および後述の圏内外国領土を除くものはこの直轄領に属する。また，大東亜防衛の重要戦略拠点およびその背後地については，それを直轄領とすることが必要であり，独立国および独立保護国の一部についてもまた然りである。

(5) 大東亜圏内には，仏印，チモール，マカオ等，なお外国の主権下に立つ植民地が残存している。これらは本質的には大東亜広域圏とは相容れぬ異分子であり，将来は外交交渉ないし適宜の方法により清算され，帝国の指導下に大東亜の同質的構成要素となるべきものである。

またこれら構成諸地域の相互関係は，基本的には指導国である日本との「多辺的個別関係」のみが許され，独立国といえども直接関係は持てないものとする。「帝国の関知せぬ」相互の直接関係の樹立は，「帝国の指導的地位を危殆にする」からである。

1943年5月31日御前会議において「大東亜政略指導大綱」が決定され，「帝国ニ対スル諸国家諸民族ノ戦争協力強化ヲ主眼トシ」て，次の方針が公表された。まず「対満華方策」および「対泰方針」・「対仏印方策」は基本的に「既定方針ニヨル」。次いでビルマについては，（同年3月10日大本営政府連絡会議決定「緬甸独立指導要綱」に基づき）同年8月には独立が付与される。フィリピンについては同じく「ナルヘク速カニ独立セシム」ることとし，同年10月を目途に諸準備を促進する。その他の占領地域については次のように定める。

(イ) 「マライ」「スマトラ」「ジャワ」「ボルネオ」「セレベス」ハ帝国領土ト決定シ

重要資源ノ供給地トシテ極力コレカ開発並ヒニ民心把握ニ努ム。
(ロ) 前号各地域ニオイテハ原住民ニ民度ニ応シ努メテ政治ニ参与セシム。
(ハ) 「ニューギニア」等(イ)以外ノ地域の処理ニ関シテハ前二号ニ準シ追テ定ム。
(ニ) 前記各地ニオイテハ当分軍政ヲ継続ス。

ここに，マレー半島および（ジャワを含む）旧蘭領インド（インドネシア）全域が「重要資源ノ供給地」として帝国の領土とすることが決定された。いわば資源収奪を目的とする「公式植民地」の復活が（しかも「当分発表セス」という姑息な形で）宣言されたのである。

1943年11月，6つの「独立国」（日本国，中華民国，満洲国，タイ国，フィリピン共和国，ビルマ国）の首脳（およびオブザーバーとして自由インド仮政府首班チャンドラ・ボース）を東京に集めて開かれた大東亜会議は，すでに日本の敗戦が予想されるなかで，「大東亜共栄圏」構想にある種の転機をもたらしたといえる。この会議で採択された「大東亜共同宣言」は，日本の盟主性を想起させる「大東亜共栄圏」という語の使用を避けつつ，「共存共栄の秩序の建設，自主独立の相互尊重，人種的差別の撤廃」を戦争目的（理念）として謳い上げたという。いいかえれば「大東亜共栄圏」の建設という当初の戦争目的を隠蔽し，「大東亜を米英の桎梏より解放」することを謳うことで，これら諸地域の民心の協力を確保しようとするものであった（波多野［1988］236頁以下，後藤［1995］192頁）。また1944年9月7日には小磯国昭首相が声明を発表して「近い将来の東印度独立」を約束したが，これまた同様な目的をもって，先にインドネシアの領土化を宣言した「大東亜政略指導大綱」の方針を転換するものであった。しかしこうした転換は，戦争目的とその先行きに関する国内議論の混乱にさらに拍車をかけることになった。しかしそうした混乱よりも何よりも，米英の本格的反攻を前に日本の戦争体力はすでに尽きかけていた。

以上本節で述べてきた，いわゆる「大東亜共栄圏」期日本植民地帝国の構造を模式化していえば，「大東亜共栄圏」なるものは，日，満，蒙疆，北支を覆う「自存圏」と，中南支および東南アジアに広がる南方圏の「資源圏」から構

成された。あるいはまたこれを，公式の日本帝国を「核心」とし，それと有機的一体となる満・蒙・北支を「中核体」とし，さらにその南方外延に中南支・南方圏が「外郭体」として附属する（中心は北にあるが，南に肥大した）三重の円環として描くことができる。

む す び
──日本帝国の終焉──

　1945（昭和20）年8月14日日本はポツダム宣言受諾を決定し，翌15日には終戦の詔書が玉音放送という形で国民に告知された。同年9月2日東京湾上の戦艦ミズーリにおいて降伏文書の調印が行われ，「日本帝国大本営竝ニ何レノ位置ニ在ルヲ問ハス一切ノ日本国軍隊及日本国ノ支配下ニ在ル一切ノ軍隊ノ連合国ニ対スル無条件降伏ヲ布告」し，「天皇及日本国政府ノ国家統治ノ権限ハ……連合国最高司令官ノ制限ノ下ニ置カルルモノトス」とした。この結果，敗戦「日本」はすべての「占領地」から撤退し，支配地下のすべての「親日政権」が崩壊した[20]。敗戦「日本」はすべての「外地」を失ったのみならず，「内地」もまた切り縮められた。

　「内地」の分割縮小は，次のような3類型をもって行われた。(1) まず千島列島は1875（明治8）年「千島・樺太交換条約」により日本の領土とされ，その後は北海道の一部とされたものであるが，ソ連極東方面軍により軍事占領されたのち，ヤルタ協定に従ってソ連に「引渡し」され，サンフランシスコ平和条約により（樺太とともに）日本の領土権が放棄された。(2) 次に琉球諸島（沖縄群島，宮古群島，八重山群島，奄美群島）および小笠原諸島は，アメリカ太平洋方面軍に占領（あるいは1946年1月29日GHQの命令による日本の行政権の排除）ののち，アメリカによる軍政が施行された。(3) また本来日本の領土と考えられるが，現在もその領土権を他国と係争中である地域として，北方4島（歯舞群島，色丹島，国後島，択捉島），竹島，尖閣諸島が挙げられる[21]。

　「外地」処分については，カイロ宣言で中国領土の回復，朝鮮独立，南洋群

島の剝奪が明示され，また「暴力及び貪欲により略取した一切の地域より駆逐する」という表現で日本の領土に関する制限が示唆された。またヤルタ会談の秘密協定としてソ連の対日参戦とその対価としての南樺太の「返還」および千島列島の「引渡し」が定められた。これらを受けてポツダム宣言では日本領土は本州，北海道，九州，四国と米・英・中の決定する諸諸島とされた。1945年8月15日以前において，南洋群島はアメリカ軍に，関東州，樺太はソ連軍に占領されていた。それ以外の「外地」は以下のように処置された。まず朝鮮については，北緯38度戦以北がソ連軍により軍事占領されたなかで，同年9月9日，最後の朝鮮総督・阿部信行陸軍大将が在朝鮮米国軍司令官・J. R. ハッジ陸軍中将との間に（北緯38度以南の朝鮮に関する）降伏文書を取り交わした。台湾では同年10月25日，最後の台湾総督（兼第十方面軍司令官）・安藤利吉陸軍中将に対して中華民国を代表して進駐した台湾省行政長官・陳儀陸軍上将から台湾受降の命令書が手交され，これを受領した。

　1945年8月15日現在の日本陸・海軍は，「内地」に陸軍約240万人，海軍約130万人，「外地・外国」に陸軍約310万人，海軍約40万人，総計約720万人を擁していたとされる。これらのうち内地部隊の「復員」は連合国軍の進駐とともに早急に進み（一部の掃海部隊を除いて）同年中にはほぼ完了した。一方「外地・外国」に駐留した部隊の「内地復員」は困難をきわめた。また「外地・外国」には軍人・軍属以外の民間日本人（一般邦人）約310万人が居住していたといわれる。「外地・外国」に取り残された軍人・軍属約350万人，一般日本人約310万人，総計約660万人は[22]，同年9月2日（降伏文書の調印と同時に発せられた）連合国軍一般命令第1号（SCAPIN第1号）により地域別に連合国軍司令官の下に降伏することになり，結果として軍人・軍属・一般人を含むすべての日本人は各軍管区の支配を受けることになった。各軍管区の範囲と在留日本人（軍人・軍属を含む）の概数を示せば以下のようである（若槻［1991］51-52頁）。

(1) 中国軍管区（満洲を除く中国，台湾，北緯16度以北の仏領インドシナ）
　　約200万人

(2) ソ連軍管区（満洲，北緯 38 度以北の朝鮮，樺太，千島列島）
約 220 万人
(3) 東南アジア軍管区（イギリスおよびオランダ軍管区）（アンダマン諸島，ニコバル諸島，ビルマ，タイ，北緯 16 度以南の仏領インドシナ，マライ，スマトラ，ジャワ，小スンダ諸島，ブル島，セラム島，アンボイナ島，カイ諸島，タニンバル諸島およびアラフラ海の諸島，セレベス諸島，ハルマヘラ諸島，蘭領ニューギニア，香港）
約 75 万人
(4) オーストラリア軍管区（ボルネオ，英領ニューギニア，ビスマルク諸島，ソロモン諸島）
約 14 万人
(5) アメリカ軍管区（旧日本委任統治諸島，小笠原諸島およびその他太平洋諸島，北緯 38 度以南の朝鮮，フィリピン）
約 99 万人

　軍人・軍属は武装解除の後「内地」へ「復員」した。しかし実は「復員」しなかった者も少なくない。終戦前後の混乱で死亡したが確認されていないもの，現地において軍を離脱したもの，「外地・外国」において「留用」「抑留」を受けて「復員」までに数年を要した者も少なくない。ソ連軍管区では戦時捕虜とされた将兵 562,800 名，官吏・警察官・技術者などの一般人 11,730 人，合計 574,530 人がソ連領に押送されて抑留され，無事帰国を果たしたものは 472,942 名であったという（山本［2007］第 1 章，半藤一利『ソ連が満洲に侵攻した夏』文藝春秋，1999 年，314 頁）。

　民間日本人の「引揚げ」もまた地域の違いによってその運命を分けた。ソ連軍管区からの「引揚げ」についてはすでに多くの書物が書かれている。しかし引揚者の戦後について，そして未帰還者（徴用・留用・残留）の戦後については，まだ語られなければならないことが多く残っている。何よりも，「満洲」だけに偏らない，全体としての日本人「引揚げ」の歴史を改めて考えることは，日本現代史の大きな課題というべきであろう。

こうして，およそ 500 万人に上る流入人口を加えて，約 7,600 万人の「日本人」が，約 38 万平方キロに切り縮められた「内地」で生き延びることから，戦後日本の再生は始まることになった．

［註］

*）本章の初出は山本［2011a］であり，「戦時国際関係」をテーマとして重慶市で 2009 年 9 月開催された「日中戦争の国際共同研究」第 4 回国際会議において口頭報告したものを，拡大して論文化したものである．その後，西村成雄氏を編集委員長として報告論文集の刊行が計画され，『国際関係のなかの日中戦争』（慶應義塾大学出版会，2011 年）として出版されることになり，本章もほぼ同じ形で同書に収録された．報告および論文執筆の機会を与えられた「日中戦争の国際共同委員会」日本組織委員会の山田辰雄氏（慶應義塾大学），西村成雄氏（放送大学），その他関係各位に感謝する．

1）ここで「支配地」，「占領地」という用語を分けて使うのはもちろん便宜的な用法にほかならない．中国が広く日本軍の占領下にあったことから，それを「中国占領地」あるいは「占領期中国」と呼ぶことも広く行われている．ごく雑駁にいえば，ここで「支配地」というのは日本軍の影響下において傀儡政権（対日協力政権）が樹立された地域を指し，「占領地」というのは日本軍による軍政（すなわち直接統治）が施行された地域を指すために便宜的に区別して用いる．ただしのちに述べるように，海南島のように傀儡政権と軍政が混在したところもあり，また中国関内のように日本側の「中華民国」概念とは別に，重慶国民政府が実効支配したいわゆる「国統区」や中国共産党による「解放区」が広く混在したことはいうまでもない．

2）「明治維新」以後に正式に日本に編入・併合された北海道（蝦夷地），沖縄（琉球），その他の「内国」植民地（または「国内」植民地）に関する議論はしばらく措く．ここでは（後述するように），1889（明治 22）年 2 月に発布された明治憲法（大日本帝国憲法）のもとに「日本」領土とされた本州，四国，九州，北海道（千島列島を含む），沖縄諸島，小笠原諸島，およびこれらに附属する島嶼をもって「日本」とする．なお千島列島は 1875（明治 8）年の千島・樺太交換条約によって日本領となり，北海道の一部とされた．また現在ロシアとの間にその帰属が争われているいわゆる北方 4 島に関して，歯舞・色丹 2 島は千島列島に属さない北海道の続島であり，南千島の国後・択捉 2 島は歴史的に日本の固有の領土であるという主張がある（百瀬［1995］41 頁）．日本の「領土」に関連して日本人の「国籍」について付け加えれば，日本「内地」に「国籍法」が施行されたのは 1899（明治 32）年 4 月であった．すでに植民地であった台湾については 1895 年 5 月の下関条約批准から 2 年間の猶予期間をおいて台湾住民に日本国籍を付与するとされたが，国籍法が実際に施行されたのは 1899 年 6 月であった．また「韓国併合」により朝鮮人には日本国籍が強制的に付与されたが，上記の「国籍法」は朝鮮に

施行されなかったため，植民地下の朝鮮人には日本国籍の離脱が不可能であったという（浅野・松田［2004a］，田中［2007］，ほか）。
3）以下「公式帝国」の形成と展開については，主に山本［1992］による。また最近法制史的視角からする優れた日本植民地帝国論が浅野豊美らによって提示されている。浅野・松田［2004a］［2004b］，浅野［2007］［2008］，等。
4）かつて「満洲」や「南方」在住の日本人がそれらの地を「外地」，また「日本」を指して「内地」といい，今日でも北海道あるいは沖縄の住民が「本州」を指して「内地」と呼ぶことが多い例が示すように，「内地」と「外地」の概念は，広く「日本」対その新附地または従属地という感覚で使われることも多い。なお，条約改正期以来の「内地」・「外地」概念の法制史的変遷については，浅野［2008］が優れた解析を行っている。
5）なお日本帝国はこのほかに，行政権の執行を日本が獲得した「一部統治地域」として「南満洲鉄道附属地」，またいわゆる「租界」（共同租界ないし日本租界）を中国の諸都市，上海，天津，漢口に持っていた。日本は，他に厦門，蘇州，杭州，沙市，福州，重慶にも租界設置権限を持っていたが，利用困難の地にあるため実際には機能しなかったという。百瀬［1990］3頁。
6）「外地の内地化」が早く進んだ例としては樺太が挙げられる。樺太はその当初から北海道に準ずる外地として取り扱われてきたが，1943年4月1日をもって法律上も内地に編入された（ただし道府県と同等の地方自治体とはみなされず，地方議会も設けられなかった）。また関東州は，関税法上は一貫して外国として扱われた。
7）当初の総督府官制においてすでに，台湾総督は陸海軍中将をもって親任されるとしたのに対して朝鮮総督が陸海軍大・中将をもって親任されるとするなど，その間に軽重をつけた。また（後述のように）1919年の総督府官制の改正により制度的には総督武官制が廃止され，台湾においては同年10月第8代総督に就任した田健次郎から1936年9月第16代総督に海軍大将（予備役）小林躋造が「復帰」するに至るまで8代にわたって民間出身者が総督を務めたのに対して，朝鮮総督はこの間も陸海軍大将で（斉藤実以外はすべて陸軍）かつほとんどが陸海軍大臣経験者である「大物」が総督を独占し，国内の政権にも大きな影響力を及ぼした。なお下記註8）も参照。
8）朝鮮に関する外地法令法は，台湾の六三法に倣い，1911（明治44）年法律第30号「朝鮮ニ施行スヘキ法令ニ関スル法律」により朝鮮総督に立法権を全面的に委任した。朝鮮総督の発する法律の効力を持つ命令は（台湾総督の場合は「律令」と称したのに対し）「制令」と称した。朝鮮の外地法令法が台湾のそれと異なったのは，後者が時限法として成立し議会における議論と修正が可能であったのに対して，前者がはじめから永久法として成立し，したがって朝鮮法制においては一貫して「制令原則主義」が維持されたことである。
9）筆者のいう「外地の内地化」および「満洲国の外地化」という概念については，とり

あえず，山本［2003b］第 1 章を見よ．
10) 別に日本海軍が 1939 年 2 月に軍事占領した海南島については，海南島海軍特務部による軍政区域と対日協力の瓊崖臨時政府（主席趙士恒）の行政区域が並存した．なお，海南島の「軍政」については，岩武［1981］（上）79 頁註 60 を見よ．
11)「華北」は一般に「華北五省」すなわち河北，山東，山西，綏遠，察哈爾の 5 省，また場合によってはこれに河南，陝西を加えた 7 省を指す．ただし「華北占領地」の実態は河北，山東，山西の平野部，とくに鉄道沿線地帯を中心とし，山東省南部，山西省の山岳部，河南省の大部分，陝西省を含まない．また「蒙疆」は，1937 年 7 月以降関東軍が長城線を越えて占領した東部内蒙古すなわち察哈爾省，綏遠省，および山西省北部（晋北地区）を指すために作られた造語であり，ほぼ（1939 年 9 月徳王を主席とし張家口を首都に作られた）「蒙古聯合自治政府」の支配地域を指す．したがって「蒙疆」という場合，「華北」の一部を指す場合と，華北と区別された独自地域を指す場合とがある．
12)「海軍を中心とする諸勢力による南進論の高揚は，南進国策を北進と同列に位置づけた 1936 年 8 月 7 日の五相決定「国策の基準」によって制度化されることになる」（後藤［1995］24 頁）．南進政策への旋回については，矢野暢による先駆的業績のほか，清水元，波多野澄雄，安達宏昭らの業績が挙げられる．
13) 以下本節に引用する文書類の出典については，本書第 4 章の註記を見よ．
14) ここでいう「生存圏」構想が，ドイツ語の Lebens-raum, すなわちソ連を含む東ヨーロッパ再分割により指導的大陸国家の建設を目指したナチス・ドイツ構想の日本版として生まれたことは確かであろう．中村・桐山［1985］109-111 頁．この点の検討は別の課題としたい．
15) また開戦後の戦局の展開に応じて，1942 年 6 月 12 日，各主担任区域に次の諸地域が追加された（岩武［1981］（上）34 頁，岩武［1989］38 頁）．陸軍地域：フィジー諸島，サモア島，ニューカレドニア．海軍地域：アンダマン諸島，ニコバル諸島，クリスマス島，ソロモン群島，ナウル島，オウシアン島．
16) なお北ボルネオは軍政開始当初から本格的な軍政を敷き，軍政本部と称していたため以後もこの名称で通した．また 1943 年 4 月にはマラヤ軍政監部の管轄下にあったスマトラを分離し，スマトラ軍政監部を新設した．
17) なお軍政はこのほかに香港および海南島で施行された．香港には大本営直轄の総督部が置かれ，その下に軍政が行われた．また海南島については，上記註 10)を見よ．
18) 1942 年 9 月 1 日の日付で海軍省調査課が作成した一連の関係書類を「大東亜共栄圏論」と表題して綴じ込んだもののなかの 1 篇である．当文書の出典は『昭和社会経済史料集成』第 17 巻（大東文化大学東洋研究所，1992 年）による．後藤［1995］186 頁以下，山本［2001］303 頁以下．山本［2003b］20 頁以下，参照．
19) ただし上記大東文化大学東洋研究所所蔵の文書に書き加えられた「書き込み」によれ

ば，ジャワについては「独立保護国として考慮すべき」の部分を消して「将来何等かの形に於て政治的地位を考慮すべき」となっているという。図1-3の註記も見よ。
20)「南方圏」いわゆる「東南アジア」の戦後秩序回復にはイギリスが主導権をとった。早々にインド経由で現地に復帰したイギリスの東南アジア軍司令部は，米英間の合意に従って北緯16度以南に広範な軍管区を設定し，復帰に手間取ったフランス，オランダの植民地復帰を支援した（吉田［2007］224頁）。またタイ国は，1945年8月16日，日本との同盟関係に基づいて発せられた対米英宣戦布告は無効であることを宣言し，アメリカ国務省もこれを認めたため，タイと2国間の平和条約は必要ないものとされた（加藤［2009］229頁以下）。
21) 以上の記述については別に検証を必要とするが，いまは百瀬［1995］に従って，このようにいう。
22) この数字は厚生省援護局［1978］による。別に「この時点で，海外で日本の支配下にあった一般在留邦人は，軍隊と併せて700万余と推定され，そのうち一般邦人はおよそ350万人ぐらいと考えられていた」（若槻［1991］46頁）という説もある。

第2章　近代日本帝国における植民地支配の特質[*]

はじめに

　「日本植民地帝国」は，近代植民地帝国の一般的歴史のなかで，どのような特質を持った存在であったのだろうか。

　近年，「帝国」の研究，「近代帝国史」の研究，そして「日本帝国史」の研究にようやく新しい潮流が見られる。しかし「日本帝国」を「近代帝国」一般に位置づけて，その比較史的特質を論ずる段階にはいまだ至っていない[1]。とりあえず，約50年にわたる日本の植民地支配の歴史を振り返り，そこに観察されるいくつかの特質を大摑みに要約することが本章の課題である。敗戦後60年余を経て，近代東アジア史に通底する日本の影響の根源を議論するためにも，いまこうした試みを提示することは無意味ではあるまい。

　本章では，近代日本植民地帝国の植民地支配に見られる比較史的特質を，以下の4点に要約して論じようとする。

　⑴　後発帝国主義
　⑵　近隣侵略主義
　⑶　内地同化主義
　⑷　工業開発主義

I. 遅れてきた帝国

　国内植民地の問題はひとまず措き，近代日本植民地帝国の出発点を日清戦争

後1895（明治28）年の下関条約による台湾（および澎湖島）領有にはじまるものとし，その後の「公式植民地」の拡大過程を要約すれば，前章に示した表1-2のごとくである。これに，1932（昭和7）年には「満洲国」が加わる。そして1937（昭和12）年以降日本帝国は中国本部（関内）への侵略を開始し，さらに1941（昭和16）年以降には「南方圏」への軍事進出と「大東亜共栄圏」建設を目指すことになる。

　日本の植民地帝国としての特質の第一が，東アジアの片隅における遅れてきた帝国主義とし出発し拡大したことにあることは，改めていうまでもない[2]。日本帝国の「場」としてのアジアの問題については次節で述べる。ここでいう「遅れてきた帝国主義」の意味は，まず西欧諸列強が植民地分割を終えようとしていた19世紀末にその闘争に新たに参入したこと，そして諸列強がすでに植民地拡大を終えようとした第一次世界大戦以後に，その潮流に逆らってさらなる植民地＝帝国拡大を目指したことである。

　植民地争奪への日本の参入が遅れたことは確かであるけれども，近代世界帝国史の文脈において，近代植民地帝国の展開を要約することは必ずしも容易ではない。われわれはかつて，国民国家体系という国際秩序の下における近代植民地帝国を「国民帝国」という名で呼んだことがある（山本［2003a］第Ⅰ部，とくに山室［2003］）。まず，1648年ウェストファリア条約の締結をもって主権国家体系の成立を画し，さらに1776年アメリカ合衆国の独立および1789年フランス革命をもって国民国家システムの成立を画するという常識に従うことにしよう。他方において，15世紀末から16世紀にはじまる大航海時代から18世紀にかけて西欧諸国が形成した植民地帝国を，商業拠点を獲得するための「商業帝国」あるいは移住植民による「クレオール帝国」と特徴づけ，七年戦争およびそれに続くアメリカ合衆国とラテン・アメリカ諸国の独立以降の，アジア・アフリカを主たる標的とする「異民族支配の帝国」とを区別する川北稔の見解を取ることにする（川北［2000］）。イギリス帝国を筆頭とする「国民帝国」は18世紀の後半に成立した。日本は約1世紀遅れて，明治維新を経て，そこに参画したのである[3]。

　「遅れてきた帝国」日本は，日清戦争，日露戦争を経て，第一次世界大戦ま

でにようやく「日本の脇腹に擬せられた短剣」朝鮮を完全植民地化することに成功した。第一次世界大戦はまた旧ドイツ領の南洋群島を日本の委任統治領とする僥倖をもたらした。しかし公式植民地の拡大はここで頓挫した。第一次世界大戦を終えて，すでに広大な植民地帝国を構築していた西欧列強は，その内外からナショナリズムという圧力にさらされることになった。公式植民地の拡大と結びついた帝国主義は，その正統性を失うことになった。その結果として，1918年以後のヨーロッパにおいて，新しい支配体系の正当化に用いられたのは2つの方法，つまり(1)委任統治の概念と，(2)汎ナショナリズムのイデオロギーであった，とピーター・ドウスはいう（ドウス［1992b］107頁）。

1931年「満洲事変」とそれに続く「満洲国」の成立は，帝国主義が正統性を失った時代に植民地支配を拡大する方策として，日本の軍部そして政府が模索した結果であったことは明らかである。そして，満洲事変および満洲国の経験から開発された方式，すなわち局地戦による現地政権への一撃と引き続く親日政権の成立というこの方式は，これ以降も中国侵略における支配拡大の有効な手段として引き継がれることになった（山本［2003b］）。

1940年代の「大東亜共栄圏」構想を，ドウスのいうように汎民族主義運動と結びつけ，植民地支配が正当性を失った時代における帝国主義のイデオロギーの一種とみなすことができるであろうか（ドウス［1992a］［1992b］，ピーティー［1993］，松浦［2010］）。あるいは逆に，たとえば駒込武が主張するように，これを神がかり的なウルトラナショナリズムの発露と見るほうが当たっているであろうか（駒込［1996］）。「大東亜共栄圏」期の日本が持った「帝国性」の性質に関わるこの疑問について，筆者はなお十分な回答を持っていない。

II. 東アジアの帝国

「遅れてきた帝国」日本にとって，残された対外膨張の場は東アジアに限られた。その意味するところは，日本は，自らの文明の母体である「中国圏」を侵略の対象としなければならなかったことである。日本にとっての「植民地問

題」とは，結局のところ「中国問題」であった．

　中華帝国を中心とする華夷的国際秩序とはどのようなものとして理解すべきであるか．中華世界は，近代西欧に起源する主権国家的国際秩序との接触においてどのような変容を余儀なくされたのか．そして近代日本は，中華世界の鬼子として，中華世界の崩壊に，またその近代世界としての再生にどのような役割を果たしたのか．アジアの持つ有機的一体性・相対的自立性に着目し，またアジア地域相互間の思想的・制度的連鎖に注目する最近のアジア史研究は，いわゆる「グローバル・ヒストリー」の展開と連動しながら，ユーロ・セントリズムから解放された新しい近代東アジア像を描き出しつつある[4]．

　日中関係の近代史は，「天下国家」としての中華帝国世界に対する「国民国家」形成を目指す日本の挑戦としてはじまり，中国の「国民国家」形成に対する日本の干渉・侵害の時期を経て，日中戦争以降の両国全面対決に移行し，アジア太平洋戦争における日本の敗北に終わった．こうした過程を経た「中国問題」に含まれる主要問題については，これをとりあえず次の4点に整理することができる．すなわち，(1)「台湾事件」，「琉球処分」に代表される両属解消＝国境画定問題，(2)「征韓論」から「日清修好条規」を経て日清戦争後「下関条約」に至る清・韓（朝鮮）宗属問題，(3)日露戦争後「ポーツマス条約」による関東州租借から「満洲事変」と「満洲国」に帰着する「満蒙問題」，そして(4)中国中央政権の正統性をめぐる「中国承認問題」である．日露戦争ののち1910年までに，日本は(1)と(2)の問題をほぼ解決することに成功した．しかし，1912年辛亥革命ののち日中のナショナリズムが正面からぶつかり合うなかで，(3)と(4)は互いに分かちがたく結び合って，その後の日中関係の骨格を形作ることになった．

　1932年「満洲国」の成立，すなわち満蒙広域にわたる実質的な支配権の獲得は，征韓論に遡る懸案の「満蒙問題」を解決し，日本植民地帝国に一定の「完成」をもたらすはずであった．それが何故に，わずか5年を経ずして「華北分離工作」を呼び起こし，「蘆溝橋事件」を引き起こさなければならなかったのか．これを経済史的に要約すれば，満洲経済が本来的に有するその非完結性に，さらにそれを分解すれば，① 満洲経済の非自立性と，② 満洲資源の不

完全性にあったといえる（山本［2003b］第 1 章，本書第 1 章）。

　再論すれば，前者の意味するところは，「満洲」経済の基盤をなす大豆モノカルチャーが，中国本部との人的・物的・金融的ネットワークに支えられて成立していたこと，「満洲国」成立はこの自然的ネットワークを人為的に切断するものであったこと，そして日本本土の経済力をもってはこのネットワークを補完することができなかったことである。また後者の意味するところは，「国防資源として必要なる殆んど凡ての資源を保有」するはずであった満洲が，必ずしも期待どおりの資源潜在力を持たなかったこと，日本が当面期待する鉄鋼・石油・綿花を間近の「華北」が生産したこと，その結果として，総力戦準備を目指す日本が日満共同体の外側に新たな資源供給地を求めたことである。

　「華北」の「満洲国」化という意図は，しかし 1937 年以降，中国ナショナリズムと正面から激突することになった。「満洲国」において成功した「なしくずし的侵略」という方策は，中国本部に入って思わぬ抵抗を受けることになった。それにもかかわらず，「満洲国」によって新しい侵略の方式を会得した日本の軍国主義は，経済的利害に代わって軍事的勝利・政治的威信の獲得に傾いていく。「満洲」が「華北」に，そして「華中」「華南」につながり，結局のところ日本は中国との全面戦争に突入することになった。

　1940 年以降，日本帝国の「南進」過程については第 1 章で概説した。「東北アジア」から「東南アジア」への転進によって日本帝国は何を目指したのか。ソ連およびドイツをめぐる国際政治の力学をしばらく措くとすれば，日中戦争を泥沼化させた「援蒋ルート」の切断と日米関係の悪化にともなう「南方石油」の獲得とが日本を「南方圏」へ駆り立てたと見るのが理解に早い。

　山県有朋のいう「利益線」区域，すなわち日本の「主権線」維持に密接な関係を持つ隣接地域は，朝鮮から満洲へ，満蒙から華北へ，中国本土から東南アジアへと拡大し，明治維新からおよそ 80 年にして破裂して果てたことになる。

III. 帝国の皇民化

　植民地統治に対する日本の基本思潮を「同化主義」であるとする主張は古くから流布してきた。しかしながらこの「同化主義」という用語は，多くの場合その具体的内容を示すよりは，むしろ語り手の立場ないし主張を擁護し，逆に反対者のそれを排斥するシンボルとして用いられてきた。乱暴にいえば，「同化」擁護者はこれを「非差別」の同義とし，「同化」批判者はこれを「抑圧」の同義として用いたにすぎない。

　植民地統治における「同化主義」とはどのような思想，どのような政策を意味するのか。植民地史，帝国史における「同化主義」という言葉の氾濫にもかかわらず，その科学的検討はまだ終わっていない。筆者はかつて，植民地統治システムの理念型をモデル化するために（山中速人のモデルを借りて），縦軸に法制・政治的次元（プラスに均一化，マイナスに区別化），横軸に文化・教育的次元（プラスに同一化，マイナスに差異化）をとり，4象限4タイプを分ける試みをしたことがある（山本［2000］，本書第3章所収）。その結果は（後掲図3-2に示すように），右上から左回りに，第1象限（すなわち法制・政治的均一化と文化・教育的同一化が大きいタイプ）を「同化・融合タイプ」，第2象限（すなわち法制・政治的均一化と文化・教育的差異化が大きいタイプ）を「多元主義タイプ」，第3象限（すなわち法制・政治的区別化と文化・教育的差異化が大きいタイプ）を「分離主義タイプ」，そして第4象限（すなわち法制・政治的区別化と文化・教育的同一化の大きいタイプ）を「階層化タイプ」と名づけた。

　日本の植民地統治政策はどのような意味で「同化主義」的であったか。日本の植民地統治は，「外地」を法制的・政治的に明白な異法域に置くという意味では明白に「分離主義」であり，社会的・文化的領域において「内地化」を強制したという意味では「同化主義」であった（したがって上のモデル化でいえば，全体としてはむしろ第4象限の「階層化タイプ」に近い）。あるいは，「日本的同化主義」とは，参政権に代表される政治的権利においては差別を継続しながら，言語に代表される社会的義務においては融合を強要するという，二重性を

孕んだ同化主義であった。あるいはさらにいえば，理念上の同化と現実での差別という二重性を孕んだ同化主義であった。1930年代後半に顕在化するいわゆる「皇民化政策」は，日本的同化主義の発現の顕著な事例である[5]。

　日中戦争期に具体化された「皇民化政策」は，朝鮮においては第7代総督・南次郎のもとにおける「大陸兵站基地化」および「内鮮一体化」政策として現れる。ここで「内鮮一体化」とは何か。それは，「半島ノ同胞ノ凡テガ国体観念ニ於テ真ニ信仰ノ状態ニ到達」することであり，より直裁には「半島人ヲシテ忠良ナル皇国臣民タラシムル」ことにほかならない。同じく台湾におけるそれは，第17代総督・小林躋造の就任とその統治方針としての三大標語（「皇民化」「工業化」「南進基地化」）の表明にはじまる。ここでいう「皇民化」とは何か。「内地と同様の神経感覚を持つ所謂同化された天地」を創造するため，「国語の普及，敬神崇祖の美風，国土の為になる合同奉仕作業等を奨励し，一面従来の慣習にして日本人たるに適さざる陋習を打破する」等々を内容とする「皇国民精神強化運動」の意味である。

　アジア太平洋戦争の開始と日本帝国の拡大は，「外地人の皇民化」をさらに推し進めるとともに，「皇民化した外地人」を擬似日本人として動員することを要求する。朝鮮および台湾における兵役法の改正，およびこの反対給付としての外地参政権の緩和はこの一例である。こうして，この段階において「外地の内地化」は大きく推し進められることになった。それは「日本的同化主義」に見られた二重性を解消するための第一歩を踏み出すことであった。植民地住民は，文化教育面に止まらず，法制政治面においてもまた日本人へと繰り込まれることになった。しかしこうした「外地人の内地人化」が，その本質において，帝国の拡大と戦時動員に強いられた「二等国民」の創出過程にあったこともまた，忘れるべきではない。

　日中戦争からアジア太平洋戦争にかけて進行する「外地の内地化」という現象は，「満洲国」においてはどのような様相を示したか。われわれはこれを，「外地の内地化」と「華北の『満洲国』化」の中間に立つ「『満洲国』の外地化」と表現したことがある（山本［2003b］第1章）。

　いわゆる「日満一体化」，あるいは「王道主義」からの逸脱としての「皇道

主義」の現れは，早くは1932年8月の関東軍首脳部人事の刷新，いわゆる本庄レジームから武藤レジームへの転換の時に遡るといわれる。しかし「満洲国」における日本化現象が制度的に明らかな形をとるのは，1937年の治外法権撤廃とそれにともなう諸改革であり，1940年における皇帝・溥儀の第2回訪日，建国神廟の創建，そして「国本奠定詔書」の発布によって一応の完成を見ることになる。「順天安民・五族協和・王道楽土」を謳って建国された「満洲国」は，それからわずか8年のうちに，建国元神を天照大神と定め，政教の淵源が「惟神ノ道（かむながらのみち）」にあることを公式に宣言した。

占領地・支配地に対する日本精神の注入は，当然のごとく「大東亜共栄圏」にも拡げられた。一例を挙げれば，この時期，「忠良なる皇国臣民」の精神的拠点としての神社の創建が植民地・占領地で相次いだことはよく知られている。終戦時における海外神社数は約600社，神祠を含めた総数では約1,600に上るという（菅［2004］3頁）。数の変化はまた質の変化でもあった。本来，皇祖神崇敬に発する神社信仰が，どのような論理をもって「大東亜的宗教」に変身したのか。また，はじめ居留日本人の自足的施設として創建された神社が，どのようにして南方圏をも含む文化的同化政策の装置とされたのか（菅［2004］終章）。これらもまた，日本植民地＝帝国史に残された重い課題といわなければならない[6]。

IV. 帝国の工業化

後発資本主義としての日本が周辺に開拓した植民地に期待するところが，狭い国内市場を補完する商品販売市場の開拓，乏しい国内資源を補完する原料供給基地の建設にあったことは他の植民地帝国の場合と一般であった。繊維・雑貨市場としての台湾・朝鮮・満洲，あるいは台湾からの砂糖・樟脳・米穀，朝鮮からの米穀・鉄鉱石・希少金属，満洲からの大豆・石炭・鉄鉱石の移入などがこれである。

しかし日本が獲得しえた矮小な近隣植民地は，日本の工業化が進むにつれ

て，垂直的分業を日本と分かち合う「工業コンプレックス」としての位置を高めていく。製糖・缶詰など食品工業を中心に台湾における初期工業化は1900〜10年代から，また電力・製鉄などの基盤投資を含めて朝鮮におけるそれは1910〜20年代からはじまるが，植民地工業化政策の推進は1930年代以降に本格化する[7]。

1930年代の植民地工業化を先導したのは朝鮮であった。1931年第6代朝鮮総督に就任した宇垣一成の「農工併進政策」の下で電源開発と配送電網整備が進むとともに，「安価な電力・安価な地価・低廉な労働力」を備えた朝鮮投資市場が準備された。加えて，一方に隣接する「満洲国」市場への期待，他方に統制が進行する内地市場からの逃避が絡んで，日窒系の化学・電力投資を中核に，新旧財閥系資本の企業進出が相次ぐことになった。この趨勢は，日中戦争の開始にともなう「大陸兵站基地」建設の呼び声の下でさらに加速された。低廉な電力を原料とする電気化学工業，精錬工業，等の重化学工業，低賃金を武器とする紡織，その他軽工業の成長が見られ，これらが朝鮮工業化を担う主要部門となった。

台湾の工業化は，製糖業における日本大資本と食品加工業を中心とする地場零細企業が並行して比較的早くから軽工業化が進行したが，逆にそのために1930年代の重工業化には遅れを取ることになった。たとえば，台湾電力による日月潭第1発電所の完成が1934年，同第2発電所の完成が1937年であった。この電力に依存して電気化学工業の発達を見たことは朝鮮の場合と同様であったが，本格的な軍事重化学工業への着手は，アジア太平洋戦争開戦前後，いわゆる「南進論」に呼応した経済開発政策が策定された後のことになる。

「満洲国」もまた，もちろん例外ではない。満洲における「第一期経済建設」計画（1932〜36年），続く「満洲産業開発五箇年計画」（1937〜41年）および「第二次満洲産業開発五箇年計画」（1942年〜）による経済開発の立案および実績については別に詳しく論じた（山本［2003b］）。政府（「満洲国」），満鉄（南満洲鉄道株式会社），満業（満洲重工業開発株式会社）のトライアングルによる満洲重工業開発は，「日満ブロック経済の形成」という旗印の下に，1937年以降に加速される。しかし日中戦争の開始は，当初目標とした「適地適応主義」

による満洲独自の重工業開発から,「対日送還」を目的とする鉱工業原料・中間財の供給基地としての開発にその性格を転ずる契機にもなった。

　朝鮮,台湾,そして「満洲国」に見られた農業経済から工業経済への転換が[8],近代植民地経営におけるきわめて異例の実験であったことを,多くの人々が指摘している。ブルース・カミングスは,日本は海外領土に重工業を配置した唯一の帝国主義列強であったと断言する（Cumings［1984］）。

　日中戦争期以降の「華中・華南」,そして太平洋戦争期における「南方圏」支配においても日本は同じく工業開発の方針を取ったであろうか。日本（軍）が海南島における鉄鉱石採掘,蘭領インドシナにおける石油採掘に熱心に取り組んだことはよく知られる。また南方の鉱物資源・農産資源の開発に「担当企業者指定方式」が取られ,財閥系を含む日本の大企業が重点的に投入されたことも知られている。ただし製造業に関しては原則として現地での培養は行わない方針が取られたことからも,南方における工業化の意図は,当面,なかったものと思われる（原［1976］9頁）[9]。

　「大東亜共栄圏」期の大日本帝国は,隣接した「外地」を含む公式の帝国およびそれと有機的一体となる満蒙・北支を「中核体」ないし「自存圏」として重化学工業化を促進し,その南方外延に拡がる中南支・南方圏を「外郭体」ないし「資源圏」として食糧および鉱工業資源の供給地に位置づけようとした。それは「工業コンプレックス」を東アジア全域に広げ,組織化する構想であったといえる。ただしそれが「東アジア共同体」の共存共栄を目指すものであったのか,あるいは盟主「日本民族」の延命と繁栄を目指すにすぎなかったのかはまた,別の問題としなければならない。

むすび

　以上において,われわれは,近代日本植民地帝国の植民地支配に見られる比較史的特質を4点にまとめて述べた。しかし実のところ,「比較史的特質」について実証を行ったわけではない。日本の植民地統治に関するささやかな知見

と，イギリス，フランス史に関するわずかな読書をもとにして，思いつくところを羅列したにすぎない。

　戦前期日本の「植民政策学」は植民地統治の理論・歴史・現状分析に大きな成果を挙げた。しかし，敗戦にともなう植民地の放棄は植民政策学の放棄となり，その成果は書庫の奥に埃をかぶって眠っている。脱植民地化が注目される今日，イギリス，フランス，オランダ，ベルギー，アメリカ，その他多くの近代植民地帝国の「植民地統治のあり方」を比較史的に実証すること，その上に立って近代植民地帝国の「帝国としてのあり方」を比較検討することは，歴史学の今後に残された主要な課題というべきであろう。

[註]
* ）本章の原型は，古くは1993年8月27日に大阪市立大学で開催された「社会経済史学会近畿部会」夏期シンポジウム「日本における植民地史研究の新しい地平」において「問題提起および総論報告」として口頭報告し，さらに1995年1月22日に東京大学で開催された「イギリス帝国史研究会」において「「日本帝国史研究」序説」として口頭報告した時のアイディアに基づいている。論文としての初出は尾高煌之助教授退職記念論文集に掲載された山本［2006］である。本章に収録するに当たって「南方圏」に関する事例を中心に若干の補筆を行った。
1 ）日本を中心とした比較帝国史のわずかな研究事例として，Gunn［1984］，木畑［1992］，Matsui［1996］を挙げる。ただし，これらも植民地支配に関する試論に止まっている。
2 ）ここでいう「帝国主義」は，近代植民地帝国の政策のあり方を示す一般的表現として用いるものであって，いわゆる「帝国主義論」的意味を厳密に意味するものではない。
3 ）ただし，「帝国の時代」をホブズボーム的に1875〜1914年に限定するとすれば，近代日本はやや遅れたとはいえ，その真只中に登場したことになる。
4 ）こうした「新しいアジア史像」については，杉原薫，浜下武志，川勝平太らの一連の業績を見よ（杉原［1996］，浜下［1997］，川勝［1991］）。また杉原の「アジア間貿易論」に対する批判的検討を堀和生が精力的に行っている（堀［2008］［2009］）。
5 ）以下「公式帝国」における皇民化については山本［1992］，水野［2004］およびそこに挙げられた参考文献，「満洲国」における皇民化については山本［2003b］およびそこに挙げられた参考文献を見よ。
6 ）近年，「大東亜共栄圏」期の「南方圏」に対する「教育」「文化建設」に関する研究が進みつつある。たとえば，石井［1994］，倉沢［1997a］所収の寺見元恵，明石陽至，首

藤もと子論文，あるいは池田［2007］所収の各論文などが挙げられる。また「南方特別留学生（南特）」についても重要な成果が見られる。江上［1997］，倉沢［1997b］，上遠野［2002］，ほか。

7）日本植民地統治下の朝鮮・台湾における「工業化」の進展に関しては，これを「開発論」的植民地研究として排斥するかつての見解に対して，植民地統治下における「経済発展」を客観的に評価しようとする立場からの研究が進みつつある。金子［1993］，堀［1995］［2001］，やまだ［1997］。また近年，中村哲・堀和生をリーダーとするグループが，韓国，台湾との国際共同研究により，これらの地域における日本植民地統治下の工業化の源泉と帰結を長期的な東アジア史の文脈で理解しようとする研究を進めている。中村・安［1993］，堀・中村［2004］，堀［2008］［2009］，ほか。また，「満洲国」期の満洲における「工業化」政策と，新中国における工業発展との連続と断絶を論じた最近の優れた研究として，松本［2000］，峰［2009］を挙げる。

8）「転換」という用語は正確ではないかもしれない。植民地・朝鮮，台湾も，「満洲国」も，日本支配の最終段階においてなお食糧・原材料供給地としての役割を期待され，したがって産業・雇用構造において圧倒的な農業経済国であったことは間違いない。3地域のマクロな産業構造・貿易構造については，山本［1992］第3章を見よ。

9）ただし戦局が不利化した1943年5月「南方甲地域経済対策要綱」によって基本政策が転換され，現地自給態勢の強化を目標とした重点的育成主義が取られた。これにより軽工業・生活必需品工業の育成と原料の現地加工による自給能力の維持培養により，作戦軍の現地自活と被占領住民の最低限の生活維持を図ることとされた。原［1976］9頁，岩武［1981］42頁。なお「南方圏」における工業促進政策については，岩武［1981］第4章，疋田［1995］第7章，第8章，第9章，など。

第3章　日本植民地統治における「同化主義」の構造[*]

はじめに

　日本植民地統治における基本思潮を「同化主義」であるとする主張は，古今広く流布してきた。一方に「同化」の不徹底を非難するものがあり，他方に日本の「同化」志向を批判する立場もあったが，概して日本の植民地統治を「同化主義」とみなすことには共通性があった。ただし時期によるその濃淡については意見が分かれた。ある論者は日本における「同化主義」の本格的成立が1919年の朝鮮三・一独立運動に続く「文化政治」の開始によって画期されたといい，別の論者はむしろ「台湾領有」以来の連続性を強調した。さらにはまた，その性格について，日本的同化主義の特質は一貫した「皇民化」政策にあったといい，あるいは1930年代以降の「皇民化政策」を同化政策一般とは区別して，戦時期における特殊型とみなすべきだと主張した。こうした議論は，古くは台湾領有時の帝国議会から近くは今日の学界における論争に至るまで繰り返し現れ，しかも収斂の方向を見出せないでいるように思われる。

　今日，戦前期における植民政策者および植民政策学者の言説を通して日本の「同化主義」とは何であったかを改めて問い直してみようとする者は，言説の行われた時と場所とによって，その内包する意味と意図が全く多種多様であることに驚かされよう。第2章でも述べたように，戦前期における「同化主義」という用語の多くは，その具体的内容によってよりは，むしろ語り手の立場ないし主張を擁護し，逆に反対者を排斥するためのシンボルとして用いられたように見受けられる。乱暴にいえば，「同化」擁護者はこれを「非差別」の同義とし，「同化」批判者はこれを「抑圧」の同義として用いたにすぎない。そし

て戦後研究者もまた，それら言説に表出した用語にのみ心を奪われ，その具体的意味を析出し類別するという作業を欠いたまま議論を組み立てようとしてきた。時と場所を異にして多義的に用いられた「同化」概念を無批判に比較検討しようとしたところに，いわゆる「同化論」の混乱の主原因があったといわなければならない。

「同化論」に関するいくつかすぐれた業績に示唆を受けつつ，いわゆる「同化主義」という用語の多義性を社会科学的に整理し，「同化主義」に関わる諸言説・諸政策をその内容に即して分類する座標軸を設定すること，そのための問題の整理と問題の提起が本章の目的である。ただし，本章におけるわれわれの議論は，なお多くの実証過程を省略して成り立っている。戦前期における「同化」に関する言説をもっと徹底的に掘り起こし，それらを比較検討すること。「同化主義」に関する欧米学説とその日本への移入変容過程を思想史的に追跡すること。「同化政策」「皇民化政策」の実態を個別植民地と帝国の両レベルで解明すること。これらを省略して組み立てられた本章には，「試論」の2字を付すことが必要であるかもしれない。

I.「同化主義」の対応概念

「同化」ないし「同化主義」とは何か。この用語の多義性を確認し，それぞれの言説が内包する意味内容を明確にするための前提作業として，「同化」ないし「同化主義」概念の使われ方と，これに対応ないし対立して用いられる用語ないし概念を分類・整理することから議論をはじめる。

1)「同化主義」対「分離主義」

生物学あるいは音声学の用語とは区別された，社会科学の用語としての「同化」とは何を意味するか。*International Encyclopedia of the Social Sciences* (Macmillan, 1968) の大項目 ASSIMILATION （Vol. 1, pp. 438-444）は，冒頭まずこれを次のように定義する。「同化とは，異なる人種的・民族的背景を持つ

人々が，集まって大きなコミュニティーで生活するに際して，旧来の拘束から自由に，相互作用を行う過程である」。ただし，この「相互作用」の主体と客体が多くの場合に一方向的な支配・従属の関係にあること，およびこの「相互作用」の場が主に文化的側面に設定されていることに注意することが必要である。すなわち前者に関しては，「異なる人種的・文化的グループを代表する人々が共に生活するときには，いつでも，下位のステイタスにある人々（彼らが数の上でマイノリティーをなす場合も，そうでない場合もあるが）が同化の対象となる」。また後者に関連して，この概念は「人種混交」amalgamation or biological fusion などとは明確に区別されるし，また宗教的寛容に代表されるような妥協の過程すなわち「文化適応」accommodation，あるいは異文化との接触から蒙る固有文化の変容すなわち「文化変容」acculturation とも区別されるという。こうして一般的には，「同化とは支配集団と被支配集団との不均等な文化的相互作用，融合作用の過程を意味する」（『平凡社大百科事典』1984年版，第10巻「どうかせいさく」の項）と定義することができる。

　こうした「同化」概念は，欧米の文献においては，移民現象を中心としたエスニック集団の関係を論ずる社会学的概念として議論されることが多い。この場合，「同化」とは，外部からの新規移住者が移住先の社会に存在する文化に吸収される過程を意味し，「同化主義」「同化政策」とは，受入れ側の社会ないし政府が移住者に対して示す（融合化促進の）態度ないし政策を指すことになる。したがって，「同化」に対立する用語としては「隔離」segregation ないし「分離」separation という用語が広く用いられ，とくに「文化的な同化画一主義」に対しては「文化多元主義」cultural pluralism という用語が用いられる[1]。

　このように，社会科学用語としての「同化」の概念は，移民問題を中心とした社会学的な分析枠組みとして発達してきたものであり，必ずしも植民地問題に関わる歴史的概念として整理されたものではない。移民とその受入れ社会への文化的融合を主題とする「同化」問題は，近代植民地統治のあり方を主題とする「同化」問題と同一ではない。しかし植民地支配を，植民地マイノリティー集団の宗主国社会への強制的な移住と想定すれば，両者間の相似性を類推することは容易であろう。戦後社会科学の文脈においては，植民地論に関わ

る「同化」概念は，移民論に関わる「同化」概念の系概念に位置付けられる。

ただし日本においては，移民問題よりも植民地問題への関心が学問的にも社会的にも高いために，エスニック集団をめぐる「同化」過程よりも，植民地統治をめぐる「同化主義」ないし「同化政策」がもっぱら論じられてきた。こうして今日われわれが一般的に用いる「同化主義」「反同化主義」という用語においても，エスニシティ論をめぐる社会学的用法を暗黙の背景としつつ，植民地統治の主に文化的側面を中心とした融合主義と分離主義，画一主義と多元主義を指す用例が多いのである[2]。

2)「同化主義」対「協同主義」

植民地統治の方式をめぐって明示的に「同化主義」と「反同化主義」が議論された事例としては，第三共和制期におけるフランスを挙げるのが適当であろう。本項では，世紀交代期のフランスで展開した「同化主義」対「同化主義批判」の論争を要約し，あわせてその日本への影響を考えることにしたい[3]。

同化主義をもってフランスの植民地政策の特質とする見方は広く流布してきた。この「フランス的同化主義」を定義することはそれ自体容易ではないが，のちの議論を先取りしつつとりあえずは次のように要約する。すなわち，人間理性に感知される真理は普遍であり，人種や文化の差異は環境や教育の差異によるとする自然法思想を背景とし，宗主国の言語・文化を積極的に植民地に移入するとともに，法制度においても本国法の植民地延長あるいは本国法による植民地統合を目指そうとする思想および政策（小熊［1994］17頁）である。

こうした「同化主義」の思想的淵源は18世紀啓蒙主義に遡るといわれるが，フランス革命期に至り，自由・平等・博愛の精神を体現したフランス法に本国人も原住者も共に従うという理念の下に，「同化政策」として実態化した。1789年，サン・ドマング（サント・ドミンゴ，現ハイチ）の（黒人を含む）6人の代表がはじめて国民議会に参加し，次いで1791年の法律は全ての植民地に本国府県と同等の権利を認め，国民議会に代表を送り，最高法院の法官を選任する権利を与えた。植民地に対する本国法の適用は，その後の帝制・王制・共和制の揺り戻しのなかで幾度か変更を蒙るが，「同化主義」をもって植民地統

治の基本ドクトリンとする思潮は，第三共和制期に向かって一貫して持続されたと見ることができる。この間，アルジェリアあるいはセネガル統治において「同化主義」的政策が志向されるとともに，1854年には上院において「植民地を本国に同化せしむることは当然の事項に属し，人民の正当なる希望たると共にまた恐らくは本国政府の義務たるものである」ことが決議され，次いで1871年ボルドーで開かれた国民議会の委員会もまた「本国と植民地との政治的同化，これこそ吾等の標語である」と決議している（堀［1939］140頁）。

　1881年，ジュール・フェリー（Jules Ferry）により行われたチュニジア派兵とその保護領化は，1830年のアルジェリア占領以来しばらく途絶えていたフランス植民地主義の再生を告げるものであった。これに引き続いてフランスは，19世紀中にインドシナ，マダガスカル，スーダン，その他に植民地化ないし保護領化の歩を進め，20世紀初頭にはイギリスに次ぐ近代植民地帝国に成長した。しかし，こうした植民地の拡張と多様化，そして移住植民地から支配植民地への重点移行は，人権宣言の精神を体現した法と文化の宣布という同化主義的植民地政策の限界を露わにした。何よりもまず統治コストが高くつきすぎた。植民地フランス化のための行政費負担は重く，しかも伝統的な慣習と体制を破壊された原住者の抵抗と反乱が相次いだ。また，啓蒙主義と自然法に基づく人間平等思想に代わって，進化論や人種論を取り入れた社会思想が「同化主義」批判に新たな論拠を与えることになった。「原住民を彼らの慣習，彼らの体制，彼らの法律のもとに放置せよ」と主張して同化主義批判の先駆者となった社会学者グスタフ・ル・ボン（Gustave Le Bon）から，これを受け継ぎつつフランス近代植民地学を樹立した経済学者ポール・ルロワ＝ボリュー（Paul Leroy-Beaulieu）に至る系譜についてはとりあえず先行研究に譲る[4]。こうして世紀交代期のフランスは，「同化主義」のアンチ・テーゼとして「協同主義」概念を定式化するとともに，それを植民地統治の基本ドクトリンとして取り入れていくことになる。1905年，フランス植民地会議におけるジョゼフ・カイヨー（Joseph Caillaux）の提言「われわれの政策は徐々に協同政策にならなければならない」は（桜井［1975］175頁），このひとつの画期を示すものであった。

「同化主義」のアンチ・テーゼとして定式化された「協同主義」association or associationism とは何か。「そのあいまいな理念をあえて単純化していえば，植民者と原住者社会，本国と植民地の，協同と共栄というものである。だが実態としては，それはチュニジアで成功したとされる保護国制度とイギリスの植民地統治を先例として，伝統的慣習を調査・温存し，原住者登用や在来支配層活用など間接統治の要素と，必要な範囲での漸進的開発・改革を組み合わせた階層的協力関係であった」（小熊［1994］20頁）。

　さて，フランスにおいて植民地思想をめぐる主張の対立が顕在化したこの時期は，1895年の台湾領有から1905年の朝鮮保護化，そして1910年の朝鮮併合へと，まさに日本が植民地統治の基礎知識を世界に求めた時期に当たる。日本における「同化主義」「反同化主義」思想もまた，ル・ボン，ルロワ＝ボリューらの議論を摂取し，それを祖述する形で展開する[5]。ただ，「遅れてきた帝国」日本にとっては，西欧列強の実践をモデル化し，その優劣・適否を論ずることこそが有用であった。ここに，「同化主義」をもってフランス型，「協同主義」をもってイギリス型と理念化し，こうした類型論をもって選択すべき植民思想・植民政策を議論する傾向を強めたのである。

　フランスにおける「同化主義」批判の潮流に敏感に反応し，日本における反「同化主義」の論陣を張った先駆者のひとりとして竹越与三郎を挙げることができる[6]。竹越は，植民地論に関するその主著『比較殖民制度』（1906年）において，ルロワ＝ボリューやポール・ラインシュ（Paul S. Reinsh）らの所説を挙げつつフランスの同化画一主義批判を展開し，かつそれを日本に敷衍して次のように論じた。「我国民は内政を論ずるに方りては，国家が生物学の原則に制せらるゝを信じ，区々の人為は自然の勢を枉ぐるに足らずとしながら，事，殊俗（ママ──山本）異邦に関するや，法令，武権，教育の万能を信じ，二三千年来の歴史ある国民を，二三十年にして改造せんと欲す，是れ同化主義の謬見の因つて生ずるの本なり」。竹越は，一貫した反「同化主義」の主張に立って，台湾に関するいわゆる「六三問題」に関しては，内地法延長主義反対の立場から1905年2月第21議会の「六三法」延長に賛成した。また1910年韓国併合問題に関しては，フランスのチュニジア統治が保護国制度により「成功」

したことを論拠に，保護国の「併合」を批判する論陣を張ったのである。

なお，同化主義批判を「植民者と原住民社会との調和」すなわち「協同主義」を強調する形で展開した論者としては，東郷実を挙げることができる[7]。東郷はその主著『植民政策と民族心理』（1925年）において，ル・ボンの所説を引きつつ植民者と原住者が「自由協同」の原理に立つ「共棲（生）主義」と「植民地土人の民族精神を基礎とし，之に適合すべき法律制度を制定し，母国と区別した一の統治単位を構成」させる「分化政策」を提唱した。小熊英二の調査によれば，東郷は早く「植民政策上の共生主義を論ず」（『台湾時報』1911年7月号）において「母国人及土人間の共生主義」を主張しているという（小熊［1994］22頁）。日本における「共生主義」＝「協同主義」のきわめて早い用例かもしれない。

3）「同化主義」対「自治主義」

日本において「同化主義」が社会科学の用語として定着するのは，学問としての「植民政策学」が確立する第一次世界大戦後，1920年代以降のことに属する。ここにおいて「同化主義」はそれと対立する概念とセットになって具体的に定義され，また「同化政策」の可否が日本の朝鮮・台湾統治を対象として実践的に論じられた。たとえば，日本植民政策学の双璧，京都大学の山本美越乃における「同化主義」対「自治主義」，東京大学の矢内原忠雄における「同化主義」対「自主主義」の議論がこれである[8]。ここではまず，日本植民政策学における「科学的思惟の体系化の一応の完成」者（金持一郎）であり，矢内原に先立ち「官学アカデミズムの頂点に立った」（浅田喬二）山本の学説を中心にその展開を見ることにしよう。

山本は，早く1914年7月に発表した論文「植民地統治の二大主義に就いて」（『外交時報』232号）において，「由来植民地の統治に関して同化主義及自治主義なるものあり」と植民地統治の理念ないし方針を二分して論じているが，以下ではこれを敷衍した彼の主著『植民政策研究』（初版1920年，増訂版1921年，改訂版1925年）第6章によってその主張を要約する。彼のいう同化主義 policy of assimilation および自治主義 policy of selfgovernment とは何か。

同化主義トハ母国ノ植民地ニ対スルコト恰モ本国内ノ一地方ニ対スルト同ジク，従テ其ノ内政ニ関シテモ成ルベク本国内ニ於ケルト同一ナラシメントスルノ主旨ヨリ，植民地ノ立法・司法・行政等ノ諸般ノ政務ニ亙メテ母国ト画一主義ヲ実行シ，以テ其ノ統一渾化ヲ計ラントスルモノヲ謂ヒ，自治主義トハ之ニ反シテ母国及植民地ハ互ニ其ノ成立状態ヲ異ニシ各特殊ノ事情ヲ有スルガ故ニ，母国ハ漫リニ植民地ニ干渉又ハ強制ヲ加フルコトナク，成ルベク植民地自ラヲシテ其ノ内政ヲ処理セシメントスルノ方針ニ拠リ，母国ハ唯之ガ監督権ヲ総攬スルニ過ギザルモノヲ謂フ，先進植民地中是等ノ主義ヲ代表セルモノヲ索メバ，先ズ指ヲ仏蘭西及英吉利ノ二国ニ屈セザルヲ得ズ，即チ仏蘭西ハ前者ヲ英吉利ハ後者ヲ代表スト謂フモ不可ナシ。

　それでは，彼のいう「自治主義」は先に述べた「協同主義」と同義であろうか。そうではない。三・一運動以後の朝鮮問題に触発されて書かれた小論「朝鮮統治の根本問題」（『経済論叢』第9巻第3号，1919年9月，のちに『植民政策研究』に収録）において，まず「将来ノ植民地ノ統治策ハ過去ニ於ケルガ如キ母国本位主義若クハ専制的同化主義ニ立脚スベカラズシテ，宜ク自治主義ヲ以テ施政ノ根本方針トナサザル可カラズ」と植民地統治の二大方式を繰り返したうえで，朝鮮問題に即してその内容を具体的に次のように述べる。

　　若シ夫レ吾人ノ理想トスル所ヲ忌憚ナク告白セシメバ，朝鮮ノ将来ハ恰モ英国ノ加奈太・濠洲・南亜等ニ対スル関係ノ如クニ之ニ自治ヲ許シ，所謂自治植民地トシテ両者ノ関係ヲ円満ニ持続セシメントスルニ在リ，（中略）即チ将来鮮人間ニ於ケル教育ノ普及従テ知識ノ進歩ニ伴ヒ，代議制度ヲ認メテ其ノ住民ニ立法上ニ参与スルノ権ヲ与フルト共ニ，又責任政府ヲモ之ヲ有セシムルノ主義ニ出ズルヲ適当トス（下略）。

　ここに，彼のいう「自治主義」が，植民地議会と植民地責任内閣の成立を二本柱とする「植民地としての完全自治化」を目指すものであることが明らかにされる。そしてこのことから，彼のいう「同化主義」もまた，「本国法制の植民地延長主義」という統治の政治的枠組みに限定された内容を持つことが明らかにされる。

山本の植民地自治論に対しては，彼が植民地における民族自決＝独立を否定したこと，あるいは移住植民地である英領ドミニオンにおける先住民族問題を無視したことを指摘して，批判の矢が向けられることが多い。しかし，彼のこうした主張の背景には，三・一運動以降，原敬内閣の下で強力に進められた「文化政治」という名の「内地延長主義」に反対するという実践的意図があったと見ることができよう。一言にしていえば，朝鮮・台湾の「府県化」を目的とする「同化主義」に対して，その「ドミニオン化」を目指す「自治主義」を対置することに彼の意図はあったといえる。

　さて，山本に少し遅れ，1920年代後半から30年代を通じて日本の植民政策学をリードした矢内原における「自主主義」の概念もまた，ドミニオン型の自治付与を主内容とする点において山本の「自治主義」と共通している[9]。ただ，彼にあっては，ドミニオン型自治を最善とする西洋近代主義的思考と，諸民族の独自性を尊重・保護するという文化多元的・協同主義的志向との矛盾が，山本を越えて見えていたのではあるまいか。そしてさらにいえば，日本の植民地統治政策をフランス同化主義あるいはイギリス協同主義との単なるアナロジーとしてではなく，その独自性において把握し，批判しようとした植民政策学者は彼が初めてであったかもしれない。彼は，「経済的及び社会的同化を要求すると共に，政治的権利の同化を拒否するを特色とする」日本の「同化的」植民政策の矛盾を，早くから，そして一貫して主張し続けたのである。

　以上，「同化主義」に対立する概念として3つの事例を挙げた。われわれは，議論を分かりやすくするために，「分離主義」「協同主義」「自治主義」を区別し，その間の主張の相違を強調してきたが，現実の言説においては，これら3概念が混交して必ずしも明確な区別がしにくいのが実状といえる。しかしそれにもかかわらず，こうした多様な議論から整理される議論の基軸として，(1)宗主国（本国あるいは内地）システムの植民地（属領あるいは外地）への適用の可否を中心とする，「本国延長主義」対「植民地分離主義」，(2)移植される本国システムの内容として，主に「文化的」同化か「政治的」同化か，という2つの対立軸が見出されよう。われわれはここから，「同化主義」の持つ多義性

を，統一と分離，文化と政治という2つの軸の組み合わせとして整理する試みを検討してみよう。

II.「同化主義」に関する二次元モデル

「同化主義」の多義性を二次元4象限に整理し，これを明示的にモデル化して示した研究には山中速人（山中［1982］［1983］［1993］）がある。山中の基本モデルを示せば図3-1のごとくである。

山中は社会学者であるが，いわゆる「日韓併合」期を中心とした日本の朝鮮政策の構造を，社会学的な人種・民族間関係論の視点から分析しようとしたのである。社会学的に考察した場合，「日韓併合」に際して日本のジャーナリズム（新聞・雑誌）が主張した朝鮮政策の諸相はどのように整理されるか。そこに観察されるいわゆる「同化主義」の日本的特徴は何か。山中は，その分析手段として，支配的多数派の民族集団（マジョリティ）と被支配的少数派の民族集団（マイノリティ）の関係を，「文化的次元」と「社会的制度的次元」（または「社会構造的次元」）との2つの次元の組み合わせによって考えるモデルを提示する。彼の場合，文化的次元における同一化の指標としては教育による言語の共通化政策，また社会的制度的次元（社会構造的次元）における平等化の指標としては住民権の保障，職業機会の平等，経済格差の解消，などが考えられている。

いま，同化主義の日本的特徴について山中が主張しようとした要点を，彼の二次元モデルの図を利用してまとめれば，次の2点になる。

(1) 日本の新聞・雑誌が主張した同化政策には2種類があった。山中は，いわゆる「同化＝法的平等」論に基づく同化主義（具体的には雑誌『太陽』の論調に代表される）を「倫理的帝国主義の同化論」，いわゆる「日鮮同祖論」に依拠して朝鮮人の天皇制帰依を説くそれ（『国民新聞』の論調に代表される）を「天皇ナショナリズムの同化論」と名づける。これらジャーナリズムが主張した2種類の同化主義はいずれも図上「同化・融合タイプ」

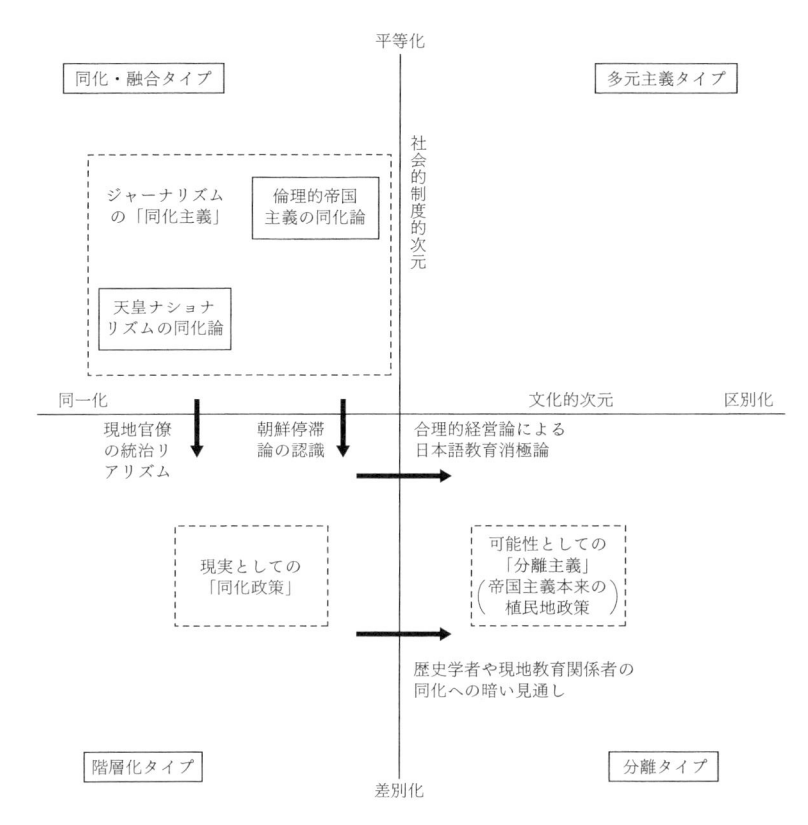

図 3-1 日韓併合時のジャーナリズムにおける「同化主義」の構造（山中モデル）
出所）山中［1993］図 3。

の象限の中に位置するが，それぞれの相対的な位置を異にする。
(2) しかしこれら主張上の同化主義と，現実の日本の植民地政策とはさらに異なった。日本のエスニシティ観は，建て前としては「同化主義」という「受容」の姿勢をとりながら，実際には「分離と排除」への引力が常に働くというダブル・バインドの状態にあった。このようなゆらぎのなかで，結果的に選択された日本の植民地政策は，文化的次元における同一化と社会的制度的次元における差別化が混合した，「階層化タイプ」の政策であった[10]。

この山中モデルについては，基本的にはこの枠組みを踏襲するとしながら，植民地史研究の立場から若干の補足・訂正を提案した駒込武の研究がある（駒込［1996］序章）。
　駒込によれば，山中モデルは次の4点において問題があるという[11]。
(1) 山中の縦軸「社会的制度的次元」（あるいは「社会構造的次元」）という概念は，アメリカ社会という一国内部におけるマイノリティの同化を想定して形成されたものであり，植民地支配という局面には適切ではない。縦軸については，資本主義化や職業・所得の平準化といった経済的次元を排し，むしろ法制度上における平等化・差別化に限定して考えるべきである。
(2) この図のいかなる象限の延長線上にも被支配民族の独立という選択肢は存在しないことを確認しておくべきである。その意味で，この図の適用限界を明確にしておく必要がある。
(3) 言説としての「同化主義」と現実としての「同化政策」を異質ならしめた真の規定要因は一体何であったのか。「階層化タイプ」の同化政策を支えた「朝鮮停滞論」などは，平等化を阻止した要因そのものというよりは，むしろ差別化の口実にすぎなかったのではないか。
(4) 理念としての「同化」と政策としての「同化」とは明確に区別されなければならない。山中の議論では，図上「同化・融合タイプ」「多元主義タイプ」「階層化タイプ」「分離タイプ」の4タイプを「同化主義」あるいは「同化政策」のヴァラエティとしているが，それは議論を混乱させる。この4タイプは，厳密にいえば「植民地統治政策」の4タイプというべきである。理念としての「同化」は「日本に対する思想感情の同一化」と定義されるが，その意図する内容・施策は各人により多様である。山中モデルは，理念としての「同化」とその内実との整合性（あるいは非整合性）を示す尺度として用いられる。
　われわれは駒込の指摘する(1)〜(3)には同意するが，(4)についてはその意味するところを理解できない。この図の意味するところは，「同化」の概念を「文化的次元における同一化」と「社会的制度的次元における平等化」にある

と定義（あるいは仮定）した場合，さまざまな言説や政策が相対的にどのように位置付けられるかを明らかにするところにある，というのがわれわれの理解である。

そこでわれわれは，駒込の批判を部分的に取り入れつつ，山中モデルを次のように修正したい。

(1) 山中の縦軸「社会的制度的次元」（あるいは「社会構造的次元」）を，「法制・政治的次元」に限定し，その指標を憲法の適用，参政権の付与など，法制上ないし政治的地位の均一性に求める。山中の概念は，その依拠するアメリカ社会学において主に一国内部におけるマイノリティを想定して形成されたものであり，植民地的異民族支配のケースに応用することは適切でないという駒込の指摘を受け入れる。

なお，横軸「文化・教育的次元」の指標としては，言語を中心とする教育システムの統一，衛生観・道徳観・宗教観の統一，などを想定する。

(2) 山中の縦軸における「平等化」対「差別化」に代えて，「均一化」対「区別化」という用語を用いる。われわれは，いまここで論じている「同化」および「反同化」の概念に価値観を含ませることをあえて避けたいからである。たとえば，徴兵制の植民地への適用は法制上の「均一化」ではあるが，それが「平等化」か否かを論じることは難しい。

(3) 山中モデルにおける文化的次元の左右を逆転させ（これも駒込の示唆に従う），「同一化」を右向きに，「差異化」を左向きに取る。議論の中心となる「同化・融合タイプ」を図上の第 I 象限に，その反対の「分離タイプ」を第 III 象限に置くのが見やすく，説明に都合が良いという技術的な理由による。したがって，「多元主義タイプ」が第 II 象限に，「階層化タイプ」が第 IV 象限に位置することになる。

以上を踏まえた改訂山中モデル（山中＝山本モデル）を図 3-2 に示そう。われわれの目指すところは，「同化主義」をめぐるさまざまな言説ないし政策の相対的な関係をヴィジュアルに示すことである。原点を通る 45 度線を右上（東北）に進むにつれて「法制的」および「文化的」の両面における「同化性」が進み，左下（西南）に進むにつれて「非同化性」が進む。しかし言説ないし

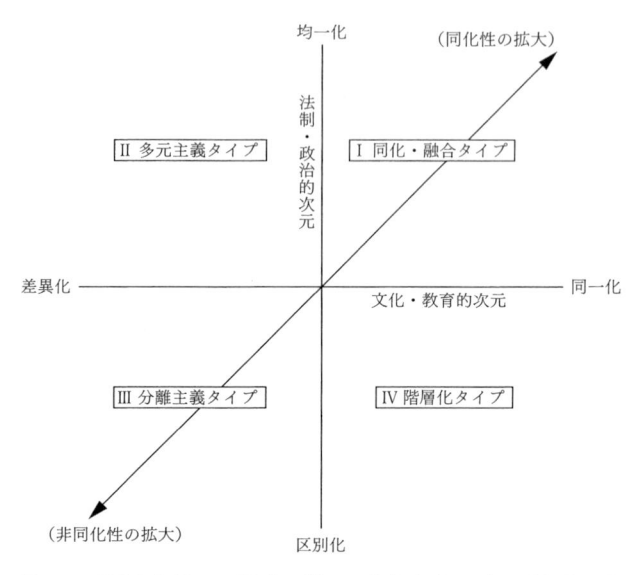

図3-2 「同化主義」の構造に関する改訂山中モデル（山中＝山本モデル）

　政策が第 I, 第 II, 第 IV 象限に位置する限りにおいて（そして場合によっては非同化性の最も強い第 III 象限に位置した場合ですら），その言説ないし政策は，相対的な意味で，一定の同化性を持つといえるのである[12]。

　最後に，この二次元モデルの適用の範囲あるいはその限界についても註記しておくことが必要であろう。第1に，われわれの原型である山中モデルは，「日韓併合」時におけるジャーナリズムの論調分析という，時間的にかなり限定された期間を対象とするツールとして開発されたものである。これを，日本の植民地統治50年の歴史全期間を通じた「同化主義」分析に利用できるであろうか。問題は，法制的次元における「均一化」と「区別化」，文化的次元における「同一化」と「差異化」の指標として，何をどのように取り上げるかにかかるであろう。この点については次節で触れる。

　第2は，法制上あるいは制度上の形式的同一化と実質上の差異化ないし差別化をどのように判定するかである。「同化主義」の主張の多くは，遠い将来における同化を約束しながら，現実社会の「停滞」や「未開」を口実としてその

近い実施を不可とした。「同化政策」を標榜する施策の多くは，実質上の差別と取引するか，あるいはそれを隠蔽する形で実現した。

第3に，このモデルがあくまで植民地支配における「同化」「非同化」の相対的関係を示すものであり，「同化」「非同化」を問わずこの延長上に植民地における民族自決・独立を想定するものではないことである。その意味で，植民地統治に関わる「同化」「非同化」の論議は，それ自体が一定の檻の中に閉じ込められている。

III. 「同化主義」の日本的特質

さて，上の二次元モデルを利用して，改めて「同化主義」ないし「同化政策」の日本的特質を考えてみよう。日韓併合時におけるジャーナリズムの論調および植民地官僚の言説から抽出した山中速人の分析は，ここでもわれわれの分析に良い糸口を与えてくれる。まず山中の指摘する第1点，日本における「2つの同化論」から始める。

「日韓併合」に際して新聞・雑誌が主張した朝鮮政策は，ひとことでいえば「朝鮮停滞論」を基礎とする「同化主義」にあったが，そこには大きく2つの論調を見て取ることができる。その1は，雑誌では『太陽』，新聞では『時事新報』の論説に代表されるものであり，山中はこれを仮に「倫理的帝国主義の同化論」と名づける。この主張は，基本的には近代帝国主義すなわち植民地支配を進歩・進化の文脈で捉える近代主義・進歩主義の流れに位置し，したがって日本の韓国併合を遅れた朝鮮の文化・文明を進んだ日本の文化・文明が改造するという論理で正当化しようとする。『太陽』編集長を務めた浮田和民が論じた「内に立憲主義，外に帝国主義」すなわち「立憲帝国主義」論などはこの典型であった。浮田はまた，併合後の朝鮮人が，帝国憲法の下に帝国臣民として平等の権利を享受すべきことを主張することにより，「同化」を（文化的次元での同一化としてよりも）法制的次元での均一化として理解しようとした[13]。

これに対立するもうひとつの論調は，反護憲派メディアとして一貫した『国

民新聞』の論説に代表されるものであり，山中はこれを仮に「天皇ナショナリズムの同化論」と名づける。これは，列強の植民地政策を批判しながらも，「日韓関係」の歴史的特殊性を強調することで「併合」を正当化する論理を持つ。そして，たとえば「日鮮同祖論」に依拠しつつ「上に万世一系の皇室を戴き，強大方長の国民と，其事を共にするに至る」ことこそが朝鮮人民の幸福であると論じた。この立場は，朝鮮人を日本人の精神文化に一体化させるという側面を強調する意味で，制度的・法制的均一化よりも文化的同一化に力点を配した同化論ということができる。

　以上山中は，1910年という段階において日本のジャーナリズムを支配した「同化論」に2つのタイプを見出す。この2つの潮流は，朝鮮人を日本人と同じ方向で「同化・融合」させるという方向性において共通点を持ちながら，次の2点に主な相違があった。① その思想的背景において，前者が西洋近代主義の論理と直裁に一体化したのに対して，後者は特殊日本的ナショナリズムを強調しようとした。② 前者が制度的次元における同一化に力点を置いたのに対して，後者は文化的次元の同一化をとおして「天皇の赤子となる」共通性に力点を置いた。前掲図3-1における「ジャーナリズムの同化主義」に囲まれる2つの「同化論」は，主に②によってその相対的位置関係を描いたものということができる[14]。

　さて以上のような山中の分析は，われわれに直ちに，矢内原忠雄が1937年2月の論文「軍事的と同化的・日仏植民政策比較の一論」(『国家学会雑誌』51巻2号，1937年，『帝国主義論』1948年，『矢内原忠雄全集』第4巻，1963年)で論じたところを思い起こさせる。矢内原は，まずフランス植民政策の特色について，その本旨が同化主義にあることは疑いないこと，かつ相当の文化的発達段階にある原住者社会に対するフランス同化主義の適用は叛乱・動揺を招く原因となり，必然的に軍事的抑圧がこれにともなったことを論じ，「要するに同化政策は軍事的支配と相伴ってフランス植民政策の二大特色をなすのであり，而して両者に共通なる基礎は本国中心の絶対的支配主義である」とする。次いでこれを日本の植民政策と比較して，「両者に共通なる一般的特色は軍事的及び同化的見地の優越である」と結論する。このような著しい類似性のなかにど

のような差異を見出せるか。フランスの同化政策には，18世紀末の啓蒙哲学ならびにフランス革命思想という哲学的・思想的背景がある。これに対して日本の同化政策は，「フランスにおける如き自然法的人間観に基くものではなく，寧ろ日本国民精神の優越性の信念に基くものであって，その意味においてフランスの同化政策よりも更に民族的，国民的，国家的であり，従って軍事的支配との結びつきはフランスにおけるよりも一層容易である」。

　日仏同化主義の思想的背景にあるこうした相違が，具体的な植民地政策においてどのような違いとなって現れているか。矢内原の場合，これを（山中のように）政治的・行政的同化と文化的・教育的同化における比重差としては明示的に言及してはいない。ただ，一方に植民地人に対する参政権付与がフランスに比べ日本において遅れていること，他方に，教育ことに言語による同化政策において日本がフランス以上の「決定的態度を以て」植民地に臨んでいることは指摘している。山中が「日韓併合」時における同化論の2類型として整理したところを，矢内原においては日仏同化論の対比として指摘する。日中戦争勃発の直前という時期にあって，矢内原には，軍事的同化主義一般を批判するとともに，とくにその皇道主義的な傾斜に対して警鐘を鳴らす意図があったと見ることができよう。

　山中のいう「倫理的帝国主義の同化論」を，（倫理的価値観をなるべく取り払った命名として）われわれは仮に「近代主義的同化論（主義）」と改名し，「天皇ナショナリズムの同化論」を，仮に「日本主義的同化論（主義）」と改名することにしよう。われわれもまたこれらを日本における「同化論」の大きな2類型とする。そして山中も認めるように，後者「日本主義的同化論」こそが日本における同化論の主流であったことに疑いはない。それでは「日本主義的同化論」の思想的背景は何か。その発現の仕方は日本植民地帝国50年の歴史のなかでどのように変化したか。日本のナショナリズムと天皇制に関わるこの大きな問題を論じるには，改めて別稿を用意しなければならない。

　そこで次に，日本的同化主義に関わる山中の第2点，日本の現実の植民地政策に見られる「受容と排除のダブル・バインド」の検討に移ろう。

　山中はいう。朝鮮統治に代表される日本の植民地統治思想＝政策は，一言で

いえば「同化思想＝政策」であったと要約することができる。しかし，「日韓併合」に際して日本のジャーナリズムが主張した植民地統治論が，そのなかにいくつかの類型を孕みつつひとまずは「同化・融合タイプ」に分類されるものであったのに対して，現実の植民地統治政策は「階層化タイプ」に分類されるべき政策であった。それは，「同化」を謳いつつ本土と朝鮮を社会制度的に差別することを前提としていた。この背景にあったものは，総督府官僚に代表される統治者側の統治効率と統治コストに対する配慮であり，それを合理化するために，朝鮮はいまだ帝国憲法に基づく諸制度を受け入れるまでに発達していないという「朝鮮停滞論」が援用された[15]。概していえば，「日本の戦前のエスニシティ観は，このように建て前として『同化主義』という受容的姿勢をとりながら，実際には，分離主義と排除への引力が働くというダブル・バインドの状態にいつもあった」（山中［1993］106 頁）。この指摘は，再びわれわれに矢内原の言説を思い起こさせる。

　1937 年 12 月東京帝国大学教授の職を事実上解任された矢内原が，植民政策論に関して戦前最後に発表した論文が「朝鮮統治上の二三の問題」（『国家学会雑誌』1938 年 1 月）と題する小論であった。まずその冒頭において彼はいう。「日本の植民地統治政策の一般的特色は官治的内地延長主義であり，朝鮮の統治も亦これが例外をなすものではない。官治的は父権的保護主義を意味し，内地延長主義は即ち同化主義である」。こうした特色が朝鮮統治において具体的にどのように現れたか。朝鮮における植民地財政の独立問題，産業奨励の問題，教育奨励の問題を論じた後，彼は結論的にいう。「由来同化的植民政策は植民地人に対して経済的及び社会的同化を要求すると共に，政治的権利の同化を拒否するを特色とする。換言すれば経済的及び社会的生活においては本国人と同一ならしむると共に，政治的には本国人と同一なる権利の付与を拒むものであって，『汝等先ず社会的に本国人と同化せよ，然る暁において政治的権利においても本国人と同一待遇を与えるであろう。汝等が本国人と異なる民族である限り，政治的権利の差別，即ち植民地的統治の継続は当然である』というのが，植民地人に告ぐる同化的統治政策の論理である」（『矢内原忠雄全集』第 4 巻，307-325 頁）。

言語を中心とする社会的生活における融合の強制と参政権に代表される政治的権利での差別の継続。「日本的同化政策」のなかに格別色濃く現れるこうした二重性の問題については、矢内原以来多くの日本植民地史研究が指摘してきた。しかしこれらが植民地統治における同化主義一般の特色であるのか、あるいは日本的同化主義の特色として捉えられるべきか。また日本の植民地支配に通貫する特徴であるのか、時代性の強い特徴であるのか。実証というレベルでは、これまたいまだ残された課題としなければならない。

　かつて筆者は、日本における植民地統治思想を論じた際に、日本の同化主義・同化政策の特徴を仮説的に次のように述べた（山本［1992］第1章）。帝国日本の植民地支配の歴史には、「外地」を法制的・政治的には明白に異域に置きながら、イデオロギー的には「内地化」を標榜するという、理念と現実の「二重性」がその当初からつきまとっていた。1920年代、原敬による同化主義政策の遂行は、（政党政治の確立という彼の政治理念ないし政治戦略と結びつきつつ）こうした二重性の解消を目指した試みであり、さらに1930年代後半におけるいわゆる「皇民化政策」は、（政策そのものの可否とは別に）この二重性の解消という点において、ある意味での「成功」を収めることができた。

むすび

　アンシャン・レジーム下のフランスにおいて、植民地は「宗主国の地方」にほかならず、したがってその統治政策は「同化主義」のほかはなかった。それにもかかわらず1765年1月25日の王令は「手段が目的と異なるように、植民地はフランス国内の地方とは異」なるのが現実であるとし、要は植民地を本国に従属させることこそが問題であることを認めた（ヤコノ［1998］27頁）。レアリスティックな植民地官僚であった後藤新平もまた、「同化と謂ひ抑圧と謂ひ畢竟著述者の勝手につけた名称に外ならぬ」と喝破し、「その内容彼此複雑なる関係あることをも思はざるべからず、如何に懐柔又は同化を期するも時としては抑圧主義も実際必要なることもあるであらうと思ふ」と述べている（矢

内原忠雄『帝国主義下の台湾』全集本第2巻，372-373頁）。

　植民地「同化」が結局のところ植民地「抑圧」にほかならなかったという歴史認識は今日広く共有されている。しかしそれゆえに，歴史研究の場においても「抑圧」の同義語としてこれを乱用する傾向はなかったであろうか。本章は，「『同化』という言葉のインフレーションにより，植民地支配の理念も実態も見えにくくなっている」という駒込の「率直な感想」（駒込［1996］12頁）に同感する筆者の，小さな試みにほかならない。

［註］
＊）本章の初出は，山本［2000］であり，ほぼ原型のまま採録している。日本植民地支配におけるいわゆる「同化主義」を，歴史社会学的な観点を取り入れて考察しようとした勉強論文であり，試論である。
1）たとえばアメリカ社会のエスニック集団関係論の古典，パーク（R. E. Park）の同化理論によれば，移民の同化過程は「接触」(contact)・「競争」(competition)・「適応」(accommodation)・「同化」(assimilation) という「人種関係のサイクル」を踏むという。またこれに連なるものとしては，ゴールドン（M. Gordon）の2段階同化論がある。移民の同化を前提とするこうした「同化論者」に対して，アメリカ社会ではエスニシティがその重要性を失っていないことを主張するグレイザー（N. Glazer），モイニハン（D. Moynihan）らは「多元主義者」と呼ばれる。竹沢［1994］iv頁，26-27頁，山中［1982］第Ⅰ節。
2）日本においては，社会学辞（事）典においては多く「同化」で項目が立てられ，歴史学辞（事）典では多く「同化政策」で項目が立てられていることは，この象徴的な事例である。
3）以下本項については，小熊［1994］を中心に，下記註4）に掲げる論考に負うところが多い。
4）喜安［1967］，権上［1974］，桜井［1975］，菅原［1982］［1984］，小熊［1994］。
5）ル・ボン，ルロワ＝ボリューの本邦初訳は，管見の限り，ル・ボンについては，前田長太訳『民族発展の心理』大日本文明協会，1910年8月，ルロワ＝ボリューについては，台湾事務局編訳『馬多加須加兒殖民論』（ド・ラネッサン『仏領印度支那拓殖誌』と合冊）台湾事務局，1898年9月，である。なお，黎明期の日本植民政策学に強い影響を及ぼした学者として，アメリカのウィスコンシン大学で植民政策を担当したラインシュ（Paul S. Reinsh）を取り上げなければならないが，その詳細はここでは省略する。ラインシュの日本への影響については，とりあえず，小熊［1994］を見よ。
6）竹越与三郎の植民政策論については，とりあえず小熊［1994］および同論文23頁の

註 4 に挙げられた諸文献を見よ。
7）東郷実の植民思想・植民政策については，とりあえず小熊［1994］および同論文 24 頁の註 16 に挙げられた諸文献を見よ。
8）山本美越乃の植民政策論については，とりあえず浅田［1986］，山本［1992］第 1 章第 III 節，小熊［1994］および同論文 28 頁の註 1 に挙げられた諸文献を見よ。また矢内原忠雄の植民政策論については，とりあえず浅田［1988］，村上［1993］，小熊［1994］および同論文 29 頁註 19 に挙げられた諸文献を見よ。
9）なお，矢内原の場合は，植民政策上の方針として「従属主義」「同化主義」「自主主義」の 3 主義を挙げるが，そのうち「従属主義」とは，もっぱら本国の利益追求を目的とする専制的搾取政策であり，16 世紀から 18 世紀にかけてのイギリスのインド支配，あるいはオランダのジャワ支配に代表される前近代的な植民政策を指すとしているから，近代的なそれとしては「同化主義」と「自主主義」の 2 分類とみなすことができる。
10）階層化 = stratification。社会学的用語としては，あるマイノリティ集団が差別や格差によって上向きの社会移動を制限され，低い社会階層に滞留する状況を指す。ここでいう「階層化タイプ」は，文化的同一化は行われるが，住民権や職業機会，通婚など社会構造上の不平等や格差が維持されるようなしくみが存在する状態またはそのような政策を意味する。山中［1982］291 頁。
11）さらに駒込は山中モデルの横軸（「文化的次元」）を左右逆転することを提案している。その理由は，後述するわれわれの理由と同一であると思われる。
12）山中は，大きく「同化主義」と「多元主義」を 2 類型とし，「同化・融合」タイプと「階層化」タイプを「同化主義」の 2 つの発現の形態，「多元主義」タイプと「分離」タイプを「多元主義」の 2 つの発現の形態と見なしているらしい。山中［1982］292 頁。この点はわれわれの理解ないし意図と異なる。
13）小熊によれば，浮田和民は 1908 年に発足した「大日本文明協会」の編集長を務め，註 5）で言及したル・ボンの翻訳に関わったという。小熊［1994］21 頁。また山中［1983］によれば，浮田ら「倫理的帝国主義」の流れのなかから，のちに江木翼などの「同化主義批判」が現れてくるという。山中［1983］301 頁，山中［1993］97 頁。
14）これを，われわれの改訂モデル図 3-2 において示せば，第 I 象限に引いた 45 度線よりも上に位置するか，それよりも下に位置するかということになるであろう。
15）さらには，統治コストへの配慮が文化的同一化を妨げる論理に用いられたケースも少なくなかった。同化政策の核心である言語の日本語化についても，（文化多元主義的理由からではなく）それが「騒擾の種子」になり，あるいは短期的に成功が見込めないという理由からその遂行を否定する見解もあった。図 3-1 の➡の示すところを見よ。

第 II 部
「大東亜共栄圏」論

第4章 「大東亜共栄圏」構想とその構造*
――「大東亜建設審議会」答申を中心に――

はじめに

　1941（昭和 16）年 12 月 8 日未明（日本時間午前 3 時）千島択捉島を出て北方航路よりハワイに向け出撃した連合艦隊第一航空艦隊は真珠湾奇襲に成功し，在泊中のアメリカ艦隊の戦艦 6 艘を撃沈した。一方，南方資源地帯の攻略を目指す南方作戦もまたきわめて順調に進行した。

　同 8 日未明（日本時間午前 2 時）シャム湾からマレイ半島のつけ根に上陸を開始した陸軍部隊は，北にはタイを牽制して 12 月 21 日軍事同盟条約を結び，また南下してシンガポールを目指した銀輪部隊は快速力をもってマレイ半島を制圧し，2 月 15 日にはシンガポール入城を果たした。12 月 10 日にルソン島に上陸したフィリピン戦線においては，1 月 2 日にマニラに入った。この間，フィリピンのミンダナオ島，セブ島，また蘭領東インドのセレベス島，ボルネオ島に対しては海軍を主力として攻略が進められ，3 月 1 日には蘭領東インドの心臓部ジャワ島への上陸作戦が開始された。なおボルネオ，スマトラの油田地帯に対しては落下傘部隊による奇襲攻撃が成功して油田を破壊せずに接収しえたことも，資源問題の前途を明るいものにした。

　1942（昭和 17）年 2 月 23 日，大本営政府連絡会議は「大東亜戦争ノ現情勢ニ於テ帝国領導下ニ新秩序ヲ建設スヘキ大東亜ノ地域」を「日満支及東経九十度ヨリ東経百八十度迄ノ間ニ於ケル南緯十度以北ノ南北諸地域」と定めた[1]。いまや夢の「大東亜共栄圏」の実現も間近いかに思われたのである。

　こうした情勢のなかで政府は，1942 年 2 月 21 日，「大東亜建設ニ関スル重要事項ニ付調査審議スルコト」を目的とする「大東亜建設審議会」の設置を決

めた。会長に首相，幹事長に企画院総裁，各部会長（当初 8 部会，のち 11 部会）に各担当大臣を据えたこの大審議会は，南方占領が急激に進行するなかで，南方占領地経営を含む「大東亜共栄圏」経営の基本方針について「国内各勢力からの合意を調達する役割を担って」成立したのである（古川［1992］271 頁）。

　本章は，この審議会の討議・答申を検討することにより，当時の支配層の戦争初期段階——すなわち「大東亜共栄圏」の幻想がなお色あざやかであった時期——における「大東亜共栄圏」建設構想の一端を明らかにする。本論に入るに先立って「大東亜共栄圏」構想の成立過程について若干の考察を加える。

I.「大東亜共栄圏」構想の成立[2]

　「大東亜共栄圏」構想の公式な出発点については，これを 1940（昭和 15）年 7 月第二次近衛文麿内閣の成立時に求めることができよう。この内閣は，ヨーロッパにおけるドイツ電撃作戦の成功と東南アジアにおけるフランス，オランダ植民地支配の空白を背景とした「南進」的気運の急激な高まりのなかで成立した。

　組閣に先立つ 7 月 19 日の荻窪会談（近衛文麿および陸軍大臣に内定した東条英機，海軍大臣に留任予定の吉田善吾，外務大臣に内定した松岡洋右の四者会談）において国策の基本を協議するという異例の手続きを経て，同 22 日に成立した近衛内閣は，7 月 26 日「基本国策要綱」を閣議決定し，時局に対する国策の根本方針として「大東亜新秩序建設」構想を打ち出した。ここに，「皇国ノ国是ハ八紘ヲ一宇トスル肇国ノ大精神ニ基キ世界平和ノ確立ヲ招来スルコトヲ以テ根本」とし，「皇国ヲ核心トシ日満支ノ強固ナル結合ヲ根幹トスル大東亜ノ新秩序ヲ建設スル」ことが謳われたのである。次いで，7 月 27 日の大本営政府連絡会議における「世界情勢ノ推移ニ伴フ時局処理要綱」の決定により，「情勢ノ変転ヲ利用シ好機ヲ捕捉シ」て「対南方武力行使」を推進する方針が陸海軍双方の了解事項として確認され，「大東亜」の範囲が日満支の「東亜」

に加えて「南方」を含む観念として理解されるに至った[3]。

なお，用語としての「大東亜共栄圏」の初出は，8月1日，松岡外相が「基本国策要綱」を正式発表した記者会見において「日満支をその一環とする大東亜共栄圏の確立」という表現を用いた時とされる[4]。また，8月27日閣議決定の「小林特派使節携行対蘭印交渉方針案」では，「日満支ヲ中心トシ之ニ南洋ヲ加ヘタル東亜共栄圏ノ確立」という用語が見られ[5]，さらに10月3日「日満支経済建設要綱」の新聞発表において「日満支経済ノ綜合的発達ヲ基底トスル大東亜共栄圏ノ飛躍的前進」が謳われた[6]。「南方圏」を含む「大東亜共栄圏」というレトリックが一般に定着するのは，ほぼこのあたりと見てよいであろう（矢野［1975］156頁）。

それでは，このようにして生まれた「大東亜共栄圏」という構想は具体的にどのような内容を持つものであったのであろうか。そこで想定された地域的な範囲とそこに含意された構造から確認しよう（表4-1参照）。

「大東亜共栄圏」の地理的範囲がひとまず具体的に示されたのは1940年9月であった。すなわち，9月6日の四相会談および9月16日の連絡会議で決定された「日独伊枢軸強化に関する件」において，秘密了解事項として付された別紙第3「日独伊提携強化ニ対処スル基礎要件」の「一，皇国ノ大東亜新秩序建設ノ為ノ生存圏ニ就イテ」の（イ）に示された「生存圏」の定義がこれである[7]。

　　独伊トノ交渉ニ於テ皇国ノ大東亜新秩序建設ノ為ノ生存圏トシテ考慮スヘキ範囲ハ日満支ヲ根幹トシ旧独領委任統治諸島，仏領印度（支那——山本）及同太平洋島嶼，泰国，英領馬来，英領ボルネオ，蘭領東印度，ビルマ，濠洲，新西蘭並ニ印度等トス　但シ交渉上我方カ提示スル南洋地域ハビルマ以東蘭印ニューカレドニア以北トス　尚印度ハ之ヲ一応「ソ」聯ノ生存圏内ニ置クヲ認ムルコトアルヘシ

この定義をのちの「大東亜共栄圏」の展開との関連で見るとき，次の点が注意される。まず，英領のオーストラリア，ニュージーランド，インドという広大な地域を包括している一方，米領のフィリピンが欠落していること，またイ

表 4-1 大東亜共栄圏および接壌地域の面積および人口（1940年）

国名・地域名	面積 （千平方キロ）	人口 （千人）	人口密度 （1平方キロ当り人）
1. 日本帝国	681	105,226	155
内地	383	73,114	191
朝鮮	221	24,326	110
台湾	36	5,872	163
樺太	36	415	11
関東州	3	1,367	395
南洋群島	2	131	61
2. 満洲国	1,303	43,234	33
3. 支那	10,362	448,034	43
4. 仏領印度支那	740	24,807	33
5. タイ	518	15,718	28
6. 旧英領マレイ	132	5,465	41
海峡植民地	4	1,421	404
マレイ聯邦	71	2,194	31
聯邦外諸邦	57	1,850	32
7. ビルマ	605	16,282	27
8. フィリッピン	296	16,356	55
9. 旧英領ボルネオ	211	790	4
10. 旧蘭領印度	1,904	70,476	16
ジャワ及びマヅラ	132	46,720	353
スマトラ	425	9,512	22
ボルネオ	539	2,716	5
セレベス	189	5,413	29
チモール	63	2,316	37
11. ニューギニア	972	2,089	2
12. 英領印度	4,080	370,753	91
13. 仏領印度	1	304	595
14. ブータン	50	250	5
15. ネパール	140	5,600	40
16. セイロン	66	6,002	92
17. オーストラリア聯邦	7,704	7,044	1
18. ニュージーランド	268	1,646	6
19. ニューカレドニア	19	55	3
20. ハワイ	17	423	26
21. ソヴィエト聯邦	21,175	172,020	8

出所）企画院研究会［1943a］94-96頁。ただし，表題および国名の順序については若干の変更を加えている。

ンドについては，これをソ連の勢力下に譲る姿勢を示していることである。この背景には，㈦「皇国ハ……独伊ノ対英戦争ニ一層協力スル為」「東亜ニ於ケル英国権益ノ排除，対英示威及宣伝，英国ノ属領及植民地ノ独立運動支援等」に努めること，㈪「米国ニ対シテハ努メテ平和的手段ヲ以テ」対処すること，㈫ ソ連に対しては「東西両方面ヨリ牽制シ，且之ヲ日独伊共通ノ立場ニ副フ如ク利導シ」「ソノ勢力圏ノ進出方面ヲ日独伊三国ノ利害関係ニ直接影響少キ方面……ニ指向ハシム如ク努ムル」ことという，「日独伊三国同盟」締結（9月27日調印）時の情勢が影響していた。

　この「生存圏」の線引きは，その前後に提起されたいくつかの「大経済圏」構想を踏まえ，かつそれらによって内容を具体化したと考えられる。そうした構想の第1は，「基本国策要綱」の起源をなしたとされる「総合国策十カ年計画」の「協同経済圏」構想である。この計画は，陸軍の武藤章軍務局長の発案により「国策研究会」に依頼して1940年1月に研究が開始され，のち企画院に回されて6月中旬に成案を得たものといわれる[8]。同計画は，「第一　基本国策」，「第二　外交及国防」，「第三　内政関係事項」，「第四　日満支関係事項」の4部よりなり，「荻窪会談」以降の近衛内閣の諸国策案に強い影響力を持ったが，その「第一　基本国策」には次の3つの目標が掲げられた。「一　皇道を八紘に布き民族共栄，万邦共和以て人類福祉の増進，世界新文化の生成発展を期するは，肇国の理想にして我民族に課せられたる使命とす」，「二　我国の最高国策は帝国を核心とし，日満支の強固なる結合を根幹とし，大東亜を包含する協同経済圏を建設し，以て国力の充実発展を期するに在り」，「三　我協同経済圏の範囲は，東部シベリア，内外蒙古，満洲，支那，東南亜細亜諸邦，印度及太平洋とす」[9]。

　そうした構想の第2は，当時1940年夏のいわゆる「対蘭印経済交渉」にあたって，小林一三特使の派遣が決まる直前に小磯国昭が書いた一連の意見書（執筆時期は7月下旬から8月上旬）における「（大）東亜経済圏」構想である[10]。7月末に書かれたと思われるその第1意見書「帝国の急要施策」において小磯は，「欧米依存の現状を成るべく速に極東自給に転換して（大）東亜経済圏の建設を敢行」することを提言し，「（大）東亜経済圏」の範囲を「日，

満,支,仏印,泰,馬来,緬甸及蘭印を糾合して東亜経済聯盟を結成し将来に於ては北樺太,沿海洲,比律賓及太洋洲を右聯盟に吸収するものとす」,「換言すれば本経済圏は東経九十度以東,日付変換線（概ね東経百八十度）以西を以て其の範域と為す」とした。

　この「大東亜経済圏」構想の線引きが,その東西の境界において,のち1942年2月「帝国領導下ニ新秩序ヲ建設スヘキ大東亜ノ地域」決定に至る基本ラインとなったことは,「東経九十度以東,東経百八十度以西」という表現の同一性からも類推される（したがってインドは当面この圏域に組み込まれない）。ただし,ここでは南北の区域が設定されていないことを特徴とする。このため北は北樺太,沿海洲,南は太洋州すなわちオーストラリア,ニュージーランドを包括することが想定されている。なお「経済圏」の設定を「日,満,支,仏印,タイ,マレー,ビルマ,蘭印」の第一段階と,「そのほか南北外周地域（およびフィリピン）」との二段階に分けていることもこの構想の特徴といえよう。

　多分この小磯構想と関連した第3の構想として,1940年8月6日に企画院で立案され8月16日に閣議決定された「南方経済施策要綱」における「国防国家建設の為皇国を中心とする経済的大東亜圏」建設構想が挙げられる。ここでは,今後の対南方経済施策の「軽重緩急」につき次のように定めた[11]。

　　仏領印度支那,タイ国,ビルマ,蘭領東インド,比律賓,英領マレイ,ボルネオ,葡領チモール等の内圏地帯の施策に重心を置き　英領東印度,濠洲,ニュウジーランド等の外圏地帯は第二段とす

　小磯構想とはインドとフィリピンの位置付けに差が見られるけれども,まず第一段の経済統合を目指す「内圏地帯」の線引きにおいて現実の「大東亜共栄圏」の姿が仄見えはじめている。

　これらの諸構想よりもさらに公的性格の強い第4の構想を,「基本国策要綱」に基づいて企画院で立案され,10月3日に閣議決定された「日満支経済建設要綱」に見ることができる[12]。ここでは,「我国内体制革新ノ過程ト生活圏ノ拡大編成ノ過程トヲ綜合一体的に前進セシメ以テ国防国家ヲ速ニ完成スル」た

めの「皇国ノ基本的経済政策」として「一，国民経済ノ再編成ノ完成　二，自存圏ノ編成強化　三，東亜共栄圏ノ拡大編成」が示される。ここでいう「生活圏」とは，さきの「生存圏」とほぼ同意義と見てよいであろう。またこの「生活圏」＝「生存圏」の拡大は，内核としての「自存圏」の強化とその外郭への拡大とからなることが示されている。すなわち「皇国ノ国防並ニ地政学的地位ニ基キ日，満，北支，蒙疆ノ地域及其ノ前進拠点トシテ南支沿岸特定島嶼ヲ有機的一体タル自存圏トシテ政治，文化，経済ノ綜合的結合ヲ強化編成スル」とともに，「中南支，東南アジア及南方諸地域ヲ包含スル東亜共栄圏ヲ確立スル」ことにより達成されるとした。

　ここに，「大東亜共栄圏」の成立のためには，満洲，北支，蒙疆を包含する「拡大日本帝国」の確立と，その南方外周に段階をもって拡がる「新従属圏」の獲得とを要件とすることが明らかになったのである。

　こうした南進方針の具体化を背景として軍部は直ちに行動を開始した。すでに見たように，1940年9月の北部仏印進駐はなお援蔣ルートの切断を狙う中国作戦の一環にあったが，翌41年7月の南部仏印進駐によって，日本は太平洋戦争への引返し不能点を越えることになった。この間，陸海軍において検討された南方占領作戦および占領地行政のプランについて，そのあらましを見ておくことにしよう。

　参謀本部では1941年2月頃から近い将来に予定される占領地行政の研究に入り，「南方作戦ニ於ケル占領地統治要綱案」および「南洋作戦ノ場合ニ於ケル財政，金融，通貨工作ノ根本理念ニ就テ」などの要綱案を極秘裡に作成していたという。その後これらは，日米交渉の開始など事態が小康状態を呈したため一時棚上げになり，8月から再び作業が本格化したといわれる[13]。「南方作戦ニ於ケル占領地統治要綱案」を原案とする「南方占領地行政実施要領」が海軍との協議を経て大本営政府連絡会議にかけられて決定を見たのが11月20日。これに基づいて大本営陸軍部は11月25日「南方作戦ニ伴フ占領地統治要綱」を決定し，南方総軍に向けて指令を発した。これを受けて南方軍総司令部は作戦命令の一部として12月2日「南方軍占領地統治暫定要綱」を隷下各軍に示達した。また，「南洋作戦ノ場合ニ於ケル財政，金融，通貨工作ノ根本理

念ニ就テ」にはじまる対南方経済諸施策については，その後の陸海軍における検討を経て「南方経済対策要綱」が12月までに決定を見た[14]。

これらによれば，まず仏印とタイについてはこれを他の「占領地」と区別して「協力的地域」とし，仏印については旧宗主国フランス（ヴィシー政権）との共同統治，タイは一応の独立国として「同盟」関係を結ぶものとされた。その他「南方占領地」については当面「軍政」を敷くこととし，1941年11月26日決定「占領地軍政実施ニ関スル陸海軍中央協定」により，陸海軍の主担任区域を以下のように定めた（第1章も参照）。

(1) 陸軍主担任区域（海軍ハ副担任トス）
    香港，比島，英領馬来，スマトラ，ヂャバ，英領ボルネオ，ビルマ
(2) 海軍主担任区域（陸軍ハ副担任トス）
    蘭領ボルネオ，セレベス，モルッカ群島，小スンダ列島，ニューギニア，ビスマルク諸島，ガム島
(3) 陸軍主担任区域中ノ左ノ諸地域ニハ海軍ニ於テ根拠地隊ヲ設定ス
    香港，マニラ，新嘉坡，ペナン，スラバヤ，ダバオ

この間，日本軍の南部仏印進駐が引き金となって米英蘭の対日在外資産凍結および石油禁輸という対抗措置を引き出すことになり，そのまま太平洋戦争に突入していった経過についていまは述べない。1941年12月8日の真珠湾攻撃および南方作戦の「成功」を祝う戦勝気分のうちに1942年は明けたのである。

II.「大東亜建設審議会」について[15]

1942（昭和17）年1月21日，第79議会の開会に当たって東条英機首相は「大東亜戦争指導の要諦」と題する施政方針演説を行い，大東亜戦争の目的が「大東亜共栄圏建設ノ大事業」にあること，大東亜共栄圏建設の根本方針が「大東亜ノ各国家及民族ヲシテ，各々其ノ所ヲ得シメ，帝国ヲ核心トスル道義ニ基ク共存共栄ノ秩序ヲ確立セントスルニ在ル」ことを明らかにした[16]。これ

を受けて「内閣総理大臣ノ監督ニ属シ其ノ諮問ニ応ジテ大東亜建設ニ関スル重要事項（軍事及外交ニ関スルモノヲ除ク）ヲ調査審議ス」るための「大東亜建設審議会」が設置されることになった[17]。

1942年2月21日に公布された「大東亜建設審議会」官制によれば，総裁は総理大臣，委員は学識経験者から勅命により40名以内（のち5月25日の官制改正により50名以内に改正），「専門ノ事項ヲ調査セシムル」ための専門委員若干名は内閣が任命する。また「会議事項ニ付調査及立案ヲ掌ル」幹事長（企画院総裁）・幹事・幹事補佐を置き，庶務は企画院において掌ることとされた。なお所掌事項を分掌して審議する部会を置くことができるとし，各部には部会長・部会委員（・部会専門委員）・部会幹事を置き，部会長は関係する国務大臣をもって充てるとされた。

これを受けて2月27日に発足した審議会の委員（7月1日現在45名）には，貴族院議員20名，衆議院議員9名，財界代表11名，陸海軍大将3名，新聞界代表1名，その他（大谷光瑞）が名を連ねるが，議員・財界代表のなかには官僚OBも含まれる。専門委員は24名でほぼ国策会社・巨大企業の社長が充てられている。幹事37名は各省庁の次官，次長を主体に学識経験者と統制会関係者。幹事補佐22名は全員が各省庁高等官で，企画院からは毛里英於菟，商工省からは美濃部洋次，大蔵省からは愛知揆一らが参加している[18]。

さて，同審議会の活動期間は，おおまかに1942年2月27日の第1回総会から同年7月23日の第5回総会までの時期（あるいは同年11月12日の第6回総会までの時期）と，1943年4月9日の第7回総会以降の時期に分けて考えるのが都合がよい。これらをひとまず第1期および第2期と呼ぶ[19]。

第1回総会および第2回総会によって第1期の活動の骨格が定められた。まず第1回総会では諮問第1から諮問第4の4つの諮問が提示され，これに合わせて4つの部会が構成された。すなわち，

　諮問第1　大東亜建設ニ関スル基礎要件
　　　　　　第1部会（綜合）　　　　　部会長　内閣総理大臣　東条英機
　諮問第2　大東亜建設ニ処スル文教政策

　　　　　第2部会（文教）　　　　　部会長　文部大臣　　橋田邦彦
諮問第3　大東亜建設ニ伴フ人口及民族政策
　　　　　第3部会（人口及民族）　　部会長　厚生大臣　　小泉親彦
諮問第4　大東亜経済建設基本方策
　　　　　第4部会（経済建設基本方策）部会長　国務大臣（企画院総裁）
　　　　　　　　　　　　　　　　　　　　　　　　　　　鈴木貞一

　次いで5月4日の第2回総会では，全体の方針を定める第1部会答申案「大東亜建設ニ関スル基礎要件」および第4部会答申案「大東亜経済建設基本方策」の報告・討議・決定が行われたのち，諮問第5およびそれに基づく4部会の追加設置が決定された。すなわち，

諮問第5　大東亜経済建設基本方策ニ基ク
　　一　大東亜ノ鉱業，工業及電力
　　　　第5部会（鉱工業及電力）　　部会長　商工大臣　　岸　信介
　　二　大東亜ノ農業，林業，水産業及畜産業
　　　　第6部会（農林水畜産）　　　部会長　農林大臣　　井野碩哉
　　三　大東亜ノ交易及金融
　　　　第7部会（交易及金融）　　　部会長　大蔵大臣　　賀屋興宣
　　四　大東亜ノ交通
　　　　第8部会（交通）　　　　　　部会長　逓信大臣　　寺島　健
　ニ関スル具体的方策

　各部会は週1回程度のペースで5，6回の部会審議を行って諮問に対する答申案をとりまとめ，第3回（5月2日），第4回（7月1日），第5回（7月23日）の総会において順次それぞれの報告を行い，決定を受けた。以上において第1期の活動は一段落をつけた模様であって，第6回総会（11月12日）では，東条首相から「大東亜省設置に関する説明」があり，その他南方軍政顧問らからの現地情勢報告があって終わっている。なお，1942年11月1日の大東亜省の設置にともない，この審議会の所管は内閣（企画院）から大東亜省へ移管された[20]。

1943 年に入って，それまでの「大東亜建設諸政策」の遂行進捗状況の確認とその拡大のために第 7 回総会が開かれることになった。4 月 9 日の第 7 回総会では，新しく 4 つの諮問が提示され，これにあわせて 3 つの新しい部会が編成された[21]。すなわち，

諮問第 6 　大東亜諸民族指導ニ関シ特ニ留意スヘキ事項
　　　　　（従前よりの第 1 部会をして之にあたらしむ）
諮問第 7 　戦力増強上大東亜主要鉱産資源ノ開発利用方策
　　　　　第 9 部会（鉱産）　　　　　部会長　商工大臣　　岸　信介
諮問第 8 　大東亜地域ノ食糧増産方策
　　　　　第 10 部会（食糧）　　　　　部会長　農林大臣　　井野碩哉
諮問第 9 　大東亜地域ノ繊維原料増産方策
　　　　　第 11 部会（繊維資源）　　　部会長　大東亜大臣　青木一男

これら新設部会は 6 月から 7 月にかけて集中審議を行い，それぞれ答申案をまとめて 12 月 28 日の第 8 回総会において報告を行ったことは確かであるが，いまのところ第 8 回総会以降の記録は残っていないようである（後掲註 23）参照）。

大東亜建設審議会がいつどのようにして終了したかについても，いまはよく知られていない。古川によれば，同審議会の廃止は 1945 年 10 月 27 日であるという[22]。しかし，少なくとも 1943 年以降は再度休眠期に入ったと見てよいであろう。

さて，大東亜建設審議会が行った諸答申の概要を整理しておこう。

まず，諮問 1 に対する第 1 部会答申「大東亜建設ニ関スル基礎要件」（1942 年 5 月 4 日第 2 回総会決定）は全体的理念を謳った総論であって，東条首相の議会演説の要旨を繰り返した，全文次のとおりの短いものである。

大東亜建設ノ基本理念
　大東亜建設ノ基本理念ハ我ガ国体ノ本義ニ淵源シ八紘為宇ノ大義ヲ洽ク大東亜ニ顕現スルニ在リ　之ガ為皇国ノ指導又ハ統治ノ下圏内各国及各民族ヲシテ各々其ノ所ヲ得シメ道義ニ立脚スル新秩序ヲ確立スルヲ以テ要ト為ス

したがって，審議会答申の具体的骨格をなしたものは，諮問2，3，4に対応する第2，第3，第4部会の審議・答申にあったといえよう。いまそれらの答申をまとめれば，次のとおりである。

第2部会答申「大東亜建設ニ処スル文教政策」（1942年5月5日部会決定／同5月21日総会決定）

第3部会答申「大東亜建設ニ伴フ人口及民族政策」（1942年5月6日部会決定／同5月21日総会決定）

第4部会答申「大東亜経済建設基本方策」（1942年4月17日部会決定／同5月4日総会決定）

さて，これらに続く諮問第5および第5〜第8部会が，第4部会答申「大東亜経済建設基本方策」に基づく各論の検討にあったことはすでに述べた。これら部会の答申は次のように決定された。

第5部会答申「大東亜産業（鉱業，工業及電力）建設基本方策」（1942年7月18日部会決定／同7月23日総会決定）

第6部会答申「大東亜ノ農業，林業，水産業及畜産業ニ関スル方策」（1942年6月24日部会決定／同7月1日総会決定）

第7部会答申「大東亜金融，財政及交易基本政策」（部会決定日不明／1942年7月23日総会決定）

第8部会答申「大東亜交通基本政策」（1942年6月19日部会決定／同7月1日総会決定）

この後しばらく時間をおいて，1943年4月の第7回総会で設置された第9〜第11部会の課題もまた経済各論であった。ただし，緒戦の一時的勝利の時期を過ぎ，あちこちに綻びの見えはじめたこの時点での課題が緊急対策的色彩を帯びたことについては，さきに示した諮問第7〜第9の内容に明らかであろう。これらの諮問を担当した第9，第10，第11部会の答申の審議と決定の過程についてはいままとまった資料を持たない[23]。

以上を総括すれば，大東亜建設審議会の活動は，第1部会答申を「総」総論

とし，第2，第3部会における人口・民族・文教政策と第4～第11部会による経済政策という2つの課題を基軸として運営された。なかでも後者の経済問題にきわめて重い比重のかけられた審議会であった。まさに「大東亜戦争」が経済戦争であったことを象徴していたといってよいであろう。

以下では，第4部会答申を中心とする経済計画案の検討を通じて，「大東亜建設審議会」答申の描いた「大東亜共栄圏」構想のラフ・スケッチを試みる。ただし本章の目的は大東亜戦争「開戦期」における大東亜共栄圏「構想」の概観である。したがって審議会第1期の答申を対象とし，第2期のそれには触れない。また「大東亜経済圏」建設の構想＝虚像と実績＝実像の対比はまた別の課題とする。

III. 「大東亜建設審議会」答申における「大東亜共栄圏」構想[24]

1) 大東亜経済建設基本方策

大東亜建設審議会第4部会答申「大東亜経済建設基本方策」（1942年5月4日総会決定，同5月8日閣議決定）は，産業建設を中心とする経済計画の基本方針を次のように定めた。

（一） 大東亜産業建設ハ概ネ十五ケ年間ニ重要国防資源ノ自給自足ヲ図ルヲ目標トシ之ヲ二期ニ分ツ
　　　第一期ニ於テハ大東亜戦争遂行ニ必要ナル重要国防資源ノ確保，大東亜諸民族ノ戦時生活ノ保証及将来ニ於ケル産業ノ発展ノ基礎確立ニ重点ヲ置キ長期戦ニ応ズル経済態勢ヲ整備ス
　　　第二期ニ於テハ重要国防産業ノ生産力ヲ飛躍的ニ拡充シ民生ノ暢達ヲ図リ大東亜産業建設ヲ概成スルト共ニ新世界経済ニ対スル皇国ノ指導力ヲ確立ス

（二） 大東亜ニ於ケル産業ノ配分ハ国防上並ニ大和民族配置上ノ要請ヲ先決条件トシ日満支経済建設計画ヲ骨幹トシテ大東亜戦争ノ戦果ニ照応シ各般ノ産業立地条件ヲ考慮シテ適地適業ノ趣旨ニ則リ最高能率ヲ発揮シ得ル如ク既定計画ニ所要ノ修正ヲ加ヘ以テ大東亜全域ノ綜合的経済建設ニ遺憾ナキヲ期ス

（三）　大東亜ノ資源ニ関シ徹底的調査ヲ行ヒ其ノ世界ニ於ケル地位ヲ明確ニシ自立資源，不足資源及独占資源ニ付夫々開発，保存，貯蔵，代用及利用ノ方策ヲ定メ以テ大東亜永遠ノ資源政策ヲ確立ス

　ここに，「自主的国防経済の確立」を目標とする大東亜経済圏建設の 15 ヵ年長期計画の基本方針が決定された。われわれはこの背景として，第二次近衛内閣によって策定された国策のグランド・デザイン「基本国策要綱」および「基本国策要綱ニ基ク具体問題処理要綱」によって立案された一連の要綱（ここではそのうちとくに「日満支経済建設要綱」および「国土計画設定要綱」）に遡らなければならない[25]。

　まず「日満支経済建設要綱」（1940 年 10 月 3 日閣議決定）についてはさきにも触れた。これは，日本における「生産力拡充四ヶ年計画」や満洲国における「産業開発五ヶ年計画」と連動しつつ，「大東亜共栄圏」構想の浮上にあわせてより広域，より長期の経済計画を目指そうとするものであった。すなわち，同要綱の「基本方針」はその第 1 に「日満支経済建設ノ目標ハ概ネ皇紀二千六百十年迄（1950 年すなわち 10 年後——山本）ニ三国ヲ一環トスル自給自足的経済態勢ヲ確立スルト共ニ東亜共栄圏ノ建設ヲ促進シ以テ東亜ノ世界経済ニ於ケル地位ヲ強化確立スルニ在リ」と，まず 10 ヵ年計画を謳ったのである。

　この「要綱」に基づいて「日満支経済ノ綜合建設計劃ノ遂行ヲ調整推進スル為」の協議機関として「日満支経済協議会」が設けられることになり，企画院においてその準備が進められた。同協議会の設立経緯については先行業績に委ねるとして，1941 年 6 月 20 日に至り，企画院総裁官房総務室第 2 課に置かれた日満支経済協議会事務局の手で「日満支経済建設事務処理方針」がまとめられてその活動方針が固まり，同年 9 月の協議会発足に至っている。同「処理方針」では基本課題を「日満支ヲ通ジ計劃的ニ開発，発展セシムベキ産業ニ付一定期間（五ヶ年，十ヶ年）ニ於ケル生産目標ヲ決定シ之ヲ日満支ニ配分スルコト」とし，昭和 17 年度を初年度とし，昭和 21 年度および昭和 27 年度における生産目標を産業別，地域別に設定するという二段階 10 ヵ年の計画を予定した[26]。大東亜経済建設審議会の新たな 15 ヵ年計画は，「大東亜共栄圏」の具体

的進行を背景に，これのさらなる広域化，長期化を目指したものといえよう。

　新たな15ヵ年計画の内包する時間的，空間的な段階構想についてはまた，当時の「国土計画」との関連を見ておく必要があろう。日本における「国土計画」立案もさきの「総合国策十ヶ年計画」―「基本国策要綱」の過程のなかで具体化され，1940年9月24日の閣議決定「国土計画設定要綱」に至る。これを受けてその主管を委ねられた企画院は1941年2月からスタッフを増員強化して本格的に立案に取り組み，1942年4月，「国土計画大綱素案（昭和十七年四月四日　企画院第一部第三課）」を策定した[27]。

　同案の「第一　基本方針」によれば，「皇国ヲ中核トスル大東亜防衛態勢ノ確立ヲ目途トシ大東亜共栄圏内ニ於ケル産業，文化，交通等ニ関スル諸般ノ施設及人口ノ配分計画ヲ土地トノ関係ニ於テ綜合的且合目的的ニ樹立シ以テ大東亜建設ノ構想ニ科学性ト綜合性トヲ附与スルノ要緊切ナルモノアリ」として，「茲ニ於テ国土計画ハ大東亜圏ノ軍事的把握並防備体制確立ノ段階ニ照応シ之ヲ次ノ二段階ニ分チ策定セラルルモノ」とした。

> 其ノ第一段階ニ於テハ時間的ニハ向後数年，空間的ニハ日満支，泰，仏印，比島，馬来，英領ボルネオ，蘭印ヲ，第二段階ニ於テハ時間的ニハ第一段階以降，空間的ニハビルマ，印度，パプア，ニュージーランド，ニューカレドニア，濠洲ヲ含ム大東亜ヲ対象トシ，第一段階ニ於テハ大東亜戦争必勝態勢ノ急速ナル整備並ニ第二段階移行ヘノ準備態勢ノ整備ヲ主目標トシ，第二段階ニ於テハ大東亜共栄圏ノ建設ノ聖業完遂ノ為皇国ヲ中核トスル大東亜防衛態勢ノ確立ヲ主目標トシ此等発展ノ各段階ニ即応シ大東亜国土ノ綜合的保全，利用，開発ニ関スル発展的方途ヲ策スルモノトス

　ここでは，時間的範囲は確定していないけれども，空間的にはかなり具体的な二段階計画が提示されている。「大東亜経済建設基本方策」に示された15ヵ年建設計画の背後にある具体的認識はこれら諸計画案を前提として立てられたものと考えられる。

　さて，第4部会答申「大東亜経済建設基本方策」の立案過程に少し立ち戻る。古川隆久によれば，「基本方策」の素案は担当部局である企画院部内で作

られた「大東亜共栄圏建設基本要綱（昭一七，一，一六　企画院）」であり，この時期すでに設立準備がはじまっていた審議会に向けて構想されたものであろうという[28]。その「第一　方針」では，「大東亜戦争ヲ完遂シ世界新秩序建設ニ於ケル皇国ノ主動的地位ヲ確立シ以テ皇国永遠ノ存立ト発展ヲ不抜ニ培ヒ東亜諸民族ヲシテ共存共栄各々其ノ所ヲ得セシメ東亜永遠ノ平和ヲ保障スベキ新秩序ヲ建設ス」と述べる。これを，さきの東条首相施政方針演説や審議会第1部会答申と照らしてみるとその用語用法の共通性が明らかであって，この表現がその後における「共栄圏」理念表明の原型をなしたといえよう。次に，「第二　建設目標」の（五）では「大東亜共栄圏ノ重要国防資源ヲ活用シ其ノ自給生産力ヲ画期的ニ躍進シ今後概ネ十五年間ニ左ノ目標ヲ達成スル為メ資源開発及生産力ノ拡充ヲ期ス」と，経済建設15ヵ年計画が姿を現す。ただし「第三期間計画」では，第1期を2年，第2期を3年，第3期を10年（完成期）としている。

　これが素案であった。大東亜建設審議会が実際に発足し，第1回総会での諮問を受けて第4部会答申用の原案として企画院において作成されたのが「大東亜経済建設基本方策（案）（一七，三，一〇）」（以下3月10日案と呼ぶ），これをたたき台として3月19日から第4部会が開かれ，2回の討議による修正を受けて部会幹事（企画院）が取りまとめたのが「大東亜経済建設基本方策（案）（一七，三，三〇）」（以下3月30日案）である。第4部会はさらに3回にわたってこれを討議して4月17日に最終案を部会決定し，5月4日の第2回総会に提案して承認を受けたのである[29]。

　3月10日案から最終案までの間，文言修辞の整備が進んで答申案としての体裁は整ったが，そのため具体性を避けた表現をとることになった部分も少なくない。たとえば上の15ヵ年計画についても，3月10日案では「第一期五年，第二期十年トス」としており，「第一期五年ガ具体的計画ヲ実行スル期間ナルコト」が了解されていた。さらにいえば，（次に触れる鉱工業電力建設方策が具体的に目標設定したように）「米・英を打倒するにたる戦力の増強確保を第一期とし，第二期においては世界的長期戦に対応すべき大東亜自主的国防生産力を完成」すること（企画院研究会［1943a］201頁）がイメージされていたのであ

また逆に，企画院原案が部会討議でそのトーンを落とした事例もある。たとえば産業配置について，当初案の「日，満，北支ヲ其ノ中核地域トスルモ<u>従来ニ於ケルカ如キ内地集中ノ観念ハ之ヲ訂正シ大東亜全域ノ綜合開発ニ依リ最高能率ノ発揮ヲ期ス</u>」（下線——山本）という部分が，最終案では「日満支経済建設計画ヲ骨幹トシテ大東亜戦争ノ戦果ニ照応シ……既定計画ニ所要ノ修正ヲ加ヘ」，となっている。「内地集中ノ観念」の抜けきらない経済界代表委員らのしつこい疑問表明がなされたからである。

　以上をまとめれば，第1期5年の具体的計画なるものは，「国防上並ニ大和民族配置上ノ要請ヲ先決条件トシ」「大東亜戦争遂行ニ必要ナル重要国防資源ノ確保，現地軍ノ自活，大東亜諸民族ノ生活最低限度ノ保障」（3月10日案）にその主眼があったといってよいであろう。資源収奪についての部会討論を例に引く[30]。

藤原（銀次郎）委員
　　この戦争を勝ち抜く為には，南方各地から，必要な物資を搾取してくるということであるが，フィリッピンとかビルマなど，ある程度会社もあり，人口の多いところについて実行することは，相当困難であると思われる。しかしながら，何とか輸出できるもの，たとえばスフなどのようなものは細かく探せばいろいろあるので，これ等の物を南方に送って，必要な物資を南方から持ってくることは，可能と思う。

部会長（鈴木貞一企画院総裁）
　　結局日本は南方から搾取するといわれるが，アングロサクソンの行った搾取と異なり，南方地域をアングロサクソンの侵略から排撃擁護するという，道義に基づいて行われるものであることを，申し上げる。

同じく，「大東亜諸民族ノ生活最低限度ノ保障」とは何か。

石渡（荘太郎）委員
　　東亜の民族の中には，猿と同様な生活をしているものもあって，生活の減らしようのない場合もあるので「最低限度」という表現は除かれてはどうか。

部会長
　　幹事の方で考えさせていただきたい。

　被支配諸民族の生活を「最低限度」に切り詰めさせ，その負担の上での重要物資の大量搾取と現地占領軍の自給自活，これが「大東亜共栄圏」構想の偽りのない本音であったといってよい[31]。

2) 大東亜産業建設計画

　以上第4部会のマスタープランに基づき，第5～第8部会において「大東亜建設審議会」第1期の経済構想具体方策が立案されたことはすでに述べた。その内容は大きく，第5，第6部会の農林・鉱工業・電力を中心とする産業建設計画と，第7，第8部会の金融・貿易・交通に関するインフラ建設計画に二分される。まず，前者から取り上げる[32]。

　岸信介商工大臣を部会長とする第5部会答申による「大東亜産業（鉱業，工業及電力）建設基本方策」が，15ヵ年計画を2期に分かつ「期間計画」に従うことは上述の基本方策の大綱を受けたものであるが，第1期5年を具体的計画を実行する期間と設定し，かつその当面緊急の課題を「大東亜戦争遂行力の急速なる増強」と明記してその期間と目標をより具体化して示したことが注意される。以下，この第1期計画を中心に同方針の特徴を見る。

　まずこの第1期建設における重点部門として，答申は次の9部門すなわち鉄鋼，石炭，石油その他液体燃料，銅，アルミニウム，航空機，船舶，肥料，電力に限定するとした。これらがいずれも緊急の軍需物資であることはいうまでもない。これらの増産目標について答申は「別表の通り」とするが，いまのところ別表は見あたらない。松本俊郎によれば（松本［1993］114頁），すでに1940年4月段階において各統制会を動員して増産目標の試算が試みられ，大東亜建設審議会総務局調査室で整理されていたという。多分この試算に近いものが「別表」とされたのであろう。いま，鉄鋼についての同試算を掲げれば表4-2のごとくである。

　いうまでもなく，この時期における諸物資の動員についてはもっぱら年次の

表 4-2　銑鉄・普通鋼材生産目標

(単位：千トン)

年　次	銑　鉄				普通鋼材		
	内外地	満洲	中国	南方	内外地	満洲	中国
現　　在（1942年度）	5,617	1,650	80	0	5,890	599	0
第一期末（1946年度末）	9,478	2,590	410	0	8,812	1,225	0
第二期末（1951年度末）	13,287	4,040	3,290	1,020	12,182	3,135	1,890
第三期末（1956年度末）	17,260	7,280	8,270	4,320	18,300	5,100	4,300

出所）松本［1993］第1表。原資料は，大東亜建設審議会総務局調査室「大東亜共栄圏ヲ通ズル綜合的商工鉱業政策摘要」1942年4月（No. 4469, R 62）。同「追補」1942年4月（No. 4470, R 62）。同「大東亜共栄圏ヲ通ズル綜合的商工鉱業十五箇年計画生産目標総括表（追補）」N. D.（No. 4471, R 62）。

「物資動員計画」（いわゆる「物動」）に基づいて行われていた。したがってここでの増産目標も「物動を動かし，生産拡充計画を推進せしめる」こと（企画院研究会［1943］205頁）を最大目標に設定されたものと思われる。ただし，すでに輸入物資の不足により縮小と再編を繰り返していた「物動」にとって，戦争の緒戦勝利による南方物資期待が突然楽観論を呼び起こし，きわめて大胆な試算が行われたことが推測される。

なおこれら主要部門の産業立地については，「資源賦存ノ状況ニ応ジ」て新規拡充の重点を定めるとし，製鉄原料は満洲，北支，石炭は満洲，北支，樺太，石油は南方，等とされた。また原料的に利用すべき電力は朝鮮，満洲，北支，台湾で大規模開発を図り，これに応じて石炭を主原料とする化学工業は樺太，朝鮮，北支，満洲，電力を主原料とする化学工業は朝鮮，台湾，満洲を拠点とする。航空機，船舶，その他機械工業の拠点が日本にあることはいうまでもないが，満洲，北支においては「差当リ組立及修理工業ノ整備ニ主眼ヲ置キ逐次之ヲ培養シ以テ皇国機械工業ノ補足タラシム」とされる。「満洲国産業開発五ヶ年計画」以来のいわゆる「満洲工業化」方針はすでに放擲されていたのである。

さて，以上を前提とした地域的産業開発の構造について，答申は次のように構想する。

一　皇国ニ於テハ特ニ精密工業，機械工業，兵器工業等ノ高度工業ニ重点ヲ置キ其ノ飛躍的拡充ヲ図ルト共ニ適地適業ニ依リ其ノ他ノ重工業，化学工業及鉱業

ノ振興ニ努メ且之ガ動力タル電力ノ拡充ヲ図ル（下略）
二　満洲国ニ於テハ鉱業，電力ノ開発拡充並ニ製鉄事業及化学工業ノ画期的振興ニ努メ機械工業及兵器工業ハ国防上ノ要請其ノ他ノ必要ニ応ジ之ヲ興ス（下略）
三　支那ニ於テハ鉱業，製塩業ノ振興ヲ図リ殊ニ北支ニ於テハ黄河ノ治水発電ヲ行フト共ニ石炭，電力等ニ依存スル製鉄事業，化学工業等ノ画期的振興ヲ期ス（下略）
四　南方ニ於テハ差当リ鉱業並ニ石油事業ノ振興ニ其ノ重点ヲ置クト共ニ各種特産物ノ加工処理ニ関スル工業ヲ興シ且逐次水力発電ノ開発ニ伴ヒアルミニウム工業ノ拡充ヲ期ス（下略）

「自主的国防経済ノ確立」のもうひとつの物的基盤が食糧供給を中心とする農林水産業の振興にあることはいうまでもない。この分野の振興方策は，第6部会答申「大東亜ノ農業，林業，水産業及畜産業ニ関スル方策」が担当した。これについては，その根本方針において，「皇国ノ必要トスル主要食糧ニ付テハ国防上並ニ大和民族配置上ノ要請ニ従ヒ日満ヲ通ズル主要食糧自給力ノ充実確保ヲ図ル」ことと明記し，さきに述べた「大東亜諸民族ノ生活最低限度ノ保障」の議論とあわせて，その真の狙いがどこにあったかを示している。上の鉱工業の場合とあわせて，第6部会答申の主要食糧対策が予想する地域構造だけを引用しよう。

　一　内地及外地
　　(1)　内　地
　　　米及麦類ノ生産ニ主力ヲ注グト共ニ甘藷，馬鈴薯ノ生産ニ努カス
　　(2)　朝鮮及台湾
　　　朝鮮ニ於テハ米ノ積極的ナル増産ヲ行フト共ニ雑穀ノ増産ヲ図リ米ノ供出余力ノ増強ニ努メ台湾ニ於テハ米ノ供出余力ノ増強ヲ期ス尚朝鮮ノ大豆ニ付テハ相当量ヲ内地ニ供出シ得ルガ如ク生産ヲ期ス
　二　満　洲
　　大豆ノ増産ニ主力ヲ注グト共ニ高粱，粟及玉蜀黍ニ付テハ国内自給ヲ図ルノ外朝鮮及北支ニ対スル供給ヲ確保シ且飼料トシテ一部対日供給ヲ確保シ得ルガ如ク生産ヲ期シ米ノ国内自給ヲ図ルト共ニ小麦ノ増産ニ力ヲ注グ

三　支　那
  (1)　北　支
    米ニ付テハ軍需米及邦人食糧米ノ自給確保ヲ図リ其ノ他ノ食糧ニ付テハ可成其自給度ノ強化ヲ図リ其ノ不足分ハ他地域ヨリ之ヲ補填スルコトトシ主力ヲ棉花ノ生産増強ニ置ク
  (2)　蒙　疆
    雑穀ノ生産ニ主力ヲ注ギ北支ニ対スル供給ヲ確保ス
  (3)　中南支
    米ノ不足分ハ南方ヨリノ補給ニ俟ツコトトシ中支ニ於テハ小麦ノ地域外供出力ヲ増大スルガ如ク生産ヲ期ス
四　南方諸地域
    南方諸地域ニ於テハ米及玉蜀黍ノ対日供給確保並ニ支那及南方諸地域ヲ通ズル需要充足ヲ目途トシテ総合的生産対策ヲ講ズルコトトシ各地域ヲシテ其ノ特有産物ノ生産ヲ以テ特性ヲ発揮セシムルニ支障ナカラシムル様措置ス

3）大東亜物流金融基本政策

　いまや「大東亜」の地域は，東西約9千キロ，南北約8千キロ，陸地面積約1,400万平方キロ，人口およそ7億余万人に及ぶとされた。大東亜建設審議会第8部会答申「大東亜交通基本政策」は，これら大東亜圏を結んで「国防力ヲ充実シ広域ニ対スル指導力ヲ強靭ナラシムルト共ニ物資ノ交流ヲ確保シ産業ノ建設ヲ促進セシメ」るための「大東亜交通基本政策」の答申を行った。そこでは，海運，港湾から放送，気象に及ぶ広範な施策が論じられたが，南方作戦と南方開発の両面から「船腹ノ飛躍的増強」が当面の急務であった。
　これについて，同答申では「造船ニ関スル諸施設並ニ技術者及労務者ヲ計画的ニ急速拡充シ標準船型ニ依ル大量計画造船ヲ為ス」としたが，これまた（すでに再々論及した）「基本国策要綱ニ基ク具体問題処理要綱」（後掲表7-1，表7-2参照）によって閣議決定された「交通政策要綱」（1941年2月14日閣議決定）およびその具体案として1942年5月12日に閣議決定された「計画造船施策大綱」と連動するものであった。1939年現在のわが国海運の「商船隊」船腹総トン数が4〜500万トン，経済連盟の試算による「差当たりの」船腹所要

量が 1,500 万総トン（企画院研究会 [1943] 153 頁）。これを「戦時標準船型」による計画造船により達成しようとする。

しかし現実の日本の海運力は，開戦時 1941 年 12 月の外航船保有量 638 万トンをピークとして減少をたどる。潜水艦および航空機爆撃による船舶喪失が常に新造船量を上回ったからである（本書第 8 章参照）。

最後に金融体制について。第 7 部会答申「大東亜金融，財政及交易基本政策」は，目指すべき「大東亜金融圏」の基本方針について次のように述べる（本書第 7 章参照，また同答申中の交易政策については本書第 5 章参照）。

> 皇国ト圏内各地域トノ金融的結合関係ニ関シテハ単ナル決済力資金力ヲ根底トスル国際的自由主義，資本主義的ナル旧来ノ観念ヲ打破シ皇国ガ大東亜ノ核心タルノ地位ニ顧ミ皇国ト圏内各地域トノ決済関係ニ付新ナル構想ヲ以テ之ガ調整ヲ図ルト共ニ圏外ニ対スル金融的結合関係ニ関シテハ皇国ヲ核心トシ一元的ニ之ヲ統制ス

ここに想定される金融新秩序の樹立のためには，圏内諸国の通貨が指導国の通貨を媒介として相互に一定の貨幣価値で連携し，かつ圏内の支払決済が指導国中央銀行の勘定を通じた為替清算の機構により行われることを必要とする。「いま，これを大東亜圏について具体的にいへば，その指導通貨たる日本円を中心に，圏内の諸通貨が結びつけられるところの円貨圏を形成する。共栄圏通貨の対円貨価値の連携関係は，圏内各地域が円為替本位制を採用することによって実現される。しかして，圏内各地域相互間の決済および圏外にたいする決済は，大東亜圏全体にわたる多角的綜合清算制によって，原則として円貨をもって東京で行ふこととし，それがため各地域の中央銀行は日本銀行と相互にクレヂットを設定するといふことになる。かくして，ここに大東亜の広大なる地域を範囲とする一の独立せる国際金融圏がつくられる。これを称して大東亜金融圏といふのである」（企画院研究会 [1943] 235 頁）。

この時点において，満洲国（満洲国幣），蒙疆（蒙銀券），北支（聯銀券）の通貨はすでに円為替本位制をとっていた。また中・南支（儲備券および軍票）についても，儲備券の地位を高めるべく日本銀行と中央儲備銀行の間で 1942

年 3 月 30 日 1 億円借款協定が結ばれた。さらに，仏印については 1942 年 1 月の円・ピアストルの為替公定・為替清算協定が実施され，またタイとの間では 1942 年 4 月の円・バーツ等価協定および円決済協定が結ばれて，ひとまずは「円貨圏」への編入を済ませた。残る占領地について，大量に散布されつつある「軍票」の管理機関として 1942 年 3 月 30 日「南方開発金庫」が設立された。ここに構想された「大東亜金融圏」は，「既に大陸占領地に実現した円系通貨圏乃至円貨決済圏の大規模な拡大再生産」を目指したのである。その問題と矛盾をも同時に抱え込みながら[33]）。

4）「中核体」対「外郭体」

　以上に概観したように，「大東亜建設審議会」における「大東亜経済圏」建設の構想は，1940 年 7 月第二次近衛内閣の成立段階における国策のグランド・デザイン「基本国策要領」および「基本国策要領ニ基ク具体問題処理要綱」により策定された一連の重要施策要綱を，1941 年 12 月太平洋戦争勃発以後の事態にあわせて「大東亜全域にわたる広域計画」に修正・拡大しようとする性格を持つものであった。また一方では，1938 年の「物資動員計画」にはじまり，1939 年に体系化される一連の国家総動員計画（「物資動員計画」「生産力拡充計画」「資金計画」「労務動員計画」「貿易計画」等）と連携し，生産・流通統制を「大東亜圏に広域化」する基本プランの確立を背景としていた。

　そこでは，「大東亜戦争以前ニ行ハレタル内地集中ノ観念ハ之ヲ訂正シ」「産業ノ振興ニ関シテハ日，満，北支ヲ其ノ中核トシ……国防上ノ要請及原料，動力，輸送，労力等ノ立地条件ヲ考慮シツツ産業ノ配分ヲ決定シ大東亜全域ノ経済力ヲ綜合的活用ニ依リ最高能率ノ発揮ヲ期ス」ことが謳われたのである。しかし，「建設の重点は飽くまで，日・満・支にある。その中核体に重要なる基幹産業を一通り集中し，不動の国防態勢を確立しなければならない。南方の建設はその前提のもとに考慮されるのであり，いはば南方は共栄圏の外郭体とも称すべきであろう」（企画院研究会［1943］129 頁。傍点――山本）。そして，その「哲学」の根幹にあるものは，「大和民族悠久ノ発展ヲ核心トシ大和民族指導ノ下ニ大東亜諸民族ヲシテ其ノ分ニ応ジテ各其ノ所ヲ得シメ其ノ特性ニ応ジ

大東亜共栄圏建設ニ翕然参与セシムルニ在リ」とする観念であった[34]。

「大和民族ノ民族的発展ノ拠点」を日・満・北支に広げた自給的「拡大日本帝国」圏の確立，しかしその盾の反面は，それ以外の大東亜諸地域，なかでも「南方」を石油に代表される物的収奪の客体としてのみ存在する「資源圏」に再編することを意味したのである。

むすび

1942年2月15日シンガポール，3月8日ラングーン陥落ののち，バターン攻略にすこし手間取ったほか，南方作戦はおおむね快調に進行した。ジャワにおいては3月9日に蘭印軍が降伏し，5月1日マンダレー（ビルマ中央部）攻略，同7日コレヒドール要塞（マニラ湾入口）陥落により第1期作戦は一段落し，各軍は駐留体制をとり軍政実施段階に入った。

「協力的地域」であるタイおよび仏印を除く「占領地」において南方各軍は軍政部（のち軍政監部）を置き，その下に軍政機構の整備に当たった。1942年8月段階における陸軍各軍司令部の位置，担当軍政地域は前掲のとおりである（表1-4および本章76頁）。また海軍においては，ボルネオ（バリクパパン），セレベス（マカッサル），セラム（アンボン），ニューギニア（未定），ニューブリテン（ラバウル），グアム（アブラ）に民政部が置かれた[35]。なお，開戦後の戦局の展開にともない1942年6月12日，さきの「占領地行政実施ニ関スル陸海軍中央協定」に基づく各占領地の主担任の分担地域に，前掲のように次の諸地域がそれぞれ追加された[36]。

　　陸軍地域：フィジー諸島，サモア島，ニューカレドニア
　　海軍地域：アンダマン諸島，ニコバル諸島，クリスマス島，ソロモン群島，ナウル島，オウシアン島

1942年7月，国務大臣としてはじめて南方現地を視察した鈴木貞一企画院総裁は，「現地の建設は我々の想像も許さないスピードで進められており，今

年度において物動計画の期待量以上の物資獲得が可能である」という談話を発表した[37]。しかしこの時すでに戦局は敗戦への第一の曲がり角を曲がりかけていた。6月のミッドウェー海戦で大敗北を喫した日本軍は，太平洋における制海・制空権を失いつつあったのである。そして驚くべきことは，物資動員の総元締めである企画院総裁がこの海戦の惨憺たる真相を知らされていなかったことである[38]。「大東亜建設審議会」もまたこの時，緒戦勝利の熱に浮かされるままに，もっぱら画にかいた餅の議論を繰り広げていたのである。

［註］

*）本章の初出は，京都大学人文科学研究所・共同研究報告として刊行された古屋［1994］に収録された論文（山本［1994］）である。初出論文の執筆に当たっては松本俊郎教授（岡山大学）より貴重なご示唆・ご教示を賜った。また資料収集費の一部については平成5年度文部省科学研究費補助金・一般研究(c)「東アジア近代史のなかの「満洲国」」（研究代表者・古屋哲夫）の補助を受けた。

1）「大東亜戦争ノ現情勢ニ於テ帝国領導下ニ新秩序ヲ建設スヘキ大東亜ノ地域」昭和17年2月28日大本営政府連絡会議決定。参謀本部［1967］（下）88頁，防衛庁防衛研究所戦史部［1985］40-41頁。

2）本節については，矢野［1975］，島崎［1989］，古川［1992］を参考にした。また類似の発想による先行論文として，安部［1989a］［1989b］［1989c］がある。

　なお，以下本節で利用する文書類の引用については，主に，外務省（編）『日本外交年表竝主要文書（1840-1945）』（下）（原書房版，1965年），みすず書房『現代史資料』叢書のうち『日中戦争(3)』（1964年），『国家総動員(1)』（1970年），および石川準吉『国家総動員史』資料編第4（同刊行会，1976年）による。

3）以上「荻窪会談覚書」，「基本国策要綱」，「世界情勢ノ推移ニ伴フ時局処理要綱」については，『日本外交年表竝主要文書』（下），435-438頁。

4）『東京朝日新聞』昭和15年8月2日付夕刊記事「大東亜共栄圏確立　同調友邦と連携　松岡外相外交方針闡明」。安部［1989a］125頁以下。

5）『日本外交年表竝主要文書』（下），440頁。

6）『国家総動員史』資料編第4，1085-1088頁。

7）『日本外交年表竝主要文書』（下），448-452頁。

8）安部［1989a］128頁および134頁，古川［1992］146頁以下，島崎［1989］258頁。「総合国策十カ年計画」の内容は，防衛庁防衛研究所戦史室［1973］335-338頁，505-516頁。

9）なお本計画立案のベースになった案として陸軍省軍務局の岩畔豪雄らが1938年前半

に作成した「国防国策案」があり，そこでは昭和25年を目標とする「東亜共栄圏」の形成を構想し，その構造を「自存圏（日，満，北支，蒙疆）」「防衛圏（東シベリア，中国本土，東南アジア，北太平洋海域）」「経済圏（防衛圏にインド，オーストラリアを含む）」とした。安部［1989a］128頁，古川［1992］148-149頁，防衛庁防衛研究所戦史室［1973］333-334頁。この時点で「東亜共栄圏」という用語と構想が提起されていることが注目される。

10)「帝国の急要施策（日付なし）」「協議意見第一（昭一五，八，五）」「蘭印対策要綱（昭一五，八，一一）」「協議意見第二（昭一五，八，一三）」。いずれも『現代史資料⑽・日中戦争(3)』所収。なおこのうち「帝国の急要施策」のみが「東亜経済圏」という用語を用い，「協議意見第一」以下ではこれを「大東亜経済圏」と呼んでいる。日蘭交渉と小磯国昭の関係については，矢野［1975］152頁以下，安達［2002］142頁以下を見よ。

11)『現代史資料㊸・国家総動員(1)』177-178頁。

12)『国家総動員史』資料編第4, 1083-1085頁。

13) 岩武［1981］（上）25頁，岩武［1989］22頁以下，島崎［1989］263頁以下。

14) この時期における南方占領・南方軍政・南方施策に関する主要要綱を以下に整理して挙げる。岩武［1981］（上）第1-2表「南方軍政関係要綱・要領等の系譜」，岩武［1989］第2表「南方軍政関係要綱・要領等の系譜」，秦［1998］1-2頁，等。要綱・要領の内容については，岩武［1981］（下）586-608頁，防衛庁防衛研究所戦史部［1985］第2部，第3部。

　①「南方占領地行政実施要領（昭一六，一一，二〇　大本営政府連絡会議決定）」
　②「南方作戦ニ伴フ占領地統治要綱（昭一六，一一，二五　大本営陸軍部）」
　③「占領地軍政実施ニ関スル陸海軍中央協定（昭一六，一一，二六）」
　④「南方軍占領地統治暫定要綱（昭一六，一二，二　南方軍総司令部）」
　⑤「南方経済対策要綱（昭一六，一二，一一　第六委員会決定／昭一六，一二，一二　関係大臣会議決定／昭一六，一二，一二　大本営政府連絡会議報告／昭一六，一二，一六　閣議報告）」
　⑥「南方経済陸軍処理要領（昭一六，一二，三〇　大本営陸軍部）」
　⑦「占領地軍政処理要綱（昭一七，三，一四　海軍省）」
　⑧「南方占領地各地域別統治要綱（昭一七，一〇，一二　大本営陸軍部）」
　⑨「大東亜政略指導大綱（昭一八，五，三一　御前会議決定）」
　⑩「南方甲地域経済対策要綱（昭一八，六，一二　大本営政府連絡会議決定）」

15)「大東亜建設審議会」についてはいまだ本格的研究はないといってよい。本節では主に，島崎［1989］，古川［1992］，松本［1993］を参考にした。基礎資料としては，『国家総動員史』資料編第4「第十一　大東亜建設審議会関係資料」，「美濃部洋次文書」（東京大学附属図書館所蔵），「柏原兵太郎文書」（国立国会図書館憲政資料室所蔵）を用

いた。また，企画院研究会［1943a］は審議会答申の解説および資料として価値が高い。なお「美濃部洋次文書」の利用は雄松堂書店発行のマイクロ・フィルム版によった。

　なお，本章の初出論文の執筆当時は「大東亜建設審議会」についての資料，研究はきわめて少なかったが，その後，石井均（石井［1994］)，安達宏昭（安達［2004］［2005］［2006］［2007］［2009a］［2009b］）らの研究が発表され，また資料集として明石陽至・石井均（編集・解説）『大東亜建設審議会関係史料──総会・部会速記録──』（龍溪書舎，1995年）が刊行された。

16)『日本外交年表竝主要文書』（下），576-577頁，企画院研究会［1943］附録。
17) 同審議会設置案の原案と見られる「大東亜建設委員会設置ニ関スル件（案）　一七，一，一三」が「柏原文書」No. 540 に収められている。
18) 1942年7月1日現在の審議会官制および総会・部会名簿については，『国家総動員史』資料編第4，1335頁以下，企画院研究会［1943a］附録。
19) 第1期の議事経過，答申，その他関係資料については『国家総動員史』資料編第4によくまとまっている。ところが第2期についてはいまのところまとまった資料を持たない。以下，第2期については主に「美濃部文書」中の資料による。
20)『国家総動員史』資料編第3，102頁。なお，大東亜省については，とりあえず，百瀬［1990］159頁，402頁。
21)「大東亜建設審議会運営要領（常任幹事会申合）　昭和一八，三，一九」（No. 4520, No. 4526),「大東亜建設審議会第七回総会次第」（No. 4521),「新規部会構成案　一八，四，二（常任幹事会決定)」（No. 4524)。以上いずれも「美濃部文書」。なお，上記「第七回総会次第」に付された「総会議席図」によれば，委員総数47名。1942年7月1日現在の委員から児玉謙次が退任し，髙島菊次郎，豊田貞次郎，髙碕達之助が新任されている。
22) 古川［1992］358頁。ただし安達は10月26日とする（安達［2009a］25頁および註76)。
23) ただし第9～第11部会の活動については，「大東亜建設審議会（第9，第10，第11部会）開催ニ関スル件」No. 4499 ほか，多数の関係資料が「美濃部文書」に残されている。また，その後見出した新史料『（昭和17年7月）大東亜建設審議会各部会答申』（日銀理事・柳田誠二郎が諮問事項および各部会答申（タイプ謄写版）を綴り，自筆目次を付した私製資料，京都大学人文科学研究所本館図書室所蔵）により，第10部会による「大東亜地域ノ食糧増産方策ニ関スル答申（案)」，および第11部会による「大東亜地域ノ繊維原料増産方策ニ関スル答申（案)」の内容が明らかになったが，第9部会の答申はこの文書にも入っていない。なおまた近年，安達宏昭の研究により，第9部会および第11部会の活動についてはその内容がかなり明らかにされつつある。第9部会については安達［2009b]，第11部会については安達［2009a］を見よ。
24) 以下本節の引用は，とくに示すもののほかは『国家総動員史』資料編第4による。

25)「基本国策要綱ニ基ク具体問題処理要綱」については，古川［1992］163 頁。これにより立案された一連の「要綱」類については，『国家総動員史』資料編第 4「第十　大東亜戦争開戦前後の重要諸施策関係資料」所収。また「基本国策要綱」およびそれに基づく一連の立案要綱についての解説書としては，企画院研究会［1941］が良い。なお「基本国策要綱ニ基ク具体問題処理要綱」および「基本国策要綱に基づく重要施策要綱」の一覧については，本書第 7 章の表 7-1 および表 7-2 を見よ。
26）以上については，松本［1993］第 2 節，参照。「日満支経済建設事務処理方針」は「美濃部文書」No. 4021 所収。
27）以上については，古川［1992］187-191 頁，275 頁。「国土計画大綱素案」は，『国家総動員史』資料編第 4「第十二　国土計画関係資料」所収。
28）古川［1992］272 頁。基礎資料は「柏原文書」No. 438。
29）古川隆久は，企画院作成の原案を「柏原文書」No. 541 により 3 月 9 日の作成とするが，ここでは「美濃部文書」No. 4429 により 3 月 10 日とする。双方とも内容は同一である。なお 3 月 30 日案は「美濃部文書」No. 4431。
30）『国家総動員史』資料編第 4 所収の「大東亜建設審議会部会議事速記録」。
31）第 4 部会答申「大東亜経済建設基本方策」の立案過程については，あわせて安達［2004］［2006］を見よ。
32）第 5 部会および第 6 部会答申については，あわせて安達［2005］［2006］［2007］を見よ。
33）日本銀行調査局特別調査室「満洲事変以後の財政金融史」(『日本金融史資料・昭和編』第 27 巻）260 頁。「大東亜金融圏」構想については，島崎［1989］第 7 章および山本［1997］（本書第 7 章所収)，参照。
34）第 3 部会答申「大東亜建設ニ伴フ人口及民族政策」。
35）岩武［1989］82 頁。
36）岩武［1989］38 頁。
37）企画院研究会［1943a］113 頁。
38）『国家総動員史』資料編第 4, 24 頁。

第5章 「大東亜共栄圏」交易論*

はじめに

　真珠湾攻撃にはじまる太平洋戦争は，西南太平洋およびインド洋方面においても急激に拡大した。その経緯をあらためて確認すれば，すでに仏領インドシナ（仏印）に待機していた日本軍は，真珠湾攻撃に1時間先立つ1941（昭和16）年12月8日午前2時15分（日本時間）マレイ半島コタバルに上陸し，北にはタイ（シャム）と軍事同盟を結ぶとともに，半島を南下して1942年2月15日にはシンガポールの英軍を降伏せしめた。12月10日ルソン島に上陸したフィリピン戦線では，1月2日には首都マニラを占領した。作戦はビルマ，蘭領東インド（蘭印）に及び，3月8日にはラングーンを陥落させてビルマ南部を抑え，9日にはジャワのオランダ軍が降伏して蘭印のほぼ全域を制圧した。さらに5月1日にはビルマ中央のマンダレー，同7日にはマニラ湾のコレヒドール要塞を陥落させ，ここに「南進作戦」は一段落を迎えた。

　これにともない，「協力的地域」であるタイおよび仏印を除く各「占領地」には日本陸海軍が駐留し，「軍政」が施行されることになった。陸軍では，南方軍総司令部隷下の各軍が軍政部（のち軍政監部）を置き，フィリピン，ビルマ，マレイおよびスマトラ，ジャワ，英領ボルネオの軍政にあたった。また海軍においては，蘭領ボルネオ，セレベス，セラム，ニューギニア，ニューブリテン，グアムに民政部を置いて軍政を実施した。

　ここに，いわゆる「日満支ブロック」からなる「北方圏」に加えて，フィリピン，マレイ（英領ボルネオを含む），蘭印（ニューギニアを含む），ビルマ，仏印，タイからなる「南方圏」をもって，「大東亜共栄圏」が構成されることに

なった[1]。

　本章は，このようにして成立した「大東亜共栄圏」圏内において，「交易」という名の物流が，どのような理念に基づいて運営されたか，それは軍事支配の形態に対応するどのような構造を持っていたのか，そしてそこで執り行われた物流の実態はどのようなものであったかを考える。

　「大東亜共栄圏」および「南方圏」について，いくつかの先行業績がないわけではない[2]。しかし，1940年以前に関する帝国および植民地研究に比べるならば，その研究はきわめて手薄い。とくに「大東亜共栄圏」の実態を知る仕事は，なお未開拓の分野として残されている。「大東亜共栄圏」に関する実証研究は，日本近現代史における今後の主要な課題といえるであろう。

I.「大東亜交易」という構想

1) 日中戦争と戦時経済統制の開始[3]

　日本の国民経済の上にいわゆる戦時経済統制（国家統制）の網がかけられるようになるのは1937（昭和12）年7月日中戦争の開始以降であり，1939年9月欧州大戦の勃発，1940年1月日米通商航海条約の失効，そして1941年12月太平洋戦争開戦へと，より直接的・強権的になったとされる。

　戦時統制を対外貿易についていえば，軍需生産への重点傾斜とともに露呈した外貨不足に対応すべく，1937年9月，第一次近衛内閣の下で成立した一連の統制立法のひとつである「輸出入品等ニ関スル臨時措置法」（「輸出入品等臨時措置法」）の公布をもって嚆矢とする[4]。この法律は，「支那事変ニ関連シ国民経済ノ運行ヲ確保スル為」政府が必要と認めるときは，輸出入の制限または禁止を命じ，それに関連する製造，配給，譲渡，使用，消費について必要な命令をなす権限を商工大臣に付与するものであった。多くを輸出入に依存する日本経済の体質からして，この法律は実質上ほとんどすべての物資を統制する効力を持ち，日中戦争下での統制の柱をなすものとなった。

　また，外貨獲得＝輸出振興策の一環として，1937年10月以降いわゆる「輸

出入リンク制」が採用された。これは，製品の輸出を条件として原料の輸入を認めることにより為替管理等による原料手当ての困難を解消し，対外輸出力の減退を防ごうとするものであった。いいかえれば，国内的経済統制から輸出向け生産を遮断し，輸出産業の海外市場における競争力を維持しようとするものであったが，逆に輸入原料を用いた製品については，生産から販売に至る広い範囲にわたってきつい統制が課せられる結果となった。なお，この輸出入リンク制の有効な運用のため，日本銀行正貨準備のうちの3億円をもって「外国為替基金」が創設され，輸出用品原材料の輸入資金に充当された。

　1938年に入ると，日中戦争の長期化の様相にともない，経済統制の一層の強化が要請され，（前年10月に設置された「企画院」を中心として立案された）「国家総動員法」が議会を通過する。ここにいう「国家総動員」とは，「戦時（戦争ニ準ズベキ事変ノ場合ヲ含ム）ニ際シ国防目的達成ノ為，国ノ全力ヲ最モ有効ニ発揮セシムル様，人的及物的資源ヲ統制運用スル」ことを意味し，したがって物資，労働の動員から価格，企業・金融活動，さらには情報・言論統制に至る広範な国民生活を，ほぼ全面的に政府の（より具体的には軍の）統制下に置こうとするものであった。このように広範な活動を含みながら，その規定の細目はすべて勅令によって定められるとされ，したがって規制の権限が白紙で政府に委任される包括的委任立法であった。こうした包括的権限を政府に委任することには反対意見も強く，議会での審議は難航した。近衛文麿首相も「この法律は万が一に備えるもの」で今次支那事変（日中戦争）には発動しないことを答弁して議会を通過し，1938年4月1日公布，外地を含めて5月5日施行された。

　「国家総動員法」は，近衛首相の当初の言明にもかかわらず，公布後1月にしてその一部が発動された。しかし，これが全面的に発動されるのは，1940年の「経済新体制」期以降，さらには1941年12月の太平洋戦争勃発以降のことであったといえよう。対外貿易に関していえば，国家総動員法に依拠して同年5月14日に公布された「貿易統制令」の制定が主要な転機となった（後述）。

　以上に見た貿易統制は，「円」の支配下にある「円域」（ないし「円ブロッ

ク」）貿易を除いた，いわゆる「第三国」貿易を主たる対象とするものであった。1939年の後半に入ると，この国際環境に大きな変化が生じはじめた。同年9月の欧州大戦の勃発は，日本の貿易に大きな障害となった。欧州交戦国はその植民地を含めて急速に戦時体制化され，日本との貿易はほとんど休眠状態に陥った。これに先立つ同年7月には，日米関係の悪化を受けてアメリカが日米通商航海条約の廃棄を通告してきた（1940年1月条約失効）。これらはいずれも，軍需資材の多くを欧米諸国に依存する日本経済にとって，大きな痛手をもたらすものであった。

　こうした情勢に直面した政府は，1940年7月2日「戦時貿易対策ニ関スル件」を閣議決定するなどその対応に苦慮した。この閣議決定では「輸出品用原材料ノ輸入及供給ノ機構ヲ整ヘ，其ノ所用数量ヲ確保シ，之ガ入手ヲ簡易且適正化スル」とともに「輸出ノ統制ヲ強化シ，輸出機構ノ整備ヲ図ル」ための諸要綱を決めたが，現実の対「第三国」貿易は，欧州大戦，次いで太平洋戦争の勃発によりほぼ途絶することになった[5]。

　日本の外貨不足＝輸入資材不足は，当然のこととして（広義の）植民地地域にも波及し，その経済運営に大きな影響を及ぼすことになった。

　「満洲国」建国以来，日本は公式帝国を超えた「円ブロック」の形成に努めたが，日中戦争の拡大とともに，これが蒙疆，華北，さらには華中へと拡大された。いわゆる「日満支ブロック」と呼ばれたものがこれである。この結果，日本，満洲，そして（日本支配下に置かれた）中国関内との間の輸出入はすべて「円」で決済される形がとられた。しかしこの「円ブロック」は，戦時経済の下における外貨需要という点では誠に厄介な問題を引き起こした。これらの地域への輸出は「円」は生むが「外貨」は生まず，日本が必要とする欧米からの機械・鉄鋼・石油の手当てには役に立たなかったからである。乏しい外貨＝輸入資材を使って生産した物資を「円ブロック」に輸出しても，その見返りに得られるものが「円」では，生産力の増強には繋がらない。これらの地域に必要な物資を輸出できなければ治安維持に問題を生じるが，しかしこれを認めていては日本経済が先細りになり，共倒れに陥る。こうして植民地を含む支配地域に対しても内地＝日本本土に勝る強い統制の網がかぶせられることになっ

た。「円ブロック」向けの輸出については 1939 年から厳しい制限が課せられたが（1939 年 9 月 20 日商工省令第 53 号「関東州，満洲国及中華民国向輸出調整ニ関スル件」（関満支向輸出調整令）），1940 年にはこれがほぼ全面的統制を受け，実質的に禁止に近い措置がとられることになった（1940 年 8 月 27 日商工省令第 66 号「関東州，満洲及支那ニ対スル貿易ノ調整ニ関スル件」（関満支貿易調整令））。

また第三国貿易が途絶するなか，円ブロックのみでは自給不能な物資を確保するために，中南米あるいは南方との貿易を振興するための諸方策が模索された。中南米諸国との間に結ばれた求償貿易を建て前とした一連の通商協定，あるいは蘭印との金融協定や仏印との経済協定の締結，等これである（通商産業省［1971］230 頁）。1940 年 12 月公布の商工省令第 115 号「南洋ニ対スル貿易ノ調整ニ関スル件」（南洋貿易調整令）は，日仏印経済協定の成立を受けてその円滑な遂行のため制定され，適用地域としてまず仏印が指定され，のち 1941 年 10 月タイもこれに加えられた[6]。

2） 太平洋戦争と「大東亜共栄圏」の建設

1940（昭和 15）年 7 月 22 日に成立した第二次近衛内閣は，組閣と同時に「基本国策要綱」を発表し（7 月 26 日閣議決定，8 月 1 日新聞発表），「皇国ヲ核心トシ日満支ノ強固ナル結合ヲ根幹トスル大東亜ノ新秩序」建設をその政策の基本とすることを明らかにした。この「基本国策要綱」はいわば全体の大綱であって，個別課題に関する要綱は，企画院を中心とする各省庁が総掛りで立案するものとされた。同年 12 月 7 日に閣議決定された「経済新体制確立要綱」は，この「基本国策要綱」に基づき国民経済運営の最高方針を示すものであった。この意図するところは，日・満・支を中核として大東亜を包含した自給自足の共栄圏を確立すること，綜合的計画経済の遂行により高度国防国家体制の完成を図ることにあるとされた。またその実現のためには，企業体制の確立により個別企業に最高能率を発揮せしめるとともに，経済団体の編成により国民経済を有機的統一体として国家総力を発揮せしめる措置をとる必要があるものとされた[7]。

1941 年 5 月には「国家総動員法」に基づく勅令第 581 号により「貿易統制

令」が公布された。同令の公布・施行は，貿易政策の基軸を「輸出入品等臨時措置法」から「国家総動員法」へと転換させ，貿易の国家管理を推し進めるうえで重要な画期となった。「貿易統制令」の運用細則は「貿易統制令施行規則」により定められたが，独ソ開戦，米英の対日資産凍結の実施など貿易環境の変化により制定直後から再三の改正を余儀なくされ，これによってその時々の状況に対応することになった。

1941年12月8日，太平洋戦争の勃発は，日・満・支を中核とし，その外郭に「南方圏」を含むいわゆる「大東亜共栄圏」建設を喫緊の現実課題とした。これを貿易に即していえば，日・満・支からなる「円域」と，タイ，仏印，および南方占領地を含む「南方領域」とからなる「大東亜交易圏」建設がこれであり，それまでの貿易体制を再編成し，貿易を計画化するために，1942年初頭以降，貿易統制機構の改革，貿易業者の整理統合，貿易統制法規の一元化，等の諸措置が図られた（通商産業省［1971］300頁）。

太平洋戦争の勃発による貿易体制の再編としてまず行われたのは，貿易統制機関の改革と貿易業者の整理統合であった。1942年1月，貿易統制の中枢機関として「日本貿易会」（1942年5月「貿易統制会」と改称，以下「統制会」）が設立され，それまでの地域別貿易統制機関（東亜輸出入組合聯合会，南洋貿易会，等）はこれに吸収された。ここに，「統制会」を上部機構とし，「重要産業団体令」に基づく統制会の会員たる資格を有する主要な組合・団体・業者が下部機構として位置づけられ，（年平均輸出入実績1千万円以下の）一般貿易業者はその所属する組合・振興会・統制団体を通じて貿易統制の方針・政策を伝達・指令される組織が整備された。こうして貿易統制会は，統制会―下部機構（調整機関）―貿易業者を通じて商品別統制を総括し，地域別統制を調整することをもってその業務とすることになった[8]。次に貿易統制法規の一元化については，1942年4月，それまでの「関満支貿易調整令」「南洋貿易調整令」を廃止してこれらを「貿易統制令」に吸収・集中することとした。

1942年2月，「大東亜建設ニ関スル重要事項ニ付調査審議スルコト」を目的として設立された大東亜建設審議会は，その第7部会を金融・財政・交易（貿易）の審議に当てた。大蔵大臣・賀屋興宣を部会長とする第7部会は，審議の

結果を同年7月「大東亜金融，財政及交易基本政策」として総会決議を受け，政府に答申した。同答申では，「第1　方針」「第2　金融」「第3　財政」に続く，「第4　交易」において今後の交易に関する基本方策が取り上げられたが，その「1　方針」において以下の3点が掲げられた。

(一)　大東亜ノ物資交易ハ大東亜自給自足体制ヲ確立シ大東亜全体ヲ通ズル国防力ノ増強，圏内諸地域ノ開発促進，民生ノ安定ヲ計ルコトヲ目途トスルコト。
(二)　コレガタメ皇国ヲ核心トシ圏内各地域ニワタリ恒久的ナル産業建設計画ト照応シ物資交易ニ関スル綜合的基本計画ヲ設定シ，コレガ実施ヲ確保スルタメ高度計画交易ヲ行フコト。
(三)　計画交易ノ実施ハ皇国ノ指導乃至把握ノ下ニコレガ迅速且ツ適正ナル遂行ヲ期スルコト。

また続く「2　要領」では，これを具体化するための9項目が定められたが，「圏内各地域ノ皇国ニ対スル重要物資ノ供出ト皇国ノ圏内各地域ニ対スル開発資材ノ供給トヲ第一義トスル」こと，あるいは「圏内各地域ニオケル蒐貨ナラビニ配給ハ皇国側業者ハコレヲ要所ニ組織的ニ配置スルコト」などに，その意図するところが如実に示されている。

　この答申に基づき，政府はさらに一段と進んだ戦時貿易統制を実施していくことになった（通商産業省［1971］301頁，318頁）。すなわち1942年11月「交易統制及価格調整ニ関スル件」が閣議決定され，さらに1943年2月には「交易営団法」が制定された。貿易統制と物動計画の下での貿易業務を遂行するため，貿易統制会と重要物資管理営団を併合して同年6月に設けられた「交易営団」は，各種の輸出入調整機関を整理・吸収して輸出入統制機構を持つと共に，1943年7月以降は自らも交易業務を行い，また業務上必要な物資の保管業務をも行うことになった（後述）。

3）「大東亜計画交易」という概念

　「貿易」に代わる，あるいは旧来の使用法に代わる用語としての「交易」という用語の初出を，いまは詳らかにしない。しかし，上記1942（昭和17）年

の大東亜建設審議会の設置と答申が「貿易」に代わる「交易」使用の転機になったことは，その前後の著作，法令，団体における用語使用から間接的に証明できるように思われる。また行政的には，商工省貿易局が交易局に改称された1942年をもって画期となすことができよう。

「大東亜共栄圏」における「交易」とは何か[9]。「大東亜共栄圏」の物資交流は，「圏外貿易」と「圏内交易」とに分かたれる。従来の貿易は，その大部分が「圏外貿易」すなわち欧米（およびその植民地）との物資交流によって賄われ，第三国との貿易決済すら英米市場を経由して行われた。しかしいまやこうした形式の貿易は終焉を告げなければならない。「ここに新たなる構造の下に東亜本然の姿に還元せられた物資交流」が行われなければならない。すなわち，わが国の進むべき道は英米依存の脱却と大東亜共栄圏の確立以外にはない。

大東亜共栄圏経済の建設とはすなわち，高度国防国家の建設を目的とする自給自足の広域経済圏の建設を意味するものであるから，その圏内では物資の相無相通を目的とする地域的分業を図り，相互一体的に物資交流を規制する必要がある。そこでは，不足資源に対しては科学の力をもってこれを克服するとともに，過剰物資が生じないように生産・交流の計画化が行われる。こうして，大東亜交易は従来の貿易なるものではなく，したがって自由貿易体制における輸出とか輸入とかいう概念をもってしては当てはまらない。商業主義貿易に代えて生産主義交易を唱え，自由主義貿易に代えて計画主義交易を唱える所以である。

要するに「大東亜計画交易」とは，市場原理に基づいて取引され，国際通貨をもって決済される「貿易」と異なり，戦時経済が必要とする物資相互の計画的交換を意味する。その運営の実態がいかなるものであったか。以下の諸節で見ることにする。

II.「大東亜交易」の方式と体制

　日本の貿易体制は，従来，対第三国，円域，対南洋に対して，内外情勢の変化に応じてその都度貿易統制の法規を制定したため，太平洋戦争勃発時においてきわめて複雑になっていた。対第三国貿易の途絶および大東亜共栄圏の建設に当たって，交易体制の一元化が図られたが（たとえば1942年4月13日「貿易統制令施行規則改正」およびそれに関わる商工省告示），その実現はなかなか困難であった。

　「大東亜共栄圏」時期の交易方式ないし交易体制については，日本（帝国）との関係に応じて次の3つの地域に分けて考察する必要がある。
 (1)　円域
 (2)　仏印およびタイ
 (3)　南方占領地

　以下本節では，1942〜43年前後の状況をモデル化して，それぞれの構造の特徴を概観する[10]。

1) 円域内交易

　「円域」（および一部の対「第三国」）交易については，1942年以降，貿易統制会を頂点とし，貿易組合・統制会社を下部機構（調整機関）とする組織化が進み，各貿易会社は所属組合を通じて指定された数量・価格により貿易実務に当たるという統制機構が整備された[11]。

　まず「円域」内への輸出については，輸出の各指定品目についてそれぞれの調整機関が指定され，調整機関は指定輸出品を円域に輸出しようとする業者から貿易統制会が定めた適正な統制価格でその物品を買い取り，これに適正な調整料を加算した価格をもって輸出業者にその輸出を委託する。したがって輸出業者は，割り当てられた数量を一定の適法価格で輸出調整機関から引き取り，その受託者としてこの輸出業務を代行する。

　また，業者に対する輸出品数量の割当ては，統制商品別にその輸出計画総額

の6割は円域輸出実績者に，2割は第三国貿易に従事する（していた）もののうちの適格者に，残り2割は申請割当てとする。第三国輸出業者に対する円域輸出への割当ては，第三国輸出実績に比例して按分される。したがって，輸出業者への円域輸出の割当ては「実績主義」に基づいて個別業者の参入が認められていたが，戦時後期になると，過去の輸出実績保有者を株主とする会社を設立し，それが輸出業務を代行する傾向が強まった（たとえば，東亜木材株式会社，東亜紙貿易株式会社，東亜莫大小輸出株式会社，東亜タオル株式会社，東亜毛布敷布株式会社，日本燐寸輸出株式会社，等）（中井［1944］151頁）という。

一方，円域内からの輸入については，貿易統制会が決定した数量・価格で指定輸入業者に輸入割当てを行い，調整機関と業者の間で委託契約を結んだ。輸出の場合は概して規制が緩やかであったのに対して，輸入の場合は現地の生産力や輸送力が低下するなかで割当額を確保することが難しくなり，かつ輸入業者は割当物品を調整機関に引き渡すまでの責任を負わされていたために，業者の負担は大きかったという（鴨井［2006］96頁）。

上記，円域輸出に関する指定輸出品ならびに輸出調整機関については，1942年4月13日商工省告示第400号「貿易統制令施行規則ニ依ル指定輸出品，輸出調整機関及地域指定」をもって，また円域輸入に関する指定輸入品ならびに輸入調整機関については，1942年4月13日商工省告示第399号「貿易統制令施行規則ニ依ル指定輸入品，輸入調整機関及地域指定」をもって定められている。

前節でも触れたように，概していえば，円域貿易の統制はその輸入を奨励する一方，輸出を抑制するところにあった。ところが，いわゆる「大陸インフレ」の亢進すなわち円域物価の高騰は「内地」対「大陸」の間に著しい物価格差を生み，内地から円域への輸出は非常な利益をもたらす一方，円域からの輸入は（通常の統制価格および固定為替の下では）採算がとれない。こうした内外物価格差を調整するために，内地よりの輸出に課した留保金をもって輸入の差額を補填する「留保金制度」あるいは「特別円制度」等がとられた（本書第7章参照）。しかしこうした政府による補填制度をもってしても物資交流は円滑さを欠き，いわゆる物動期待数量の確保ができないのが実情であったという。

2) 対仏印およびタイ交易

円域以外の地域（ただし「南方占領地」については後述）に対する指定輸出品ならびに輸出調整機関は 1942 年 4 月 13 日商工省告示第 398 号「貿易統制令施行規則ニ依ル指定輸出品，輸出調整機関及地域指定」をもって，また仏印およびタイに対する指定輸入品および輸入調整機関は 1942 年 4 月 13 日商工省告示第 401 号「貿易統制令施行規則ニ依ル指定輸入品，輸入調整機関及地域指定」をもって定められた。その運用方式は円域とほぼ同一であるが，指定輸出入品は，それぞれの指定調整機関の定める規定に従うほかは一切の輸出入ができないとされ，実質上バーター取引により輸出入価格差および数量を調整した。

なおタイ国向け輸出統制の運用については，ほぼ円域向けと同様の「実績割当制」がとられている。すなわち，統制商品別にその輸出計画総額の 6 割についてはタイ国向け輸出実績者に，2 割は第三国向け輸出業者に（仏印およびタイ向け輸出実績を除いた）第三国向け輸出実績に比例して割り当て，残り 2 割は申請割当てとする。

一方，仏印向け輸出については「代行制」がとられた。代行制とは，実績主義を「さらに合理化した」制度であり，「実績保有者の中から一人または数人の代行者を選んで之に輸出入の業務を委託し，被代行者は所謂眠り口銭を取得する制度」（中井 [1944] 10 頁）であったという。

3) 南方占領地交易

南方圏に対する経済施策の要項は，第 79 議会における鈴木貞一企画院総裁が掲げた次の 4 原則に要約できる（中井 [1944] 153 頁）。

(イ) 資源確保，特に戦争遂行上緊要なる資源を確保すること。
(ロ) 重要資源が敵性国家に流出するを防止すること。
(ハ) 作戦軍の現地の自活を確保すること。
(ニ) 在来企業の我が方に対する協力を誘導すること。

ここに，軍政下に置かれる南方占領地との物資交易は，輸出入ともに，日本の物資動員計画に基づいて予め計画された品目・数量について，軍が臨時軍事

費特別会計を利用して行う「政府直営貿易」をもって行うものとされた[12]。すなわち，現地よりの対日輸出は，軍政当局が現地の集荷機関を通じて集荷せしめ，これを政府臨軍特別会計が現地貨（軍票）で買い上げたのち，円貨をもって一定の商社に売り渡す。物資は軍用船により日本に輸送され，当該商社はこれに適正利潤を加えて内地の統制機関に引き渡す。この場合，現地の集荷機関，現地商社，輸入商社は同一人格であることが建て前とされる。日本からの対南方輸出の手続きも全く同じである。軍が政府特別会計資金をもって指定商社から買い上げた物資は，軍により現地に輸送され，現地機関を通じて現地貨で売却される。

　上記の4原則から明らかなように，南方交易の基本は（日本から現地への輸出は極力これを抑制する一方）現地から日本に対する軍需物資の輸出に重点を置くものであり，その結果は，現地の対日輸出超過（日本の輸入超過）となる。この場合，為替を設定してもその維持が困難であることは明らかであり，輸出入ともに特別会計資金をもって決済するとしたのである。これは，いいかえれば，日本と現地の金融的な繋がりを全く遮断し，一方的な物資の対日流入に対して帳簿上の決済をもって帳尻を合わせようとするものであった。こうした状況の下で，1942年には現地貨を供給する機関として南方開発公庫（南発）が設置されたが，物資の収奪と不換紙幣の供給の結果が占領地ハイパー・インフレーションを生むに至ったことは，容易に想像できよう（本書第7章参照）。

4）交易営団の設置[13]

　1942年11月14日，政府は「交易統制及価格調整ニ関スル件」を閣議決定し，旧来の貿易統制令および貿易統制会の下での貿易統制の欠陥を是正して大東亜共栄圏内における物資交易の総合的統制を強化するため，貿易機構の再整理に着手した。この閣議決定を受けて，政府は第81議会に「交易営団法」を提出した。岸信介商工大臣による提案理由によれば，「現在ノ多元的交易統制機構及ビ間接的統制方法ヲ以テシテハ」目的を達成できないとし，新しい交易営団をもって「交易ノ一元的中枢機関トシテ，其ノ責任ニ於テ（物資動員計画の一翼をなす）計画交易ノ迅速且ツ的確ナル遂行ヲナサシメントスル次第」で

あるとされた（通商産業省［1971］320 頁，中井［1944］227 頁）。

　1943 年 3 月 5 日法律第 26 号「交易営団法」が，4 月 10 日には営団設立手続きを定めた勅令第 378 号「交易営団法施行令」が公布され，これらを受けて 6 月 8 日に交易営団が設立の運びとなった。

　さらに 1943 年 7 月以降，営団が交易業務に直接携わる（営団直営）ことになり，民間貿易業者・貿易機関の業務にも再び大きな変化が現れた。輸出入業者はいまや単に営団の受託者あるいは代行者という資格で交易に参加するのみで，企業としての活動は実質上行えなくなった。もっとも営団の活動範囲はさしあたり関東州，満洲，中国，仏印，タイに限られ，南方占領地は軍政の下での軍の直営貿易が続けられた。しかし占領地との交易実務についても，多くは軍の委託を受けて営団が行うことになったから，結局のところ「交易営団の業務範囲は当時の日本の貿易可能地域全体に拡大した」（鴨井［2006］95 頁）ということができる。

　そもそも，交易営団が貿易統制会を解消し，重要物資管理営団を吸収して成立するに至ったその理由は，計画交易の迅速・的確な遂行のために統制運営を一元化すること，また戦略輸入物資の保有・売買を交易業務と連動して行うことにあった。しかしその根幹に横たわる問題は，「共栄圏」各地における物価格差にあったといってよい。日中戦争勃発以後，日本内地においては統制による低物価政策の堅持によりとりあえず物価は低く維持されたが，満洲，中国において物価は急騰した。1937 年と比較した 1942 年物価は，日本内地においては約 1.5 倍であるのに対して，新京では 2.5 倍，天津では 6 倍，上海では実に 35 倍になったという（三谷［1943］58-59 頁）。しかも一方に，為替を円・元パーにより一定に留めようとするならば，日本から満洲・中国への輸出は巨利を収めるが，逆に輸入は莫大な損失をもたらすことになる。かくて交易計画に基づいて物資交流を実現するには，何らかの方法で価格差を調整する必要がある。先に述べた留保金制度あるいは特別円制度はこれに対応するための対策であった。しかし，現実の運用はややもすれば固定化して，変動常無き現地の物価事情に適応することができず，輸出差益の吸収が不十分である一方，輸入補償は機械的に流れて弾力性のある操作ができなかった。太平洋戦争勃発以後の

表 5-1(1)　大東亜共栄

	日本 1938	日本 1943	関東州 1938	関東州 1943	満洲国 1938	満洲国 1943	中国 1938	中国 1943	香港 1938	香港 1943
日本			276.8		404.3		92.0		3.6	
関東州	316.0	316.5					30.6			
満洲国	536.0	480.3	13.4							
中国	313.0	502.4	74.7		75.3				281.3	
香港	17.0	2.7	3.4		3.8		181.6			
タイ国	39.0	87.8	0.0						17.2	
仏領インドシナ	3.0	97.0	0.0						24.9	
ビルマ		12.7					3.5		3.4	
マレイ	2.0	15.1					13.2		39.7	
海峡植民地ペナン	21.0	4.5	0.2							
蘭領インドサラワク	104.0	55.5	0.3				4.9		15.5	
その他南方圏		2.6								
フィリピン	33.0	30.1	0.6		0.6				9.7	
共栄圏合計	1,384.0	1,607.2	369.4		484.0		325.8		395.3	
世界合計	2,690.0	1,627.4	484.6		665.7		568.1		550.7	

出所）1938 年については，南方経営調査会「大東亜共栄圏内相互貿易（円価換算）1938 年（輸出）」によっては別資料（『日本外国貿易年表』昭和 13 年（上））で補正した。1943 年の日本については，『日本
註）「日本」は日本本土（樺太を含む）を指し，朝鮮，台湾，南洋群島を除く。関東州は外国として扱わ

日本と南方との物価関係もまた，日本と中国のそれを拡大再生産したにすぎなかった[14]。交易営団に求められたものは，こうした状況に対する迅速で一元的な調整であった。

　交易営団の業務を要約すれば，内地において公定価格で買い上げた物資を適正価格で輸出し，また現地において集荷した物資を適正価格で買い上げてこれを内地で公定価格で売り渡し，その損益はプール計算して総合的に按配する一方，損失に対しては国家が補償する。このプール計算のために設けられたのが「為替交易調整特別会計」であった。この特別会計がどのように運営され，その結果の国庫負担がどのようなものであったか。これはまた別の検討を必要とする[15]。

圏内の相互交易（輸出）

(単位：百万円)

タイ国		仏領インドシナ		マレイ		蘭領インド		ビルマ		フィリピン	
1938	1943	1938	1943	1938	1943	1938	1943	1938	1943	1938	1943
9.4		8.9		107.9		39.7		11.6		26.3	
										0.5	
1.0		7.7		6.4		18.8		2.6		3.3	
33.5		27.8		15.2		25.7		3.1		3.2	
				31.4		5.2				0.5	
0.3				3.0							
0.3				7.0							
3.0								8.3			
83.4		28.9				211.0		34.7			
92.2						14.7					
2.2		2.9		81.9						1.8	
				17.6							
		2.0									
225.3		78.2		270.4		315.1		60.3		35.6	
269.0		288.0		1,160.4		1,272.5		623.9		406.7	

る。原資料は Leage of Nations, *International Trade Statistics*, 1938。ただし同年の関東州，満洲国，中国につい
外国貿易年表』昭和18年（上）。
れる。

III. 「大東亜交易」の統計的実態

1)「大東亜共栄圏」交易の概要（価額）

さてそれでは，太平洋戦争期における「大東亜共栄圏」における交易の実態はいかなるものであったか。表5-1および表5-2を手がかりとして，その概要を観察してみよう[16]。

表5-1(1)および表5-1(2)は，大東亜共栄圏に属する各国・各地域間の交易が相互にどのように絡まっていたかを知るためのクロス表である。「南方経営調査会」が国際連盟資料に拠って作成した1938年の表に，1943年の日本の国別・地域別表を加えたものである[17]。1943年については，いまのところ日本以外の地域のデータを持たないから，誠に不完全な統計であることは否めな

表 5-1(2) 大東亜共栄

	日本		関東州		満洲国		中国		香港	
	1938	1943	1938	1943	1938	1943	1938	1943	1938	1943
日本			726.1		992.5		160.4		20.2	
関東州	339.0	39.1					27.6			
満洲国	60.0	361.0	3.9							
中国	165.0	921.6	37.9		70.7				275.4	
香港	1.0	3.6	6.6		1.3		18.1			
タイ国	5.0	49.2	2.1		2.3				39.0	
仏領インドシナ	20.0	132.3	0.0		0.2		20.2		37.0	
ビルマ	183.0	4.9					9.4		5.5	
マレイ	47.0	82.2					5.4		8.2	
海峡植民地 ペナン	54.0	17.6	3.3		2.5					
蘭領インド サラワク	88.0	99.8	1.0		0.9		33.7		44.1	
その他南方圏		19.0								
フィリピン	36.0	55.1	0.9		1.1				2.5	
共栄圏合計	998.0	1,785.4	781.8		1,071.5		274.8		431.9	
世界合計	2,663.0	1,924.4	940.5		1,273.9		658.4		655.0	

出所）1938年については，南方経営調査会「大東亜共栄圏内相互貿易（円価換算）1938年（輸入）」によっては別資料（『日本外国貿易年表』昭和13年（上））で補正した。1943年の日本については，『日本
註）「日本」は日本本土（樺太を含む）を指し，朝鮮，台湾，南洋群島を除く。関東州は外国として扱わい[18]）。

まず1938（昭和13）年段階において，全輸出入に占める対「大東亜共栄圏」輸出入の割合は日本について44.5％（輸出51.4％，輸入37.5％）[19]）。これより高いのは関東州の81.0％，満洲国80.2％，タイ75.7％，香港68.6％，中国49.0％であり，仏領インドシナ以下「南方」の割合は低い（マレイは例外で44.9％と高いが，仏領インドシナが27.0％，蘭領インドが25.7％，そしてフィリピンで12.0％，ビルマが10.3％）。

この解釈はそれほど難しくない。一言でいえば，関東州，満洲国は宗主国としての日本に，そして仏領インドシナ以下はフランス，オランダ，アメリカ，イギリスという欧米宗主国に対する貿易の依存度が高かったことを意味する。またタイの場合はペナン，シンガポール，香港という英系中継貿易港に依存し，香港は中国の中継貿易港として機能した。

圏内の相互交易（輸入）

（単位：百万円）

	タイ国		仏領インドシナ		マレイ		蘭領インド		ビルマ		フィリピン	
	1938	1943	1938	1943	1938	1943	1938	1943	1938	1943	1938	1943
	35.1		5.6		24.8		139.2		18.3		44.6	
											0.7	
	5.7		14.5		47.9		15.9		0.7		10.7	
	13.6		14.5		17.2		12.6		3.9		2.8	
			3.6		176.0		5.0					
	1.1				29.4							
	0.2				50.3							
	1.2											
	28.4		5.9				69.5		8.2			
	18.7						8.3					
	8.8		8.6		304.7						10.2	
					48.3							
					50.3							
	112.8		52.7		748.9		250.5		31.1		69.0	
	177.5		197.2		1,111.2		925.6		267.3		465.7	

る。原資料は Leage of Nations, *International Trade Statistics*, 1938。ただし同年の関東州，満洲国，中国につい
外国貿易年表』昭和18年版（上）。
れる。

　次に，場面は変わって1943（昭和18）年段階はどうか。残念ながらこの年度のクロス表を利用することはできないが，この時期における共栄圏内の諸国・諸地域の貿易がほとんど日本（および日本帝国）向けに限られたことは容易に想像できよう。

　1943年の日本貿易は，輸出入総価額において1938年の66.4％に（輸出では60.5％に，輸入では72.3％に）大きく減少し，対共栄圏輸出入の割合は95.5％（輸出98.8％，輸入92.8％）に大きく上昇した。また日本の貿易収支は，1938年において小さな輸出超過であったものが，1943年には大幅な輸入超過を示している。実のところ，この時期の貿易のあり方および戦時インフレの事実を考えるならば，上記2時点間の価額比較はあまり意味がないかもしれない。この点はすぐ後に，表5-2の物量比較により再検討を行う。

　日本の輸出相手先では，関東州，満洲国が全輸出の49.0％，中国，香港が

31.0％，南方諸地域が 18.8％を占めた。1938 年と比べた場合，価額で，関東州，満洲国が横ばいないしやや減，中国がかなりの増，南方圏がやや増であるが，南方圏のなかでは，蘭領インドが激減する一方で仏領インドシナが激増するなど，浮沈が甚だしい。

　日本の輸入相手先では，関東州，満洲国が全輸入の 20.8％，中国，香港が 48.1％，南方諸地域が 23.9％を占めた。1938 年と比べた場合，価額において関東州，満洲国は横ばい，中国が突出して増大し，南方圏が微増である。南方圏のなかではビルマの激減と仏領インドシナの激増が目を引く。

　以上を要約すれば，1938 年と比較した 1943 年の日本の対共栄圏貿易は，輸出が微増に止まったのに対して輸入が激増し，その結果大幅な輸入超過を示していること，中国，仏領インドシナ，蘭領インド，そしてマレイに対する輸入依存が大きく上昇したことが知られる。その内容はいかなるものであったか。次に表 5-2 によってこれを考察する。

2)「大東亜共栄圏」交易の概要（品目と数量）

　日本にとっての「大東亜共栄圏」交易の主たる目的が資源（戦略物資）調達にあったことは，上記からも窺える。したがって本項ではまず，表 5-2(2) によって，1939 年と比較した 1943 年における地域別に見た輸入品目とその数量の変化から考察する。

　満洲国，関東州からの輸入は，鉱油が（価額で）3 倍増のほかは，豆類，採油用原料，油糟，等むしろ減少傾向にあることが知られる[20]。これに対して，中国からの輸入は，全体として激増したといってよい。その中心は鉄鉱および鉄（含銑鉄・屑鉄）であって，そのほか豆類，採油用原料，燐鉱石なども増加する。ただし鉱油の供給は見られない。この時期の満洲国（関東州を含む）と日本の貿易関係については別に詳述した（山本［2003b］）。中国からの鉄鉱は中支および海南島が供給し，鉄類は北支が供給した。

　次に，1943 年に輸入が激増した仏印，蘭印，マレイを見よう。仏印からは米，蘭印（とくにスマトラ）からは鉱油，そしてマレイからは生ゴムが供給された。

表 5-2(1) 日本の輸出と大東亜共栄圏の地位

	単位	満洲国		関東州		中国		香港		タイ国		仏印		フィリピン		英領ボルネオ		蘭印		マレイ		海峡植民地		ビルマ		共栄圏輸出総量		全輸出総量	(共栄圏輸出の%)		
		1939	1943	1939	1943	1939	1943	1939	1943	1939	1943	1939	1943	1939	1943	1939	1943	1939	1943	1939	1943	1939	1943	1939	1943	1939	1943	1939	(%)	1943	(%)
小麦粉	十万斤	1,460	32	1,554	272	437	268				0		0													3,451	572	3,452	(100.0)	572	(100.0)
精糖	同	237	0	637		437																				1,311	0	1,861	(70.4)	1	(0.0)
水産物	同	144	32	844	351	792	454	7			1	1	5						1			0			0	1,792	840	1,942	(92.3)	845	(98.8)
缶壜詰食料品	同*	302	46	372	25	310	49	1			5	5								1							985	131	3,036	(32.4)	153	(85.6)
麦酒	千石	8		26	2	107	12	1	1		2							2	0			2				146	17	179	(81.6)	17	(100.0)
植物油	十万斤		3	8	12		2				1		0						0							8	18	674	(1.2)	29	(62.1)
魚油及鯨油	同			8	0	11	0		0				0													19	0	167	(11.4)	6	(0.0)
化粧石鹸	千ダース	2,868	81	1,944	323	2,091	172	4		12			13	1				22	42	0		11		2		6,958	618	7,166	(97.2)	621	(99.5)
マッチ	十万斤		4	34	3	122	15	8			0		3	2		1			15		4	5			2	172	46	208	(82.7)	50	(92.0)
綿織糸	十万斤	49	1	28	0			74		9			0	15				144								319	1	626	(51.0)	1	(100.0)
綿織物（生地）	千方ヤード	1,604	10,977	10,166	10,041	3,499	17,855	15,664		18,119	4,662		1,104	1,761	357	4	7	89,103	2,676		324	1,956			527	141,876	48,530	852,806	(16.6)	48,530	(100.0)
綿織物（晒）	同	434	6,924	2,778	29,809	4,561	2,002	12,057		29,045	10,927		3,978	6,106	2,288	24	173	49,883	4,598	219	729	4,441			941	109,548	62,369	516,265	(21.2)	62,666	(99.5)
綿織物（其他）	同	5,651	22	2,135	39,129	14,873	2,807	29,129		35,964	10,380		3,762	29,173	5,551	94	234	229,688	12,182	560	2,210	23,164			1,015	370,431	77,292	1,076,466	(34.4)	77,847	(99.3)
綿織物（計）	同	7,689	17,922	15,079	78,980	22,933	22,665	56,850		83,128	25,968		8,845	37,040	8,196	122	413	368,674	19,456	779	3,264	29,561			2,483	621,855	188,192	2,445,537	(25.4)	189,043	(99.5)
毛織物	同	6,446	2,307	3,580	801	1,236	665				479															11,262	4,252	26,103	(43.1)	4,252	(100.0)
人造絹織物	同	33,378	14,484	32,012	3,543	7,282	5,534	9,323		4,499	4,226		4,791	2,541	1,484		241	32,051	9,620		1,040	7,749	193		1,499	128,835	46,655	309,971	(41.6)	47,251	(98.7)
綿ブランケット	十万斤	22	1		0		0			7	4	1	2		0			3	1		0				0	34	7	67	(50.7)	8	(87.5)
綿タオル	千ダース		203	302	26		3	69		137	68		11		8		2	201	39		5	61			7	770	372	4,841	(15.9)	376	(98.9)
メリヤス製品	同	348	248	226	34	25	6	31			13		25	1,576	1			2,317	26		1	190			5	4,713	359	13,798	(34.2)	362	(99.2)
帽子及帽体	千ダース	286	149	115	25	140	57	5		5	5				4			172	5		1	7	2		2	730	250	2,196	(33.2)	260	(96.2)
鈕釦	千グロス	1,560	1,338	202	438	2,275	939				9		159		83		8	1,604	262		10				10	5,641	3,256	27,892	(20.2)	3,256	(100.0)
紙類	十万斤	580	217	1,061	242	1,144	504	38	5	41	20		22	11	6		0	55	20		5	7	1		2	2,937	1,044	3,171	(92.6)	1,048	(99.6)
石炭	千英噸					363	6	138		16	2		2									137				656	8	669	(98.1)	8	(100.0)
セメント	十万斤	2,247		3,143	39	2,088	179	21			14	192						1,301	11			580				9,572	243	11,643	(82.2)	245	(99.2)
陶磁器,硝子及同製品（計）	千円	9,034	7,451	7,966	6,017	8,509	9,807	305	8	679	1,880	288	2,092	1,362	391		113	5,465	1,813		502	928	65		301	34,536	30,440	75,679	(45.6)	30,466	(99.9)
金属製品（計）	千円	39,837	18,375	63,580	10,245	19,780	13,471	263	32	590	3,378	98	3,192	634	566	288	51	6,305	2,121	590	344	507	102	461	526	132,933	52,403	147,826	(89.9)	52,521	(99.8)
船車及機械類（計）	千円	112,026	101,272	163,293	60,475	71,737	127,151	199	47	991	11,752	107	9,469	1,383	11,718	64	1,041		12,078	426	4,544	535	3,175	240	4,998	351,001	347,720	370,323	(94.8)	347,720	(100.0)

出所）1939 年については，主に南方経営調査会「本邦輸出貿易と共栄圏の地位」に従い，これを『日本外国貿易年表』昭和 14 年（上）および昭和 15 年（上）によって補正した。1943 年については，『日本外国貿易年表』昭和 18 年（上）による。

註 1 ）日本については表 5-1(1) 註 1）に同じ。

2 ）＊印の缶瓶詰食料品の単位は風袋込み。

表 5-2(2) 日本の輸入と大東亜共栄圏の地位

	単位	満洲国 1939	満洲国 1943	関東州 1939	関東州 1943	中国 1939	中国 1943	香港 1939	香港 1943	タイ国 1939	タイ国 1943	仏印 1939	仏印 1943	フィリピン 1939	フィリピン 1943	英領ボルネオ 1939	英領ボルネオ 1943	蘭印 1939	蘭印 1943	マレイ 1939	マレイ 1943	海峡植民地 1939	海峡植民地 1943	ビルマ 1939	ビルマ 1943	共栄圏輸入総量 1939	共栄圏輸入総量 1943	全輸入総量 1939	(%)	全輸入総量 1943	(%)
米及籾	十万斤					244				466	2,942	9,298													299	710	12,539	729	(97.4)	12,539	(100.0)
小麦	同					280																				280	—	539	(51.9)	—	(—)
豆類	同	13,384	4,246	49	10	190	390											17								13,640	4,646	13,727	(99.4)	4,646	(100.0)
採油用原料	同	2,050	985	7	4	127	606				3	0			1			189	27							2,373	1,626	2,661	(89.2)	1,634	(99.5)
牛肉（生）	同	4		2		72	7																			78	7	107	(72.9)	7	(100.0)
皮革類	十万斤	9	3			171	431		14		35		28		34		0		26				1		8	180	580	934	(19.2)	582	(99.7)
生ゴム	同						0				75	5	228		40			200	123		336	233	5			438	807	717	(61.4)	807	(100.0)
曹達類	同	30			50	66	0						0													96	50	772	(12.4)	50	(100.0)
粗製硫酸アンモニウム	同	115	62	1,248																						1,363	62	1,372	(99.3)	62	(100.0)
合成染料	千斤																									—	—	510	(—)	1,128	(—)
実綿及繰綿	十万斤		1,535			1,081							0					23	6						3	1,101	1,544	10,093	(10.9)	1,545	(99.0)
麻類及その他植物繊維	同	188	240			266	75		19		0		36	621	494		0	13	7							1,088	871	1,416	(76.8)	876	(99.4)
羊毛	同	17				185	59																			202	59	802	(25.2)	59	(100.0)
繊維素パルプ	十万斤		30																							—	30	2,835	(—)	31	(96.8)
燐鉱石	同						989						747						58		68	1,461				1,461	1,862	13,050	(11.2)	1,863	(99.9)
石炭	千英噸	752	420			2,434	3,862					604	135						0							3,790	4,417	3,795	(99.9)	4,417	(100.0)
鉄鑛	千トン (M. Ton)	12	3	0		686	3,627					87	13	1,328	85			9		1,919	38	18		1		4,060	3,766	4,548	(89.3)	3,766	(100.0)
鉄（含銑鉄・屑鉄）	十万斤	7,084	6,670	35	243	424	1,018	159	87	22	2	2	3	79	27	13		807			25			70		8,720	8,050	17,136	(50.9)	8,149	(98.8)
アルミニューム	同																														
鉛（塊及錠）	同	4	49	0	4	0	0																	280		284	53	1,680	(16.9)	53	(100.0)
銅（塊及錠）	同	1	6				1															0		0		1	7	1,883	(0.0)	8	(87.5)
錫（塊及錠）	同					0	0											29	38	125	91	8				129	162	133	(97.0)	162	(99.9)
亜鉛（塊・錠・粒）	同	1		1		0	0						50							5						7	50	970	(0.7)	57	(87.7)
鑛及金属（計）	千円	50,575	107,927	8,252	5,839	17,877	114,198	765	830	121	5,324	1,685	5,272	25,256	12,761	63	4	8,049	15,860	49,784	39,163	21,965	2,982	10,930	724	195,322	310,884	848,500	(23.0)	330,034	(94.2)
自動車及同部品	千円																									—	—			42	(—)
発電機及変圧器	十万斤						3																			—	3	668	(—)	15	(20.0)
車輌，船舶及機械類（計）	千円		127		60		5,261				1				0						1						5,450			84,667	(6.4)
木材	千円	783	1,404			598	455			1,083	515		7	10,366				2,159		1,793	3					16,782	2,384	32,326	(51.9)	2,400	(99.3)
油糟	十万斤	12,570	4,298	2,129	285	895	405						0													15,564	4,988	15,595	(99.8)	4,988	(100.0)
鉱油（原油・重油・其他）*	千キロリットル																														
同	千円	2,053	7,086	1						0	0							5,963	18,719	29,718	45,882		527	12,060		38,262	83,747	253,625	(15.1)	83,960	(99.7)

出所）1939年については，主に南方経営調査会「本邦輸入貿易と共栄圏の地位」に従い，これを『日本外国貿易年表』昭和14年（上）および昭和15年（上）によって補正した。1943年については，『日本外国貿易年表』昭和18年（上）による。

註1）日本については表 5-1(1) 註1)に同じ。
　2）＊印の鉱油は，本来その数量をキロリットルで示すが，この時期そのデータは公表されず，価額のみが示されている（本書第8章参照）。

第 5 章 「大東亜共栄圏」交易論　115

　これらを品目別に見れば，鉱油が (1) 蘭印（スマトラ），(2) 英領ボルネオ，(3) 海峡植民地（シンガポール）。鉄鉱石はほとんどが (1) 中国（中支および海南島）で，(2) フィリピン，(3) 英領マレイがわずか。生ゴムは (1) 英領マレイ，(2) 仏印，(3) 蘭印（ジャワ）。そのほか米及籾では (1) 仏印が圧倒的で，(2) タイ。実綿及繰綿では (1) 満洲国が圧倒的で，他はわずかである[21]。

　次に同じく日本の輸出の状況を表 5-2(1)によって見よう。植民地的支配の下での資源収奪の成否が，食料品，生活必需品，資本財の供給如何にかかわったことを，かつてわれわれは満洲国について考察したことがある（山本[2003b]）。「大東亜共栄圏」における宗主国・日本からの生活必需品の供給は，一体いかがなものであったであろうか。

　1939 年段階において，小麦粉，精糖，水産物，缶壜詰食料品がかなりの量，満洲国，関東州，中国に輸出されたが，1943 年にはこれらは激減する。日用生活品の代表は綿織物であった。綿織物の供給は，満洲国，関東州については激増したが，中国に対しては横ばい（ただし関東州向けの一部は中国向けに再輸出されたものと思われる。一方，この時期の香港向けは激減），「南方圏」に対しては激減した。とくに蘭印，タイ，フィリピン，に対する輸出減少は激しい。建設資材（セメント），資本財（機械）の輸出も，元来，満洲国，関東州を除いて少量であったが，機械類が中国，蘭印に微増したほか，見るべきものはなかった。

　以上の輸出入を要約すれば，綿織物に代表される生活必需品を満洲国に供給することで，満洲からの綿花，鉱油，鑛及金属の輸入を確保できたが，そのほかの地域に対しては十分な食料品，生活必需品を供給できないまま物資の収奪を行った。中国からは鉄鉱石，蘭印，英領ボルネオからは石油，英領マレイからは生ゴム，そして仏印からは米及籾という具合である。その結果が何をもたらしたか。その一端としての円環的な戦時インフレの進行については，別に触れる（本書第 7 章）。しかし，実物の循環と貨幣の循環を双方向的に観察する本格的な実証的研究は，今後の課題としなければならない[22]。

3)「中国」と「南方」に関する補足的考察

　以上本節では，主に『日本外国貿易年表』を素材として，1943 年段階における「共栄圏」交易の実態を観察してきた。ただし，ここで取り上げた日本交易の相手地域は，統計作成のために定義されたある種形式的なものであって，必ずしもその内実を正確に表しているとはいいがたい。その著例は「中国」であった。

　「中国」（ただし 1889 年統計以降「香港」，1907 年統計以降「関東州」，1932 年統計以降「満洲国」を除く）について，日本の外国貿易年表は，1905（明治 38）年統計まではこれを「支那」と称し，1906〜11 年統計ではこれを「清国」，1912〜28 年統計では「支那」，1929（昭和 4）年統計以降はこれを「中華民国」と総称して，これをもって国別輸出入統計をとった。しかし日本の重要貿易相手国であった中国については，かねて主要輸出入品について地域別データを採録してきたが，その概要を「附録」としてごく簡単に示すに止まった[23]。しかし 1937（昭和 12）年以降の日中戦争の展開に従って日本の支配下地域と非支配下地域が錯綜し，各種統計についても実情にあった地域別統計をとる必要に迫られ，貿易統計についてもまた改めて新しい地域別統計を作成したものと思われる[24]。実は，戦前期に刊行された昭和 17 年までの貿易統計ではこれが公表されていないが，戦後に公表された昭和 18 年版がこれを示しており，その概要が類推されるのである。

　いま昭和 18 年版によって，戦時期「中華民国」の内部 5 地域の範囲を具体的に示せば以下のようである。

・中華民国
  (1)　蒙疆：察哈爾省，察南（河北省の北部），綏遠省，晋北（山西省の北部）。
  (2)　北支：河北省（察南を除く），山東省，山西省（晋北を除く），陝西省，甘粛省。
  (3)　中支：江蘇省，浙江省，安徽省，河南省，湖北省，湖南省，江西省，四川省。
  (4)　南支：福建省，広東省，広西省，貴州省，雲南省（香港および海南島を除く）。

(5) 海南島

　日中戦争開始以降の「中国」は，既述のように (1) 国統区（蔣介石国民党支配地），(2) 淪陥区（日本軍の占領地・支配地），および (3) 解放区（共産党支配地）の 3 区域に分かれるが[25]，これらの区域はまた時期によって大いに伸縮するから，日本が交易対象とする「中国」を定義することは，それ自体がひとつの研究課題といわなければならない。

　この間の事情をごく簡単におさらいすれば，「蒙疆」については日本軍（関東軍，のち駐蒙兵団，次いで駐蒙軍に改組）の強い支配下にあり，「満洲国」に次いで日本の統治力が浸透していたといってよい。「北支」もまたかなり強い日本軍（支那駐屯軍のち北支那方面軍）の統治下にあり，貨幣・金融面などでも満洲（満洲国幣），蒙疆（蒙銀券），北支（聯銀券）は一定の連繋を保っていたと考えられる（本書第 7 章）。ここでの問題は，その内部に点在する多くの解放区の存在であった。「中支」はこの時期，南京中華民国国民政府（汪兆銘政権）の本拠地であったが，その実質支配地は上海から九江，武漢を経て宜昌に至る長江沿いの一帯であったと考えられる。一方「南支」における日本の占領地はきわめて限られており，福州，厦門，および香港，広州を点で支配していたにすぎない。

　海南島はやや事情を異にする。1939 年 2 月同島に上陸した日本海軍は，軍政を敷く一方で，広東省から離脱した親日的な瓊崖臨時政府を設立させて全島支配を行い，経済開発を試みた。海南島開発には，台湾拓殖（株）ほか多数の国策会社や財閥系企業が参加したが，資源輸出と関連しては，日本窒素肥料が開発に当たった石碌鉄山の赤鉄鉱採掘が著名である[26]。

　表 5-3 に示したところは，日本が把握した範囲における「中国」貿易を示したものと理解するのがよいであろう[27]。

　「南方」に関しても状況は中国と類似していた。われわれのいう「南方圏」に関する地域区分について，『日本外国貿易年表』に大きな変更はないが，昭和 18 年版は「蘭領印度」を 5 地域に分割した統計を示している。同書による「南方圏」諸地域を整理して示せば，ほぼ以下のごとくであり，表 5-3 に対応させて表 5-4 を示す。

表 5-3　日本対「中国」輸出入地域別表

(単位：千円)

		中華民国	蒙疆	北支	中支	南支	海南島
1937 (昭和12)	輸出 輸入 差額	179,250 143,636 35,614					
1939 (昭和14)	輸出 輸入 差額	455,466 215,620 239,846					
1941 (昭和16)	輸出 輸入 差額	629,650 433,264 196,386					
1943 (昭和18)	輸出 輸入 差額	502,372 921,584 −419,212	8,339 15,298 −6,959	316,555 608,770 −292,215	160,449 259,901 −99,452	6,261 7,241 −980	10,769 30,373 −19,604

出所)『日本外国貿易年表』各年版。

表 5-4　日本対「南方

		仏領印度支那	タイ国	ビルマ	英領マレイ	海峡植民地	比律賓
1937 (昭和12)	輸出 輸入 差額	4,623 27,011 −22,388	49,381 13,570 35,811	… 21,555 −21,555	3,865 47,795 −43,930	67,432 67,795 −363	60,348 45,193 15,155
1939 (昭和14)	輸出 輸入 差額	1,981 26,826 −24,845	26,023 5,405 20,618	… 15,064 −15,064	2,004 69,009 −67,075	20,426 46,833 −26,407	24,743 49,117 −24,374
1941 (昭和16)	輸出 輸入 差額	45,377 160,645 −115,268	65,649 182,903 −117,254	10,739 84,789 −74,050	844 29,705 −28,861	9,049 16,287 −7,238	13,361 55,772 −42,411
1943 (昭和18)	輸出 輸入 差額	97,034 132,260 −35,226	87,833 49,469 38,364	12,720 4,861 7,859	15,080 82,216 −67,136	4,520 17,552 −13,032	30,053 55,096 −25,043

出所)『日本外国貿易年表』各年版。
　註) 海峡植民地の1943 (昭和18) 年はシンガポールのみ。その他の海峡植民地は英領マレイに編入。

・仏領印度支那：アンナン，トンキン，コーチンチャイナ，カンボジア，ラオスを含む。
・タイ国
・ビルマ
・英領マレイ：聯邦マレイ諸邦，非聯邦マレイ諸邦を総称し，海峡植民地を除く（ただし昭和18年版は「馬来」と項目名を変え，シンガポールを除く海峡植民地を含む）。
・海峡植民地：シンガポール，ペナン，マラッカ，ラブアンを含む（ただし昭和18年版は「シンガポール」と項目名を変え，ペナン，マラッカ，ラブアンは「馬来」に含む）。
・比律賓
・英領ボルネオ：英領北ボルネオ，ブルネイ，サラワクを総称す。

圏」輸出入地域別表

（単位：千円）

英領ボルネオ	蘭領印度	スマトラ	ジャワ	蘭領ボルネオ	セレベス	其他の旧蘭印及葡領チモール
1,040	200,050					
18,775	153,450					
−17,735	46,600					
958	137,802					
11,290	71,679					
−10,332	66,123					
521	161,007					
9,288	153,704					
−8,767	7,303					
2,642	55,520	11,493	14,805	6,900	18,144	4,179
18,992	99,818	59,158	31,071	3,467	5,237	886
−16,350	−44,298	−47,665	−16,266	3,433	12,907	3,293

・蘭領印度
  (1)　スマトラ：バンカ，ビリトン，メンタウ諸島を含む。
  (2)　ジャワ
  (3)　蘭領ボルネオ
  (4)　セレベス：バリ，ロンボク，スンバ，フロレス諸島を含む。
  (5)　其他の旧蘭印及葡領チモール：モルッカ，旧蘭印チモール，セワテ，スラール，西部ニューギニア及び葡領チモール。

「南方」についても，その統治の様式が多様であったことはこれまでも繰り返し触れた。「南方圏」は，まず「甲地域」（日本軍占領地域）と「乙地域」（いわゆる「協力的地域」たる仏印およびタイ）とに分かたれ，また前者は「陸軍主担任地域」（フィリピン，ビルマ，マレイ，北ボルネオ，ジャワ，スマトラ，等）と「海軍主担任地域」（南ボルネオ，セレベス，ニューギニア，等）とに分かたれた。乙地域の仏印は旧宗主国たるフランス（ヴィシー政権）との共同統治，タイ（1939年にシャムから国名を変更）は一応の独立国として同盟関係を結ぶものとされた。また甲地域における陸軍と海軍の分担は，大陸接続地を陸軍が，島嶼部を海軍が担当したものといわれる。再度確認すれば，海軍にとって，その担当地域が有望な石油資源地域を除外されたことに不満が残ったが，いずれそれらの地点が日本帝国の直轄領になるべき地域とされたことが評価されて，この分担を受け入れたという[28]。

むすび

本章では，1943（昭和18）年の貿易統計を主たる根拠として，「大東亜共栄圏」期の日本（本土）対「北方圏」「南方圏」交易の実態とその背景を瞥見してきた。残された仕事は多いが，いまはとりあえず次の4つの課題を挙げる。
(1)　「大東亜共栄圏」期の交易収支は，それに付帯する交易外収支とどのような関係にあったのか。全体として，この時期，各地域の対外収支（国際収支）はどのような構造を持っていたのか。

(2) 「大東亜共栄圏」期の交易は，どのような国内金融体制，どのような対外決済体制に支えられていたのか。これは戦時物価および戦時為替価値の問題とも連動する。
(3) 「大東亜共栄圏」期の交易を，第一次世界大戦以降1920年代，1930年代の対「中国」，対「南方圏」貿易の歴史と連結させ，その変転の過程を明らかにすること。
(4) 「大東亜共栄圏」期の交易がどのような国内生産活動に支えられていたのか，どのような国民生活に支えられていたのか（あるいは支えられていなかったか）を明らかにすること。

第(1)の課題については次章第6章で，第(2)の課題については第7章で考える。第(3)の課題の一部，「南方圏」貿易の変転については第8章で触れる。問題は第(4)の課題である。「大東亜共栄圏」経済史研究の本体は，実はここに存在する。その実態を明らかにすることは日本の東南アジア経済史研究，日本植民地経済史研究の今後の課題であり，筆者に残された課題でもある。

[註]

*) 本章の初出は山本［2008］である。本章の執筆に当たって，文献情報については籠谷直人氏（京都大学），統計情報については堀和生氏（京都大学），攝津斉彦氏（武蔵大学），木越義則氏（京都大学）からご教示・ご助力を得た。記して感謝する。また本章の主旨については中部大学大学院国際人間学研究科歴史学・地理学専攻の研究会において報告し，コメントを受けた。研究会を主宰された林上氏，コメントを寄せられた大塚俊幸氏に感謝する。
1) この時期における「大東亜共栄圏」という構想と構造および関連文献については本書第4章を見よ。
2) 「大東亜共栄圏」についての先駆的業績としてはたとえば原［1976］，小林［1975］，等を，また「南方圏」については疋田［1995］，等を挙げることができる。
3) 以下，本節における政策展開の論述については，通商産業省［1971］第4編，中村［1974］，藤井［1943］，中井［1942a］［1944］，菱沼［1941］，国策研究会［1943］，等を，また法律・法令・要綱・閣議決定の条文については，上記各書による引用のほか，藤井［1943］（附録「関係要綱・法規」），菱沼［1941］（附録「関係法規」），日本経済聯盟会調査課［1942b］，企画院研究会［1943］，等を参照した。
4) 外国為替取引に関しては，それを規制する「外国為替管理法」がすでに1933年3月

に制定され，1937年7月には同法による輸入為替許可制が強化されている。なお「輸出入品等臨時措置法」と同時に，これを補完すべく「貿易調整法」「貿易組合法」等が制定施行されている。

5）対「円ブロック」・対「第三国」輸出入および貿易収支の具体的推移については中村［1974］表9（および本書第6章表6-1）を見よ。

6）この時期の対蘭印，仏印経済交渉については，本書第8章およびそこに挙げられた参考文献を見よ。

7）1940年7月（第二次近衛内閣の成立にともなういわゆる「近衛新体制」の下で）国策のグランド・デザインとして策定された「基本国策要綱」とそれに基づく一連の処理要綱・施策要綱の決定過程については，本書第4章および第7章を見よ。

8）なお，これまで第三国貿易に従事してきた貿易業者の整理統合については，これまで2千名もあった第三国向け貿易業者を約2～3割に整理する方針により，下記の基準以上に達するよう企業合同を勧奨し，この整理後に残存する業者については一定の割合で円域および仏印，タイへの輸出に介入せしめるとした（三谷［1943］64頁，通商産業省［1971］345頁以下）。

　　(イ) 綜合基準は昭和14年及び昭和15年の平均第三国向輸出実績（仏印及び泰向実績を含む）50万円を最低限度とする。
　　(ロ) 商品別基準として商品群別に2, 30万円の基準を認める。
　　(ハ) 特定市場のみを相手とする輸出業者については前2項の基準にかかわらず必要に応じてこれを認める。

9）以下，主に中井［1944］，および中井［1942a］［1942b］，浅香［1943］，藤井［1943］による。

10）以下，本節については，註3)に挙げた諸書，とくに中井［1944］，藤井［1943］による。また「南方圏」交易については，浅香［1943］，柴田［1995a］を参照した。

11）貿易統制会の内部組織図については通商産業省［1971］314頁，統制会の下部組織については中井［1942a］142-143頁を見よ。

12）いわゆる「臨軍交易方式」の具体的手続きについては岩武［1981］（上）94頁以下を見よ。

13）以下「交易営団」については，註3)に挙げた諸書のほか，三谷［1943］，林［1943］，中井［1943b］，等による。また最近の業績として鴨井［2006］がある。

14）太平洋戦争中の南方圏を含む一般的物価動向については，本書第7章第III節および表7-6を見よ。

15）「為替交易調整特別会計」およびその動向については，とりあえず柴田［2002］第6章を見よ。

16）ここで，以下にわれわれが基本的資料として依拠する当該期の『日本外国貿易年表』のあり方について，若干の註記を必要とする。昭和4年版以降（それ以前の『大日本外

国貿易年表』から)『日本外国貿易年表』と名称を変えた戦前期の『貿易年表』各年版は，上篇 (I. 品別表)，中篇 (II. 国別表)，下篇 (III. 港別表，IV. 貿易額総表，V. 雑表) からなるのを通例とする。ただし，この3篇が揃うのは昭和13年版までであり，昭和14年版は上篇および中篇，昭和15年版については上篇のみ，昭和16年版は(たぶん) 刊行されず，(昭和16年データを含む) 昭和17年版上篇は1944 (昭和19) 年に刊行されている。終戦後，昭和18年版上篇が1949 (昭和24) 年になって刊行され，次いで自昭和19至昭和23年版上篇が刊行されたが，この後者はその商品分類をそれまでの様式とは大きく変えて発刊されている。こうした事情により，戦時期の貿易データは，同じ戦前期の貿易データでありながら時期によりその情報の量と質にかなりの格差がある。昭和14年データ以降，中篇，下篇を欠くという上述の点は別にしても，同じ品別表であっても対象年次と刊行年次により (たぶんその当時の防諜上の理由により) 掲載内容にやや精粗が見られるように思われる。概していえば，昭和13～14年前後以降，輸出よりも輸入に関する情報が粗く，鉄鋼や石油といった戦略物資については価額は示しても数量を示さない例が多い。また18年以前と19年以降では商品分類が大きく異なり，たとえば16年から20年の貿易統計を一貫した商品別統計にして示すことが困難である。この点，今後の戦時貿易史研究に当たって史料論的研究が必要なように思われる。なお，戦前・戦時期貿易の簡単な概要を通覧するのに便利な資料としては，大蔵省・日本銀行 (編)『(昭和23年) 財政経済統計年報』(1948年) の第3款第4項「貿易及び商事」，ならびに総務庁統計局 (監修)『日本長期統計』第3巻 (1988年) 10「貿易及び国際収支」，等がある。

　ちなみに，ここでいう「日本外国貿易」は日本本土 (植民地としての樺太を含む) の対「外国」を指し，植民地朝鮮，台湾，南洋群島の輸移出入を除く。また関東州は一貫して外国として扱われる。

17)「南方経営調査会」についてはいまその実態を詳らかにしないが，大阪商工会議所内に設立された，大阪財界の一種の時局シンクタンクであったように思われる。本会については稿を改めて考える。なお「大東亜共栄圏」「南方圏」に関する貿易統計，貿易表には南方経営調査会が作成した一連の統計表のほか，日本貿易振興協会日本貿易研究所 [1943]，南洋協会 [1943]，日本経済聯盟会調査課 [1942a]，等があるが，その数値は1930年代に限られ，1940年代を扱っていない。

18) 本表はクロス表であるから，本来，たとえば日本の対中国輸出は中国の対日本輸入と一致すべきものである。ところが，1938年の日本の対中国輸出が313百万円であるのに対して，同年の中国の対日本輸入は160百万円と大きく乖離する。この原因として，原理的には，輸出側と輸入側での地域分類の違い，貨幣換算率の食い違い，輸出FOB・輸入CIFの差額，等を考えることができるが，結局のところは各国における税関および貿易統計機関のあり方，捕捉体制の違いに由来するといわざるをえない。この点でとくに注意すべきは，大連 (関東州)，香港，シンガポール (マレイ) といった巨大

な中継港の存在であり，ここを通過して後背地を出入りする物品について，厳密に仕向地・仕出地を特定することが困難なことである．こうした問題については，関東州貿易統計を事例として日本側統計と関東州側統計との食い違いを論じた山本［2003b］第5章を参照されたい．

19) 本節でいう「大東亜共栄圏」は，一応1943年1月段階における日本軍の勢力範囲の内側を指すものとする．したがって1938年について論ずるときも，ほぼこの範囲を先取りして「大東亜共栄圏」と呼ぶ．

20) 戦略物資の要をなした鉱油（原油・重油・其他）について，戦時期の『日本貿易年表』は（多分防諜上の理由から）価額のみを示して数量を示さない．戦時期「石油」の数量表示の輸入実態については本書第8章で詳述する．

21) その他，当時日本に不足する戦略物資とされた錫（塊及錠）は英領マレイから，亜鉛（塊，錠及粒）は仏印から調達したが，ニッケル，アルミニウム，等は共栄圏内に供給先を見出すことができなかった．

22) なお最近「大東亜共栄圏」に対する日本の物資供給に関する実証研究が平井廣一により行われている．平井［2010］．あわせて参照されたい．

23) たとえば1929～31年統計において「中華民国」は「満洲」，「北部」，「中部」，「南部」，「不詳」に分けられている．

24) 日中戦争開始以降，中国関内の占領地と非占領地の線引きと内情がどのようなものであったか．上海にあった中支経済研究所の観察記録については本書第1章（15頁）で言及した．その結果として中国における交易・貿易ルートにどのような変化が起こりつつあったか．同報告書は続けて次のように述べている（中支経済研究所［1939］4-5頁）．「かゝる情勢の変動は対内外を問はず貿易ルートを刻々に変化せしめつゝある．我が作戦が南支にまで波及せざる当時に於ては粤漢鉄道の利用によつて対外貿易は広東，九龍等の南支各港に集中，経営された．然るに一度広東に継ぐ武漢陥落を見るや粤漢鉄道が遮断されると共に南支の主要港の封鎖により新たに西南六省に立籠つた蒋政権側としては寧波，福州，汕頭等の一部南支諸港の利用以外に仏領印度支那，或はビルマ，新疆その他辺境経由の対外貿易ルートの発見，或は建設を余儀なくされてゐるのである．従つてこれ等の事実は戦前の各貿易港の輸出入貿易量は勿論その内容にさへ大変動を加ふるに至つてゐる．これを言ひ換へれば今後の支那各港の貿易状態やその地位等に就ては戦前の傾向を以てして論断し得ざる条件の下に置かれて仕舞つた．而してこの事態を決定的なものにしてゐることは支那は占領地，非占領地が政治，軍事的事情のため夫々経済単位として（以下15字不詳──山本）既に支那全体を一つの経済単位として観ることが許されなくなった．そして今や斯くの如き諸条件によつて変動した各港の貿易量或は内容を夫々同一経済単位地域内全体として検討解剖することが切実な当面の重要問題となつてゐる．（中略）茲に於て今後の支那の対外貿易状態は占領地及び非占領地に二分して夫々の立場より調査し更に占領地に於ても北支，中支，南支に三分して知らな

25) 1942年段階における3地区の分布については，とりあえず，石島［1984］140頁の図（本書図1-1に再録）を見よ。
26) 海南島の占領・開発については，柴田［2008］第8章およびそこに挙げられた文献が有用である。
27) ちなみに，当該期の中国海関統計の作成状況は，1941年12月8日，上海租界とそこにおける米英権益を接収した前後において大きく変わる。それ以前は，日中戦争の進行にもかかわらず，中国海関行政は英国人総税務司 Frederick Maze（中国名：梅楽和）の下で統一的に執行され，貿易統計もその下で作成された。ところが，太平洋戦争勃発と米英利権の接収の後，日本は総税務司に日本人の岸本廣吉を擁立して，日本占領地（汪兆銘政権下）の諸海関の業務を執らせた。一方，非占領地の海関行政区については，1941年2月26日，重慶政府により新たに総税務署が設立され，その後内陸部に新設された海関を含め，総数24の海関が管理下に置かれた。したがって，1942年以降の貿易統計は，汪兆銘政権と重慶政府で別々に作成されたという。しかし，それぞれの統計に含まれる貿易実態に関しては，なお今後の検討を要する。以上，木越義則氏のご教示による。
28) 本書第1章19頁。また，占領地の保護国・直轄領構想については，海軍省が1942年9月に作成した「大東亜新秩序の内部的政治構図」なる文書が興味深い。これについては，本書第1章21頁以下および山本［2003］第1章20頁以下を見よ。

第6章 「大東亜共栄圏」と日本の対外収支[*]

はじめに

　戦時期日本の国際収支および国際収支統計については，近年，柴田善雅によって精力的に研究が進められている[1]。本章では，柴田の成果を借り，それに「日銀金融関係資料」に見出される若干の関係資料を付け加えて，戦時期日本の国際収支（対外収支）の状況を考察する[2]。「大東亜共栄圏」の「交易（貿易）」構造について論じた第5章とあわせて，当時の「交易（貿易）収支」および「交易外（貿易外）収支」（「サービス収支」と「資本収支」を含む）を論ずることで，「大東亜共栄圏」期における日本（帝国または本土）とその支配地との対外経済関係を大摑みに概観しようとする。

I. 戦時期日本の対外収支統計

1）統計概観

　日本の「国際収支」統計については，かつて詳しく論じた（山澤・山本［1979］）。「貿易収支」および「正貨（金銀）収支」を除くいわゆる「貿易外収支」についても早くから大蔵省理財局により集計され，1902（明治35）年以降の分が公表されてきた[3]。ただし，集計方法および表示方法にはこの間に幾多の変遷があったために，その統計的処理にはかなり慎重な注意が必要とされる。

　ここでは，主に日中戦争勃発時から太平洋戦争終結時に至る期間の「国際収

支」統計（うちとくに「貿易外収支」統計）の状況について，必要な註記を加えることにする（大蔵省・日本銀行［1948］545頁，大蔵省［1950］12頁以下，日本銀行統計局［1966］309頁および561-563頁）。

(ア) 調査地域は，原則として植民地（台湾，朝鮮，南樺太，南洋群島）を含む日本帝国であり，その対外取引を掲げる。関東州は一貫して外国として扱かわれる。

　ただし1937（昭和12）年以降，植民地（外地）の貿易外収支の調査が困難となったため，同年以降は貿易収支および金銀収支を含めて日本本土・・（内地・・）の対外国収支を示す。

(イ) 調査期間は，年次統計を基本とし，1940（昭和15）年までは暦年，1941（昭和16）年以降は会計年度である。したがって1941年1～3月の数値は，貿易，貿易外，金銀の3勘定を通じて欠如した結果になっている。

　また1945（昭和20）年度の貿易収支については終戦時までの実績，貿易外収支については第1四半期（4～6月）の実績である。

(ウ) 調査方法については，
　(1) 1931（昭和6）年以前は，国際収支に関係のある銀行，会社等に一定様式の申告書を配布し，大蔵省（理財局）で集計するという直接照会による源泉調査の方法が採られた。
　(2) 1932（昭和7）年以降，「資本逃避防止法」「外国為替管理法」が実施され，調査方法もそれまでの直接照会から法令に基づく各種報告を利用することに変更された。
　(3) 1938（昭和13）年4月「国際収支調査規則」が公布され，これに基づいて1937（昭和12）年分の調査が行われたが，1940（昭和15）年の火災により資料が焼失したため，この年分はのちに判明した資料により改めて作成された。
　(4) 「国際収支調査規則」は1938（昭和13）年12月に廃止され，1938年分の統計は「臨時資金調整法第16条に基く命令の件」によって新たに報告書を指定し，これにより集計した。
　(5) 1939（昭和14）年分は1938年分と同様の方法で調査されたが，火災

により資料の一部が焼失したため，これについては再検討を要するものとされている。したがって，1937（昭和12）～39（昭和14）年のデータについてはその連続性・信頼度において課題が残るものと思われる。
  (6) 1940（昭和15）年以降はさらに調査方法を改め，「外国為替管理法」に基づく申告により作成されることになり，項目分類にも大きな変化が生じることになった。しかし同法の目的が国際収支調査の目的と必ずしも一致していないため，項目分類の簡略化などで不完全性を増した部分も多い。
 ㈍ 統計の項目分類は，1910（明治43）年以降，1913（大正2）年，1923（大正12）年，1927年（昭和2）年，1940（昭和15）年に改定があった。このため，この間で各項目の連続性が断たれていることがある。
 ㈎ 調査担当部局は1936（昭和11）年までは大蔵省理財局，1937年以降は大蔵省外資局である[4]。

かつてわれわれは「満洲国」の国際収支統計を精査して，1940年の前後でその製作主体や性格に大きな変化があったことを確認した（山本［2003b］）。日本についても調査方法および項目分類において同様な変化が確認でき，日本における調査方法の変化が満洲国に投影されたものと推測することができる。したがって，1940年以降の国際収支統計（とくに貿易外収支統計）については，「為替管理法ニ依リ各外国為替銀行ヨリ提出セル報告書ニ基キ之ニ通貨収支ヲ加算推計セルモノニシテ為替外収支ヲ含マズ」という満洲国統計に関する註記が，日本のそれにも当てはまるであろう（本章末「補註」参照）。

2）項目分類とその内容

さきに述べたように，戦前期「貿易外収支」統計の項目分類は1940（昭和15）年以降それまでの分類とは大きく変わった。同年以降の「貿易外収支」の項目構成と項目内容について，その概略を後掲表6-2に即して検討しよう（大蔵省［1950］12頁以下，日本銀行統計局［1966］309頁）。

まず大きく「経常的勘定」と「臨時的勘定」に分けて受取と支払を対立させることは戦前期統計の通例であって，1940年以降もこれまでと変わらない。

「経常的項目」は，海運関係，保険関係，個人海外消費等のサービス給付によって生ずる収支，また利子・配当等の資本投資から生ずる果実に関する収支等，毎年常例的に生ずる事項を主とするが，一部に戦費や特許権のような臨時的な項目をも含む。これに対して「臨時的項目」は，資本移動に関する計数であって，今日的概念からすればむしろ資本的項目（資本勘定）と呼ぶのがふさわしい。以下，両勘定の主要項目についてその内容を簡単に解説する。

(1) 外国間交易：わが国を経由する第三国間の貨物移動（通過貿易あるいは中継貿易）に関して収支した利潤・仲買手数料・運賃・保険料・荷役賃，等の一切を含む。

(2) 交易付帯費用：わが国の輸出入貿易に付帯して生ずる収支を集計したものであり，運賃・保険料を除く他の一切の収支（たとえば仲買手数料等）を含む。

(3) 証券利子：省略。

(4) 配当金その他資本収益：省略。

(5) 事業関係および労務利益：(一)事業関係は，在外本邦企業と在本邦外国企業の事業経費ないし利益を送金関係により分類集計したもの（株式配当は(4)に含まれ，ここには含まれない）。(二)労務利益は，海外にある本邦出稼人・移民および本邦にある外国出稼人・移民の送金・持帰り金である。

(6) 海運関係：省略。

(7) 保険関係：省略。

(8) 海外消費：本邦人海外消費および外国人本邦内消費であり，その細目は後掲表6-2のとおりである。

(9) 他項に掲記されない政府海外収支：のちに述べる地域別統計（後掲表6-4）では，これを（甲）郵便為替尻，（乙）国庫送金，（丙）其の他，に分類している。（甲）は占領地に拡大した郵便貯金システム（柴田［2007b］79頁）などの逓信関係収支が，また（乙）については，今次大戦を通じて送金により行った海外支出戦費，陸海軍部の収支，等が主要なものであろう。

(10) その他：経常取引のうち貿易・貿易外を通じて以上の項目のいずれにも

属さない収支を集めたものであって，その主な内容は次のとおり。① 貿易表掲記外の商品輸出入（水産物輸出代，船舶売却代，等），② 財産権・無体財産権の対価支払（特許料，漁場借区料，等），③ その他雑。

　なお，表 6-2 の資料出所に参考文献として挙げた大蔵省外資局資料では「一括記載分」，大蔵省・日本銀行年報では「雑収支」という名目で（経常的収支，臨時的収支とは区別して）別掲されている数字があるが，『財政金融統計月報』資料では，それらはここ「その他」に含められている。ただし，その内容はいま詳らかにしない。

(11)　外資受入・海外投資：省略。

(12)　海外投資回収・外資返還：省略。

3）地域分類とその問題

　戦前期の国際収支統計（貿易外収支統計）に関する戦前時点での公表は，1937 年統計分が最後であったと思われる。また 1944 年 12 月には大蔵省外資局の庁舎が空襲で被災し，関係資料が焼失して，当該統計の集計は 1944 年 11 月分までしか行われなかったという（柴田［2007b］76 頁）。戦後になって 1948 年 12 月に，1935（昭和 10）～44（昭和 19）年統計が遡及統計として編集・公表された（大蔵省・日本銀行［1948］）。さらに 1950 年 2 月になって大蔵省理財局の手で「明治以降終戦時に亘る本邦国際収支諸統計を洩れなく収録した」特集雑誌が刊行され，1902（明治 35）～45（昭和 20）年に至る貿易外収支明細が一括公表されて（大蔵省［1950］），当該統計のその後の利用が大いに便利になった。

　ただし，この戦後公表の大蔵省統計を戦時期の分析に使おうとする場合，大まかに 3 つの問題があった。

(1)　1938（昭和 13）年以降，大項目の数字は示されるがその内訳（細項目）は不詳とされる。同じく 1940（昭和 15）年以降は項目分類の変更により項目が簡略化されていてそれ以前との連続性を欠く（上述）。

(2)　1940（昭和 15）年までは暦年ベース，1941（昭和 16）年以降は会計年度ベースであり，1941 年 1～3 月の数値を欠くため，連続性を欠く（上述）。

(3) 貿易取引については古くから詳細な「国別表」が作成されてきた。貿易外取引についてこれが調査されたかどうかはいま詳らかにしない。ただ1940年前後から「地域別表」が作られてきたらしいことは知られていたが，公表数字としては（戦前においても戦後においても）示されたことがない。

さて，戦時期とそれ以前との統計の連続・不連続に関わる(1), (2)の問題はしばらく措く。戦時期分析の根幹に関わる(3)について，最近，柴田善雅により新たな資料が提示されて，ようやく分析のための幾分かの手がかりが得られることになった。

戦時期（「大東亜共栄圏」期）の対外収支分析にとって，地域別統計がなぜ重要であるのか。その事情を一言でいえば，まず，この時期の支配・占領各地の通貨システムがバラバラであり，しかも決済通貨である円と各地域通貨との交換率がきわめて不安定で（あるいは実態から大きく乖離した状態に）あったことである。たとえば中国のみを取り上げても，満洲，蒙疆，華北，華中，華南において通貨制度を異にするのみならず，法幣や人民幣の流通により，各地における通貨流通と物価のあり方は全く異なっていた。さらにいえば，香港や海南島なども場合によってはひとつの通貨圏とみなすことが可能であった。南方圏についても同様であって，これら通貨圏として多様な地域の取引を単純に合計して作った数字からは取引の実態が見えてこない。これと関連して，戦時インフレの進行と地域間における物価不均等の問題が重なった。要するに，一定の外国為替率で換算して全ての対外取引を総計し，その収支尻を観察するという旧来の国際収支分析の方法では，この時期の政治や経済の実態が何も見えてこないという，戦時期特有の問題があったのである。

後掲表6-3は，柴田が旧大蔵省資料から見つけて作成した地域別収支に，筆者が日銀金融関係資料から見つけたものを付け加えたものであり，後掲表6-4は柴田による地域別収支実績の明細表である。全体としていま判明する部分は誠にわずかであるが，これらを手がかりとして，第III節において地域別収支の分析を試みる。

II. 戦時期日本の対外収支（総括）

1）前史概観

　1930年代以降の日本の対外収支関係の歴史は，およそ以下3つの時期に分かたれる。①1932〜36年，②1937〜41年，③1942年以降。ここでは表6-1によりながら，前史としての①，②の時期を概観しておく。

　1931（昭和6）年から32年にかけて，金本位制からの離脱と「満洲国」の建国が日本の内外経済関係に大きな転換をもたらした。まず第1に，「管理通貨制の採用は，内には財政を膨張させ，金融を緩和して一国の国内経済を国際的に遮断し，世界恐慌の国内への波及を防止して国内的にスペンディングによる景気回復をはかり，外には為替相場の低落によって輸出の増進をはかるという効果をもっていたのである」（中村［1971］202頁）。第2には，公式植民地に加えて「満蒙」を（そしてやがては「華北」をも）面として「帝国」に囲い込み，それらを「円ブロック」内に取り込むことに成功したことである。こうして，いまや日本の対外関係は，構造的に「外貨決済圏」と「円貨決済圏」に2分されることになったが，いずれにせよ日本の輸出力は大いに増強するはずであり，現に1932年後半からはその効果が如実に現れた。日本（本土）の対外輸出（対公式植民地輸出を含む）は，底を打った1931年の約15億円から1940年の55億円弱へと顕著に増加している（山澤・山本［1979］第13表）。

　しかしこれを「貿易収支」という視点から見れば，事態は大きく異なる。表6-1を見よう。全体的な輸出の著増にもかかわらず，貿易収支は対「円ブロック」に対する大幅出超，対「第三国」に対する大幅入超という二極化を明確に示している。たとえば「満洲」は，日本製品の販売市場として開放されて商品輸出は拡大する一方，「満洲国」建設のための資材輸出をも拡大させる。しかし原燃料・資本財を第三国に求める日本にとって，こうした輸出拡大は，結局は「外貨」の流失によって賄われなければならない。「円ブロック」で稼いだ「円貨」は，「第三国」に支払うべき「外貨」を補填しないのである。こうして，国際収支のアンバランスと外貨資金の不足は，準戦時から戦時体制へと進

表 6-1 「円ブロック」形成期・日本の対外収支

(単位:百万円)

		貿易			貿易外			金銀収支	総合収支
		輸出	輸入	貿易収支	経常収支	臨時収支	貿易外収支		
1930年(昭和5)	A	1,520	1,681	-161	133	-147	-14	286	111
1931年(昭和6)	A	1,180	1,321	-141	83	-232	-149	388	98
1932年(昭和7)	A	1,457	1,524	-67	102	-100	2	112	47
	B	175	175	0					
	C	1,282	1,349	-67					
1933年(昭和8)	A	1,932	2,016	-84	109	-20	89	20	25
	B	351	230	121					
	C	1,581	1,786	-205					
1934年(昭和9)	A	2,255	2,401	-146	144	-183	-39	1	-184
	B	459	260	199					
	C	1,796	2,141	-345					
1935年(昭和10)	A	2,599	2,616	-17	178	-371	-193	0	-210
	B	488	291	197					
	C	2,111	2,325	-214					
1936年(昭和11)	A	2,797	2,925	-128	233	-269	-36	0	-164
	B	631	410	221	23	-267	-244		
	C	2,166	2,515	-349	209	-3	206		
1937年(昭和12)	A	3,318	3,953	-635	-18	-565	-583	866	-352
	B	795	469	326	-119	-547	-666		
	C	2,522	3,485	-963	99	-19	80		
1938年(昭和13)	A	2,895	2,835	60	-797	-41	-838	660	-119
	B	1,234	637	597	-767	-175	-942		
	C	1,661	2,198	-537	-31	134	103		
1939年(昭和14)	A	3,929	3,126	803	-977	-1,148	-2,125	663	-660
	B	1,838	728	1,110	-841	-1,028	-1,869		
	C	2,091	2,398	-307	-136	-121	-257		
1940年(昭和15)	A	3,656	3,453	203	-790	-1,300	-2,090	320	-1,567
	B	1,867	756	1,111	-1,968		-1,968		
	C	1,789	2,697	-908	-122		-122		
1941年(昭和16)	A	2,651	2,899	-248	-1,343	-1,444	-2,787	152	-2,883
	B	1,659	855	804	-2,659		-2,659		
	C	992	2,043	-1,051	-128		-128		

出所) 中村 [1971] 第 8・14 表および原 [1969] 各表による。四捨五入による合計の不突合は修正しない。
註 1) A は総額, B は対「円ブロック」, C は対「第三国」。
　 2)「円ブロック」とは 1932〜35 年は日満, 1936 年以降は日満と北支 (華北)。
　 3) 調査範囲は原則として 1936 年までは外地を含む日本, 1937 年以降は外地を含まない日本内地。

む日本経済の足元を掬う原因となった。

　「国際収支問題」ないし「外貨不足問題」は，第2期の日中戦争期に入ってさらに深化した。日本および帝国の軍事力増強のための資材供給を，敵対する第三国からの輸入に依存しなければならないという矛盾は，日中戦争が泥沼化するこの時期にさらに深刻になった。結局この貿易赤字は，あらゆる手段でかき集められた正貨（金）の現送で賄われなければならなかったが，1940・41年の交にはこの資源もついに底をつくに至る（大蔵省［1950］6頁，7頁，および本節4)項参照）。「国際収支」の見かけ上の均衡は，「円ブロック」における巨額の総合収支赤字で糊塗せざるをえなくなることになるであろう[5]。「こうして，日本の経済統制は，一見世界経済からますます孤立していった時期にますます対外関係によって規定されつつ，（昭和）15年秋からの全面的な経済再編成，更に16年における開戦準備期に入り，16年7月の対日資産凍結による第三国貿易途絶によって，……日中戦争期の国際収支問題は，太平洋戦争期には船舶輸送問題という形に還元されて再出することになる」（原［1969］76頁）。

2) 貿易（交易）収支

　戦時期「大東亜共栄圏」貿易（交易）の実態については，本書第5章ですでに取り扱った。本章では，（主に前章の表5-1(1)，表5-1(2)により，かつ本章の表6-1および表6-2を参照しながら）この時期の貿易収支（交易収支）について要約する[6]。

　まず，太平洋戦争前1938（昭和13）年の日本（本土）の外国貿易を概観すれば，同年の対外輸出は2,690百万円，対外輸入は2,663百万円であったが，うち（のちの）「大東亜共栄圏」輸出に当たる部分は1,384百万円（51%），その輸入は998百万円（37%）に止まり，対「第三国」輸出入がなお主流であったことが知られる。それが1943（昭和18）年には，輸出総額が1,627百万円，輸入総額が1,924百万円と急激な貿易縮小が起こったのみならず，対「大東亜共栄圏」輸出が1,607百万円（99%），同輸入が1,785百万円（93%）と，対外貿易が対「大東亜共栄圏」交易に完全に変身した。

　1943（昭和18）年の日本の輸出相手先としては，関東州，満洲国が全輸出の

表 6-2 「大東亜共栄圏」期・

	1941（昭和16）年度			1942（昭和17）年度		
	受取	支払	差引	受取	支払	差引
第1　交易収支	2,346.9	2,372.7	−25.8	1,813.2	1,895.8	−82.6
第2　交易外収支	1,975.2	4,762.3	−2,787.1	2,373.7	4,951.0	−2,577.3
［経常部］	1,727.1	3,069.4	−1,342.3	1,594.1	3,200.7	−1,606.6
(1) 外国間交易	7.4	0.7	6.7	9.9	19.4	−9.5
(2) 交易付帯費用	17.5	15.2	2.3	28.8	10.8	18.0
(3) 証券利子	109.0	26.8	82.2	121.2	0.3	120.9
(4) 配当金その他資本収益	56.0	7.4	48.6	93.4	3.7	89.7
5. 配当金	49.7	7.1	42.6	85.8	2.1	83.7
6. 預ケ金借入金・預リ金借入金利子等	6.3	0.3	6.0	7.6	1.6	6.0
(5) 事業関係及び労務利益	351.8	78.3	273.5	397.1	83.5	313.6
（一）事業関係	197.7	70.3	127.4	231.7	75.1	156.6
（甲）外国商社関係	43.2	15.2	28.0	71.8	8.9	62.9
7. 本邦内店舗経費	34.3	2.1	32.2	49.6	1.2	48.4
8. 店舗間融通金	8.9	13.0	−4.1	22.2	7.6	14.6
（乙）本邦商社関係	154.4	55.2	99.2	159.9	66.2	93.7
9. 海外店舗経費	153.5	46.7	106.8	157.7	63.5	94.2
10. 保証金取引証拠金	0.2	1.0	−0.8	1.3	0.2	1.1
11. 無体財産権使用対価	0.8	7.5	−6.7	0.9	2.5	−1.6
（二）労務利益	154.0	8.0	146.0	165.3	8.4	156.9
12. 仕送金持帰金	154.0	8.0	146.0	165.3	8.4	156.9
(6) 海運関係	66.7	37.3	29.4	16.8	37.6	−20.8
13. 傭船料	24.0	18.6	5.4	12.8	15.5	−2.7
14. 外国船舶会社店舗間送金	1.4	0.7	0.7	0.2	0.0	0.2
15. 本邦船舶会社店舗間送金	41.2	18.1	23.1	3.7	22.0	−18.3
(7) 保険関係	45.1	18.5	26.6	48.1	30.5	17.6
16. 保険料	32.4	0.7	31.7	30.7	0.9	29.8
17. 保険金	1.8	15.0	−13.2	1.0	24.8	−23.8
18. 再保険勘定尻送金	3.9	2.1	1.8	9.0	3.7	5.3
19. その他保険関係	7.0	0.8	6.2	7.4	1.0	6.4
(8) 海外消費	27.5	19.4	8.1	49.4	42.0	7.4
20. 旅費滞在費学費等	8.4	4.9	3.5	11.6	9.4	2.2
21. 外国公館関係	17.1	1.5	15.6	31.8	15.7	16.1
22. 国際団体宗教教育事業関係	2.1	13.0	−10.9	6.0	17.0	−11.0
(9) 政府海外収支	971.8	2,862.6	−1,890.8	780.7	2,969.2	−2,188.5
(10) その他	74.5	3.2	71.3	48.8	3.9	44.9
［臨時部］	248.0	1,693.0	−1,445.0	779.6	1,750.3	−970.7
(1) 外資受入・海外投資	96.7	1,628.7	−1,532.0	638.5	1,639.9	−1,001.4
24. 本邦証券募集売却・外国証券応募買入	59.3	750.1	−690.8	578.1	915.9	−337.8
25. 事業投資	7.1	773.9	−766.8	12.9	675.0	−662.1
26. 借入金預リ金・貸付金預ケ金	30.3	104.7	−74.4	47.5	49.0	−1.5
(2) 海外投資回収・外資返還	151.4	64.3	87.1	141.1	110.4	30.7
27. 外国証券償還売却・本邦証券償還戻	24.9	37.9	−13.0	19.2	72.1	−52.9
28. 事業投資回収	18.6	1.1	17.5	18.8	19.7	−0.9
29. 貸付金預ケ金回収・借入金預リ金返済	107.8	25.3	82.5	103.1	18.6	84.5
第3　金銀輸出入	166.8	11.7	155.1	107.2	4.6	102.6
第4　国際収支合計	4,488.8	7,146.7	−2,657.9	4,294.2	6,851.3	−2,557.1

出所）大蔵省『財政金融統計月報』第5号，[A] 本邦国際収支統計のうち，2「国際収支事項別(2)」および3「貿　大蔵省外資局「第86回帝国議会局長用特別参考書」1945年1月（旧大蔵省資料）（柴田 [2007b] 表1より

註1）調査範囲は日本本土（内地）の対外取引である。
　2）調査期間は会計年度による。ただし交易（収支）の1943（昭和18），1944（昭和19）年については（月別の実績，交易外勘定は第1四半期（4～6月）の実績である。
　3）貿易外経常部の「その他」については，本章第Ⅰ節2）参照。
　4）金銀輸出入は金資金特別会計が対外決済用に受払いした額であり，この時期そのほとんどが金である。

第6章 「大東亜共栄圏」と日本の対外収支

日本の対外収支（総括表）

(単位：百万円)

1943 (昭和18) 年度			1944 (昭和19) 年度			1945 (昭和20) 年度		
受 取	支 払	差 引	受 取	支 払	差 引	受 取	支 払	差 引
1,926.8	2,379.7	−452.9	1,298.2	1,947.2	−649.0	58.1	76.3	−18.2
2,666.6	4,772.6	−2,106.0	3,810.3	3,970.8	−160.5	440.3	222.9	217.5
2,027.9	2,945.7	−917.8	3,286.1	2,441.3	844.8	334.0	137.5	196.5
46.5	89.1	−42.6	20.7	43.0	−22.3	0.3	—	0.3
13.0	19.3	−6.3	11.3	66.3	−55.0	6.6	0.2	6.4
157.2	0.5	156.7	173.4	83.6	89.8	23.0	29.1	−6.1
86.5	2.8	83.7	55.1	22.6	32.5	44.6	1.4	43.2
73.0	2.0	71.0	49.5	20.3	29.2			
13.5	0.8	12.7	5.6	2.3	3.3			
546.6	111.6	435.0	1,037.5	217.6	819.9	129.8	56.4	73.4
213.8	107.2	106.6	244.1	200.2	43.9	84.6	42.0	42.6
83.4	24.5	58.9	77.0	21.0	56.0			
77.1	1.2	75.9	68.6	3.6	65.0			
6.2	23.3	−17.1	8.3	17.5	−9.2			
130.4	82.7	47.7	167.1	179.2	−12.1			
124.8	80.1	44.7	163.7	176.8	−13.1			
4.8	0.4	4.4	2.1	1.1	1.0			
0.7	2.2	−1.5	1.3	11.2	−9.9			
332.8	4.4	328.4	793.4	17.4	776.0	45.2	14.4	30.8
332.8	4.4	328.4	793.4	17.4	776.0			
12.5	48.5	−36.0	14.6	74.1	−59.5	1.1	7.9	−6.8
7.2	5.3	1.9	8.4	3.0	5.4			
0.3	2.3	−2.0	0.5	2.7	−2.2			
4.9	40.9	−36.0	5.6	68.4	−62.8			
42.4	27.3	15.1	18.8	29.4	−10.6	1.7	1.3	0.4
25.5	0.8	24.7	13.3	2.0	11.3			
0.6	23.8	−23.2	3.5	23.8	−20.3			
2.5	0.7	1.8	0.9	2.9	−2.0			
13.8	2.0	11.8	1.1	0.6	0.5			
48.8	64.5	−15.7	181.0	127.0	54.0	2.6	2.7	−0.1
15.0	7.3	7.7	44.5	20.3	24.2			
24.1	20.4	3.7	114.3	78.4	35.9			
9.6	36.8	−27.2	22.2	28.3	−6.1			
1,022.0	2,579.2	−1,557.2	1,774.2	1,777.7	−3.5	124.1	38.5	85.6
52.5	2.9	49.6	0.0	0.0	0.0	—	—	—
638.6	1,826.9	−1,188.3	524.2	1,529.5	−1,005.3	106.5	85.4	21.1
465.0	1,744.6	−1,279.6	285.1	1,274.1	−989.0	51.9	71.8	−19.9
414.7	593.5	−178.8	166.9	291.9	−125.0			
27.0	1,074.5	−1,047.5	56.6	912.9	−856.3			
23.4	76.6	−53.2	61.6	69.2	−7.6			
173.6	82.3	91.3	239.1	255.4	−16.3	54.6	13.6	41.0
16.1	52.2	−36.1	5.6	48.0	−42.4			
19.8	2.7	17.1	77.5	74.4	3.1			
137.7	27.4	110.3	156.0	133.1	22.9			
185.5	5.0	180.5	181.4	0.0	181.4	118.8	—	118.8
4,778.9	7,157.3	−2,378.4	5,289.9	5,918.2	−628.3	617.3	299.1	318.2

易外収支明細」。交易外収支については，大蔵省・日本銀行『財政経済年報』昭和23年版，161「貿易外収支」；再引）を参考にした。

統計が作成されていないため）暦年で補っている。また1945（昭和20）年度の交易勘定については終戦まで

49％を占め，中国，香港が31％，いわゆる「南方圏」が19％を占めた。1938年との比較（価額ベース）でいえば，関東州，満洲国が横ばいないしやや減，中国，香港が激増，そして「南方圏」がやや増であるが，南方圏の内部では，仏領インドシナが激増する一方で蘭領インドが激減するなど，浮沈が激しい。

　また日本の輸入相手先としては，関東州，満洲国が全輸入の21％，中国，香港が48％，「南方圏」が24％を占めた。1938年と比較すれば（価額ベース），関東州，満洲国は横ばい，中国が突出して増大し（約6倍増），南方圏は微増である。南方圏の内部では，仏印の激増とビルマの激減が目に付く。

　これらの中身（品目と数量）が何によって担われたかという重要な問題については，第5章で述べ，また第8章で述べる。1938年から43年の間の対「大東亜共栄圏」交易は，輸出が微増に止まったのに対して輸入が激増し，その結果「大東亜共栄圏」諸地域に対する貿易赤字は激増することになった。「大東亜共栄圏」からの巨額の資材輸入は何によって，いかにして賄われたのか。これについてはのちに詳しく見ることにしたい。

3）貿易外（交易外）収支

　貿易外（交易外）収支に計上される項目およびその内容については前節第2項で述べた。表6-2により1942（昭和17）〜43（昭和18）年を平均して見た場合，経常項目の受取で額の大きい大項目は，まず「政府海外収支」受取であり，その大きな部分は郵便為替尻の受取が占め[7]，次いで「事業関係及び労務利益」受取が占める。また経常項目の支払では圧倒的に「政府海外収支」支払が大きく，この時期そのほとんどは「国庫送金」で占められる。この結果，経常勘定収支では大幅な赤字を計上するが，そのほとんどは占領地等に向けて送られた巨額の軍事費関係の「国庫送金」により生み出されたものといえる（後述）。

　次に臨時項目の受取もこの時期の特徴をよく示している。本来の意味での「外資」の受入・対外投資の回収はほぼ1931（昭和6）・1932（昭和7）年をもって終了し，この時期の受取は，「円ブロック」（主に満洲）を対象とする日本国債・社債の消化および貸付金・預け金の回収からなっていた。臨時項目の

支払も事情は変わらないが,要するに「南方圏」を含む「円ブロック」に対する巨額の投資増加(資本流出)がここに計上される。1941(昭和16)年度から44(昭和19)年度まで,この額は毎年平均で約15億円を超え,その結果,臨時勘定収支では毎年約12億円の赤字(流出)を計上している[8]。

「大東亜共栄圏」に対するこうした巨額の資本投下(およびその逆流)が結局のところどのような結果をもたらしたのか。国家資本投下に関するかつてのいくつかの研究(中村［1983］,柴田［1986］)に加えて,近年企業史レベルでの研究が進んでいる(柴田［2005］,鈴木［2007］,柴田［2008］,春日［2010］)。しかし満洲,中国(関内)および南方圏を含めた当時の日本資本投下の実態と成果についての包括的な研究は,なお今後に残された大きな課題としなければならない[9]。

4) 金銀収支[10]

日中戦争の始まる1937(昭和12)年から急速に拡大した決済資金としての金現送は,もっぱら対米向けに行われ,1940(昭和15)年に至る4年間に603トンに達した。いまこれを1トロイ・オンス(31.1035 g)＝35ドルの公定価格で換算すれば,その総額は約6億7,900万ドルに上る[11]。ところが,1941年7月25日アメリカが在米日本資産の凍結を行ったため,1941年(度)は決済地を南米に変更し,一部は中国,タイに現送した。ただし同年の計数中には,対タイのイヤマーク分6延(35百万円),対仏印のイヤマーク分13延(64百万円)を含む。

	数量(延)	金額(百万円)
1937(昭和12)	224	867
1938(昭和13)	164	660
1939(昭和14)	148	664
1940(昭和15)	67	320
1941(昭和16)	34	164
計	637	2,675

註 1) 金額は，外貨受取額の邦貨換算。
   2) 輸出先は，1937〜40年は米国のみ，1941年については本文を見よ。
   3) 総計のうち，369トンは「金資金特別会計」による現送，残りは「外国為替基金」「日銀勘定」「国庫金勘定」による現送である。

これに対して，戦時期（1942〜45年度）における金現送は，大別して，軍需機器の対価の一部として潜水艦でドイツに送られた分，物資輸入ないし駐屯軍費の支払対価として南方乙地域（すなわち仏印，タイ）に送られた分（ただしイヤマーク分を含む），および通貨価値維持等の目的で中国に送られた分となるが，各年別で見れば以下のごとくである。

	数量（瓲）	うちイヤマーク分（瓲）	金額（百万円）
1942（昭和17）	32.0	23.0	107
1943（昭和18）	36.0	14.7	185
1944（昭和19）	35.0	11.4	181
1945（昭和20）	21.0	4.3	118
計	124.0	53.4	591

註 1) 金額は横浜正金銀行に対する払下げ価格。
   2) この期間の現送は全て「金資金特別会計」の保有金による。
   3) この時期わずかながら金輸入があるが，その分は含まない総輸出である。

以上に見るように，戦時中は現実の現送が困難なために，全体の43％，53.4瓲がイヤマークで処理され，現実の現送70.6瓲のうち約50瓲は中国向けであった。また，1941（昭和16）年分を合わせたイヤマーク額の地域別では，対タイが38.8瓲，対仏印が33.1瓲で，残りわずか（0.82瓲）を対中国と，対イタリアが分けた。

ちなみに，終戦時に残った中国における聯銀券建てないし儲備券建ての累積債務は現送された金により決済され[12]，また対タイおよび対仏印のイヤマーク分については1950年1月，GHQの監督の下にそれぞれタイ国政府およびフランス政府に引渡しを完了している。

5）収支不均衡の決済

さて，1942（昭和17）～45（昭和20）年度の約4年弱の期間を通じて，交易収支の入超は累積額で1,203百万円。また交易外収支では経常勘定の支払超過が1,483百万円で臨時勘定の支払超過3,143百万円で，合計は4,626百万円に上る。このうち金の現送（イヤマーク分も含む）で決済された赤字は583百万円であって，結局この間に5,246百万円の支払超過が累積したことになる。

表6-2に利用した大蔵省資料の説明によれば（大蔵省［1950］40頁備考(3)），「国際収支合計」は「在外資金の増減，即ち短期資金の貸借の増減（一部は資本項目に含まれている），在外正貨の増減，為替銀行の為替貸借等の増減」を加算することで「総合計は理論上零となる」という。

表6-2に残された巨額の収支アンバランスを決済するために，この時期どのような手段が取られたのであろうか。結論からいえば，輸入物資の獲得および占領軍経費の現地調弁のために「現地通貨」の調達を行い，その結果として相手側に巨額の円預金または円貨債権の累積を強いることで解決したものであった。国際収支決済のための「円貨債権」の累積については，次節でその地域別の実態を見ることにしたい。

III. 戦時期日本の対外収支（地域別）

1）統計概観

以上で全体を見てきた「大東亜共栄圏」期における日本の対外収支は，その相手先地域別に見ればどのような姿になるのであろうか。交易（貿易）および金銀取引についてはすでに前節で関説するところがあった。本節では主に表6-3および表6-4により交易外（貿易外）取引を中心として地域別対外収支を観察するが，まず当時に関する残存統計の状況から話を始めなければならない。

日本の貿易統計の基本である『日本外国貿易年表』が相手国別に作成されることはいうまでもないから，ここから地域別統計を再構成することに問題はな

表 6-3 「大東亜共栄圏」期・日本の対外収支（地域別総表）

(単位：百万円)

地域		1942（昭和17）年度 受取	1942 支払	1942 差引	1943（昭和18）年度 受取	1943 支払	1943 差引	1944（昭和19）年度上半期 受取	1944 支払	1944 差引
満洲国（関東州を含む）	交易	1,109	516	593	1,047	552	495	371	304	67
	交易外	1,390	2,863	−1,473	1,691	2,865	−1,173	843	1,280	−437
	計	2,499	3,379	−880	2,739	3,417	−678	1,213	1,584	−370
支那（香港を除く）	交易	603	391	212	550	634	−85	235	516	−281
	交易外	724	1,455	−731	812	1,155	−343	882	564	318
	計	1,330	1,846	−516	1,362	1,789	−427	1,117	1,080	36
蒙疆	交易	1	0	1	5	0	5	3	3	0
	交易外	12	5	7	12	23	−11	24	19	5
	計	13	5	8	17	23	−6	27	22	5
華北	交易	365	223	142	380	463	−84	148	185	−36
	交易外	418	681	−263	495	678	−183	504	355	149
	計	784	904	−120	875	1,141	−257	652	540	112
華中	交易	199	156	43	142	159	−17	76	313	−237
	交易外	231	653	−422	261	361	−100	324	165	159
	計	431	809	−378	403	520	−117	400	478	−78
華南	交易	38	12	26	23	12	11	8	16	−8
	交易外	63	116	−53	44	93	−49	30	25	5
	計	102	128	−26	67	104	−37	38	42	−4
香港	交易				12	2	10	4	2	2
	交易外				31	102	−70	20	31	−11
	計				43	104	−61	24	32	−9
タイ	交易	70	186	−116	59	51	8	1	7	−6
	交易外	15	125	−110	12	302	−290	7	144	−137
	計	85	311	−226	71	353	−282	8	151	−143
仏印	交易	109	257	−148	59	105	−46	3	16	−11
	交易外	2	48	−46	3	253	−250	2	133	−131
	計	111	305	−194	62	358	−296	5	148	−142
南方甲地域	交易				2	0	2	4	0	4
	交易外				79	25	55	88	23	65
	計				82	25	57	91	23	69
共栄圏 計	交易				1,729	1,344	385	618	843	−226
	交易外				2,629	4,700	−2,072	1,841	2,174	−333
	計				4,358	6,045	−1,687	2,459	3,017	−559
ドイツ	交易				64	244	−180	10	5	6
	交易外				18	54	−36	5	40	−35
	計				81	298	−217	15	45	−30
その他第三国	交易				4	18	−14	0	10	−10
	交易外				20	18	2	28	16	12
	計				25	36	−12	28	26	2
第三国 計	交易				68	262	−194	10	15	−4
	交易外				38	72	−34	33	56	−23
	計				106	335	−228	43	71	−27
総計	交易				1,798	1,607	191	628	858	−230
	交易外				2,667	4,773	−2,106	1,874	2,230	−356
	計				4,464	6,379	−1,915	2,502	3,088	−586

出所）昭和17年度については「昭和17年度本邦対各域収支実績」（日銀金融関係資料）。昭和18年度，19年度については「第86回帝国議会局長用特別参考書」（旧大蔵省資料）（柴田[2007]表2より再引）。
　なお四捨五入による合計の不整合は修正しない。

註1）地域名は大蔵省資料に従う。
　2）満洲，仏印，タイの交易外支払には軍事費を含むが，その他地域にはこれを含まない。

第 6 章　「大東亜共栄圏」と日本の対外収支　143

い。ただ当該期の「中国」と「南方圏」については若干事情を異にする。たとえば「中国」についていえば，1937（昭和12）年以降日中戦争の全面的展開に従って日本の支配地域と非支配地域が錯綜し，各地で政治・経済状況が大いに異なることになった。とくに基本通貨の流通を異にする多数の「通貨圏」の並立は，中国の経済統計を一律に合計することを許さなくなり，実情に合わせた地域統計の作成を要請したものと思われる。実のところ，1942（昭和17）年分まで公表された戦前公表の『日本外国貿易年表』では，（関東州，満洲，香港を除く）「中国」については（附録としての大まかな地域区分は別として）「支那」ないし「中華民国」一本の統計が示されてきたが，戦後に公表された1943（昭和18）年版では，この内訳を「蒙疆」「北支」「中支」「南支」「海南島」の5地域に細分化して示しており，このことが知れる。事情は「南方圏」でも同様であった。とくに「蘭領印度」については，その領域が広大であり，かつその内部で日本軍の支配形態が異なっていたため，これをやはり5地域に分けた統計が作成されている（以上の詳細については第5章第III節3）参照）。

さて貿易外収支統計についても地域別統計の必要性は上と同じであったであろう。しかし戦前・戦後を通じてそうした地域別の収支が公表されたことを知らない。表6-3は柴田善雅が大蔵省の内部資料から見つけて整理したものに（柴田［2007b］），筆者が日銀の内部資料から見つけたものを合わせ[13]，1942（昭和17）年4月から44（昭和19）年9月に至る残存資料を2年度半分の統計として示したものである。

表6-3に見られるように，ここでは相手方地域がまず大きく「共栄圏」と「第三国」とに分かたれて，交易収支，交易外収支が示される。うち「共栄圏」は，(1) 満洲国（関東州を含む），(2) 支那（香港を除く），(3) 香港，(4) タイ，(5) 仏印，(6) 南方甲地域に分かたれ，さらに「支那」（「中華民国」）の内訳として，① 蒙疆，② 北支（華北），③ 中支（華中），④ 南支（華南）（海南島を含む）に4区分されている。また「南方甲地域」は日本軍占領下に置かれた軍政地域であり，タイおよび仏印は日本の間接支配下に置かれた「南方乙地域」に当たる。また「第三国」の方は，(1) ドイツ，(2) その他第三国，に分かたれ，後者はソ連，欧州中立国（スイス，スウェーデン，スペイン，等），ラテ

表 6-4 「大東亜共栄圏」期・日本の対外

	満洲国		蒙疆		華北		華中	
	受取	支払	受取	支払	受取	支払	受取	支払
第 1 交易収支	1,047.2	552.3	5.1	0.0	379.8	463.4	142.2	159.3
第 2 交易外収支	1,691.3	2,864.8	11.6	22.8	495.1	678.0	261.1	361.1
［経常部］	1,201.2	2,040.7	10.4	5.4	380.6	63.9	192.6	72.1
(1) 外国間交易	0.7	0.2			7.3		12.8	1.9
(2) 交易付帯費用	1.4	8.4	0.0		5.0	1.1	2.0	0.5
(3) 証券利子	157.2	0.2			0.0	0.2	0.0	0.0
(4) 配当金その他資本収益	62.4	2.2	0.7		10.3	0.2	12.6	0.2
5. 配当金	52.2	1.5			8.9	0.2	11.1	0.2
6. 預ケ金借入金・預り金借入金利子等	10.1	0.7			1.4	0.0	1.5	0.0
(5) 事業関係及び労務利益	193.6	41.9	3.8	0.6	148.6	13.3	90.1	23.4
(一) 事業関係	103.3	40.9	1.4	0.6	51.9	12.5	21.4	22.2
(甲) 外国商社関係	47.8	23.9			29.2	0.3	2.8	0.2
7. 本邦内店舗経費	42.8	0.7			28.5	0.3	2.5	0.2
8. 店舗間融通金	5.0	23.2			0.7		0.3	0.0
(乙) 本邦商社関係	55.5	17.0			22.7	12.2	18.5	22.0
9. 海外店舗経費	52.3	16.7			21.0	12.2	18.3	21.7
10. 保証金取引証拠金	2.7	0.1			1.6		0.2	0.3
11. 無体財産権使用対価	0.5	0.2			0.1	0.0	0.0	0.0
(二) 労務利益	90.3	1.0	2.4	0.0	96.7	0.8	68.8	1.3
12. 仕送金持帰金	90.3	1.0			96.7	0.8	68.8	1.3
(6) 海運関係	8.4	11.9			1.4	9.1	1.0	12.6
13. 傭船料	4.8	1.5			1.0	1.1	0.9	1.9
14. 外国船舶会社店舗間送金	0.3	2.3						
15. 本邦船舶会社店舗間送金	3.2	8.0			0.4	7.9	0.0	10.7
(7) 保険関係	19.4	8.9	1.3	0.0	13.9	7.4	5.6	1.6
16. 保険料	12.7	0.6			6.5	0.1	4.2	0.0
17. 保険金	0.3	7.0			0.1	6.7	0.1	1.0
18. 再保険勘定尻送金	2.4	0.5			0.1	0.2	0.0	
19. その他保険関係	4.0	0.8			7.3	0.4	1.2	0.7
(8) 海外消費	17.8	3.5	1.1	0.6	6.6	27.3	3.6	18.1
20. 旅費滞在費学費等	5.7	1.2			4.3	1.6	1.9	1.7
21. 外国公館関係	6.5	0.6			1.9	4.0	1.3	7.3
22. 国際団体宗教教育事業関係	5.7	1.7			0.4	21.8	0.4	9.1
(9) 政府海外収支	740.5	1,963.6	3.6	4.1	187.5	5.3	65.0	13.7
(甲) 郵便為替尻	554.7				145.1		27.0	
(乙) 国庫送金	162.3	1,943.5			0.6	1.6		
(丙) 其の他	23.5	20.1			41.8	3.7	38.0	13.7
(丁) 軍票代り金								
［臨時部］	454.3	821.4	1.0	17.4	105.2	613.9	61.6	288.9
(1) 外資受入・海外投資	341.9	751.9	0.4	17.4	64.5	611.9	51.0	279.4
24. 本邦証券募集売却・外国証券応募買入	313.7	571.4	0.1	1.1	50.3	14.3	46.2	5.6
25. 事業投資	16.7	139.8	0.0	16.3	5.4	561.7	2.6	273.7
26. 借入金預り金・貸付金預ケ金	11.6	40.7	0.2	0.0	8.7	35.9	2.1	0.0
(2) 海外投資回収・外資返還	112.3	69.5	0.6	0.0	40.7	2.0	10.6	9.5
27. 外国証券償還売却・本邦証券償還買戻	15.4	42.8			0.6	1.0	0.0	8.4
28. 事業投資回収	10.6	2.4	0.1		5.8	0.0	2.8	0.0
29. 貸付金回収・借入金預り金返済	86.3	24.3	0.5		34.4	1.0	7.8	1.1
［一括記載分］	35.8	2.5	0.3	0.0	9.3	0.2	6.9	0.1
第 3 交易及交易外総計	2,738.2	3,416.9	16.7	22.8	874.9	1,141.5	403.3	520.4
第 4 差引受払超過	− 678.3		− 6.2		− 266.6		− 117.1	

出所）柴田［2007b］表 4～表 12。

註）本表「交易外収支」の「一括記載分」については本章第 I 節 2) 参照。

収支（1943年度・地域別明細表）

（単位：百万円）

華南		香港		仏印		タイ		南方甲地域	
受取	支払	受取	支払	受取	支払	受取	支払	受取	支払
22.6	11.6	12.1	2.2	58.8	104.6	59.1	51.0	2.4	0.0
44.2	92.8	31.3	101.7	2.8	253	11.7	301.7	79.4	24.6
38.8	35.0	30.7	96.4	2.5	235.4	11.2	298.6	69.6	23.3
3.9	0.6	21.6	0.2	0.1	59.7	0.1	26.0		
0.4	0.2		0.3	0.0	4.6	0.0	0.6	0.0	0.0
			0.0		0.0				
0.6	0.0	0.0	0.0			0.0		0.0	0.0
0.1		0.0	0.0			0.0		0.0	
0.4	0.0								0.0
24.6	4.3	7.6	2.2	1.9	4.1	7.0	3.7	54.1	10.1
13.3	4.0	3.5	2.0	0.6	4.0	5.8	3.6	11.2	9.9
0.2	0.0	1.3	0.0	0.0	0.0	0.0	0.0	0.2	0.0
0.2	0.0	1.3						0.2	0.0
			0.0	0.0	0.0			0.0	0.0
13.1	4.0	2.2	2.0	0.6	4.0	5.8	3.6	11.0	9.8
13.1	4.0	2.2	2.0	0.6	4.0	5.6	3.6	11.0	9.8
0.0		0.0	0.0			0.2			
						0.1	0.0		
11.3	0.3	4.1	0.1	1.3	0.1	1.2	0.1	43.0	0.2
11.3	0.3	4.1	0.1	1.3	0.1	1.2	0.1	43.0	0.2
0.9	0.2	0.4	3.0	0.0	6.2	0.3	2.1	0.2	2.4
0.1		0.2		0.0		0.3			
0.8	0.2	0.2	3.0		6.2	0.0	2.1	0.1	2.4
0.9	2.1	0.9	0.0	0.0	6.2	0.1	1.0	0.2	
0.6	0.0	0.3	0.0	0.0		0.0	0.0	0.2	0.0
	1.9	0.0	0.0		6.1		1.0		0.0
					0.0				
0.4	0.1	0.6			0.0	0.1	0.0		
0.2	1.5	0.0	2.3	0.0	0.6	0.1	2.9	2.2	6.6
0.2	0.2	0.0	0.1	0.0	0.3	0.0	0.3	0.4	1.7
0.0	0.0		0.9		0.0	0.1	2.5	1.7	4.1
0.0	1.2		1.3		0.2		0.0	0.1	0.7
7.3	26.1	0.1	88.3	0.5	154.1	3.5	262.4	13.0	4.2
6.8	4.0								
0.5	22.2	0.1	88.3						
5.3	57.7	0.6	5.4	0.3	17.6	0.5	3.2	9.7	1.2
4.3	57.6	0.3	5.2	0.2	17.3	0.3	2.9	2.1	1.1
4.3	0.5	0.1					0.5		0.0
0.0	57.1	0.1	5.2		17.3	0.0	2.4	2.0	1.1
0.0		0.1		0.2		0.3		0.1	
1.0	0.2	0.3	0.2	0.1	0.2	0.1	0.3	7.6	0.1
0.2	0.0		0.0	0.0				0.3	
0.8	0.2	0.3	0.2	0.1	0.2	0.1	0.3	7.3	0.1
0.0	0.0	0.0		0.1	0.0	0.0	0.0	0.0	
66.8	104.3	43.4	104.0	61.6	357.6	70.8	352.7	81.7	24.6
−37.6		−60.6		−296.0		−281.9		57.2	

ン・アメリカ中立国（アルゼンチン，等）を含むものとされる（柴田［2007b］89頁）[14]。また，「支那」の4地域を含む以上11の各地域については，いまのところ1943（昭和18）年度および1944（昭和19）年度上半期に限られるが，表5-2と同じ項目分類を持つ詳細な収支実績が知られる。柴田［2007b］の成果を借りて，1943年度の地域別収支実績表を表6-4に示す（ただし「第三国」の2地域についてはこれを省略する）。

以下本章では，「大東亜共栄圏」の中分類として，(ｱ)満洲国，(ｲ)蒙疆・華北，(ｳ)華中・華南，(ｴ)南方乙地域（タイおよび仏印），(ｵ)南方甲地域，の5地域に分け，その収支の特徴を概観する。

まず，日本とこれら5地域との間の「対外取引」の相対的な地位を見ておこう。表6-3の1943年度の対「共栄圏」貿易総額（輸出＋輸入）に占める割合で見た場合，第1位は「満洲国」で全体の52％，次いで「蒙疆・華北」が28％，「華中・華南」が11％，「タイ・仏印」が9％，「南方甲地域」が微細，となる。実は，後にも見るように，本表における「南方甲地域」の「交易」額には大きなカラクリがあって当時の貿易実態を正確に表しているとはいえない（本章末「補註」参照）。また当時の状況からすれば，石油やゴムといった戦略物資の場合は貿易額よりも貿易量が重要であって，貿易額で対日関係の軽重を計ることは難しいが，とりあえず，以上の順序を目安として，以下に各地域の特徴を述べよう。

2) 対「満洲国」収支

「満洲国」と日本との当時の対外経済関係については，「満洲国」で作成された国際収支統計を利用して論じたことがある（山本［2003b］第4章）。詳しくはそれに譲り，ここでは表6-3，表6-4の示すところにより交易外収支について要約する。

対「満洲国」収支に見られる注目すべき特徴は，表6-4の交易外経常項目(9)「政府海外収支（乙）国庫送金」に見られる巨額の支払である。これを一言でいえば，関東軍経費の日本政府（臨時軍事費特別会計）からの送金ということになる。本表において1943（昭和18）年度に軍事費国庫送金が計上されて

第6章 「大東亜共栄圏」と日本の対外収支　147

いるのは，「満洲国」，タイ，仏印の3地域であって，その他の地域の軍事費が預け合い勘定による現地通貨の調達によって行われ，為替勘定に反映されなかった事情については次項以下で述べる。ただし満洲国においても，1944年9月以降，日本の国庫金支出のための送金をやめ，横浜正金銀行新京支店から（「満洲国」法定通貨であり，日銀券と等価で流通する）満洲中央銀行券（満銀券）を借り上げて臨軍特別会計の支出に当てることになり，この項目は消えることになる。タイ，仏印もほぼ同様な道筋をたどるが，これについては後述する。

なお，「満洲国」期の関東州は，日本側，「満洲国」側ともに，また貿易統計，国際収支統計ともに，「満洲国」に合体して集計されているが，法制上の関東州は日本帝国の公式植民地であり，法定通貨としては朝鮮銀行券が流通していた。また朝銀券は日銀券および満銀券と等価で混交流通していた。

3）対蒙疆・華北収支

1940（昭和15）年汪兆銘政権の成立にともなって，華北臨時政府は（汪政権の一部をなす）華北政務委員会に引き継がれたが，実質上は独立政権として機能し，通貨においても（華中・華南の中央儲備銀行とは独立の）中国聯合準備銀行（聯銀）が発行する中国聯合準備銀行券（聯銀券）が日本円と等価で流通した。

「満洲国」における関東軍と同様，華北においては支那派遣軍が多額の軍事支出を行ったはずであるのに，表6-4では1943年度の「国庫送金」支払が満洲の場合と違ってきわめて少額であるのはなぜか。このカラクリは，1943年4月から採用された政府に対する「現地通貨貸上制度」にあった[15]。これ以前，国庫金は華北における日銀代理店である横浜正金銀行（正金）あるいは朝鮮銀行（朝銀）支店に送金され，これを原資に現地支店が聯銀との「預ケ合」により聯銀券を調達した。ところがこの制度以降，朝銀が聯銀との「預ケ合」により調達した聯銀券を政府が朝銀から借り上げることにし，その決済は日銀にある政府口座と朝銀口座で調整することにした。また同時に，1943年3月には臨時軍事費支弁のための公債発行・借入金制限枠を廃止するための法律改正を行った。これにより政府借入金の上限を撤廃して占領地軍事費の財源を確保す

るとともに，その国庫送金という面倒な手続きも回避できることになった。こうした手続きは，戦時インフレの進行とともに巨額化する軍事・統治費用の調達・送金を容易にするために創出されたと考えられるが，逆にいえば，この制度自体が借金による占領地軍事費の調達を安易にして，戦時貨幣インフレを煽る原因となった。現地金融機関同士の「預ケ合」と政府に対する「現地通貨貸上」は，華北と同時に華中・華南および南方占領地でも実施されたが，その事情は後述に譲る。

華北に関して「満洲国」と共通する特徴は，交易外臨時項目「海外投資」の巨額な支払である。北支那開発株式会社およびその関係会社による対華北投資についてはかなり知られている。日中戦争期以降の対華北投資の拡大，日本および「満洲国」からの資本流入については，とりあえずは中村［1983］，柴田［2008］によるとして，なお今後の課題とする。

「蒙疆」地域においては，1939年9月1日に蒙古聯合自治政府が設置され，また蒙疆銀行が発行し円と等価で流通する蒙疆銀行券（蒙銀券）が基本通貨として機能した。

蒙疆地域の収支構造は，規模こそ違え「満洲国」，華北とかなり類似する特徴をもった。表6-4　交易外収支における最大の支払項目は臨時部の「事業投資」で，経常部の「政府海外収支」がこれに次ぐ。前者は対満投資，対華北投資に類する日本資本の対蒙疆直接投資を示し，後者は日本現地軍である「駐蒙軍」のための「国庫送金」を示す。なお1943年4月以降，華北において「現地通貨貸上制」が取られたのにともなって，華北で借り上げた臨時軍事費財源としての聯銀券を，正金銀行北京支店から張家口支店に国庫送金し，これを原資に蒙銀から蒙銀券を調達したというから（柴田［1999］260頁，柴田［2002］78頁註11）），この「国庫送金」額がそれに当たるものと思われる。

4）対華中・華南収支

1937（昭和12）年8月日本軍の上海上陸から始まった華中戦線の軍費は，当初は日銀券が使用されたが，同年10月には軍票を使用することに閣議決定し，11月から本格的に使用された。また1938年10月のバイアス湾上陸作戦以降，

華南戦線においても軍票が使用された（小林［1993］）。

1940年3月，南京に汪兆銘政権が成立したことで，形式的には「中華民国」政府が成立したことになるが，ほとんど中央政府としての実態をともなわなかったことはよく知られる。したがって，汪政権の基幹銀行として同年12月に設立された中央儲備銀行およびその発行する儲備銀行券（儲備券）もまたなかなか法幣との「通貨戦」に勝てず，その後も長く軍票が主要通貨として流通した。

しかし太平洋戦争の開戦にともない，儲備券による幣制統一を図る必要に迫られ，1943年4月1日をもって軍票発行を停止した。また同時に「現地通貨貸上制」が導入されることになった。すなわち正金銀行が儲備銀行との間の「預ケ合」で調達した儲備券（儲備券100元＝日本円18円）を政府が借り上げ，これを軍票に代わる軍事・統治財源に充当することにしたのである。その後の儲備券は，法幣との「通貨戦」に苦しむ一方，日本軍および汪政権により増発を繰り返され，激しい儲備券インフレを引き起こすことになる。

さて華中収支は規模としては華北収支の約半分に止まる。その特徴として挙げるべきは事業投資支払にかなりの額が見られることである。ここでもその投資額は華北のほぼ半分に当たるが，その中身は中支那振興株式会社を中心とする日系企業投資であろう。これらについても別に企業史的な分析を必要とする。

華南収支には海南島を含むが，海南島は赤鉄鉱の採掘や農業開発で日本との交易関係が大きくまた日本企業の進出も大きかったから，表6-4の華南収支の多くは海南島関係であったと考えられる（柴田［2007b］86頁）。逆にいえば福建省・広東省を中心とする華南は日本本土とよりも台湾との関係が深かったものと思われる。

地域としては華南に含まれる香港，海南島であるが，ここでは軍政が敷かれ（海南島の一部は地域政権による間接統治），また一貫して軍票が利用されたという点で上記とはそれぞれ異なる「通貨圏」を形成したといってよい。表6-4の華南収支（海南島を含む）および香港収支に見られる交易外収支経常部(9)政府海外収支（丁）「軍票代り金」のかなりの額の支払は，こうした事情の下で，

軍票で支払った額の一部を円で回収したものかと思われるが，詳細は不明である。

5）対タイ・仏印収支

満銀券，蒙銀券，聯銀券，儲備券ははじめから日系通貨として設計されたものであったが，タイおよび仏印（いわゆる南方乙地域）については事情を異にする。

日本との同盟関係を保ったタイに対しては，1942年4月にタイバーツを日本円と等価で固定リンクする協定，6月には2億円の借款協定を結び，バーツを円貨決済圏に引き入れることに成功した。また7月には特別円決済協定を結んで，相互の預け金勘定を利用してバーツと円との決済は「特別円」（一部は前述のごとく金現送）で行われることになった[16]。

タイの交易外収支を通じて圧倒的に大きいのは政府海外支払であり，軍事費用の国庫送金がこれに当たる。ただし戦争末期，1944年4月よりは正金バンコク支店を利用して調達したバーツ貨を政府が借り上げる制度に改め，（仏印におけると同じく）国庫送金に代えて政府借上げによる資金調達に切り替えた。

1940年9月の北部仏印進駐に続いて1941年7月の南部仏印進駐により仏印はヴィシー政権との共同統治という姿を取った。通貨および決済について，当初は双務的色彩を残したが，1941年7月の銀行協定および1943年1月の決済協定を通じて100ピアストル＝98円で固定リンクし，「特別円」で決済すること（一部は前述のごとくイヤマーク金を利用）を定めて，ピアストルを完全な円決済通貨とすることに成功した。

仏印の交易外収支を通じて最も大きい項目はやはり「政府海外支払」であり，事情はタイと共通する。また1944年4月より正金がインドシナ銀行との「預ケ合」で調達したピアストル貨を政府が借り上げる方式で国庫送金に代わる資金調達を行った事情もタイと同じである。異なったのは，フランス・ヴィシー政権の崩壊にともない1945年3月仏印政庁を接収し，軍事占領に踏み切ったことであるが，通貨体制には変更がなかった。

6) 対「南方甲地域」収支

　南方甲地域すなわち軍政下に置かれた南方占領地（フィリピン，海峡植民地，英領マレイ，英領ボルネオ，蘭領印度）は，当初，現地通貨表示の各種軍票が投下されたが，1943年4月1日以降，現地通貨表示の南方開発金庫券（南発券）に置き換えられた。またこの時点で，現地通貨の調達を現地金融機関（この場合は南発）からの政府借上げで処理することになったのも，華北および華中・華南と同様であった。これに関連して，この地域の収支実績については3つの問題に注意しておかなければならない。

　まず第1に，この地域の日本の軍事資源基地として占領され，鉱油については蘭印スマトラ，英領ボルネオから，また生ゴムが英領マレイ，蘭領ジャワから大量に運ばれたにもかかわらず（本書第5章および第8章），表6-4の交易支払額がゼロであるという不思議である。その秘密は，この地域の交易（貿易）が軍直轄の「買取貿易」として行われ，その決済は臨時軍事費特別会計中の「物資交流特別諸費」によって行われたからである。普通の「貿易統計」では為替決済の有無にかかわらず通関実績により輸出・輸入額（価額および物量）が計上されるが，表6-3，表6-4の場合は為替決済の実績を表すものとして作表されたため，このような事態になったものと思われる（本章末「補註」参照）。

　第2に，南方陸海軍の維持に関して巨額に上ったはずの軍事費支出の処理である。これについて南方占領地では，当初は軍票発行のちには南発券の政府借上げにより資金調達を行ったことは上で述べた。南方甲地域における臨時軍事費特別会計支出については，これが対外収支の上に現れないシステムが，はじめから出来上がっていたことになる。

　第3には，南方占領地の「軍政財政」の処理である。各地の軍政財政は臨時軍事費特別会計とは分離して処理された。各年度軍政会計予算は，歳入では一部に臨軍会計からの繰入金があったほか，租税，関税，（アヘン等を含む）専売収入，などからなり，陸軍大臣の許可を得て公債発行あるいは借入金による資金調達もできることとされた。歳出では警備費（という名の臨軍会計への返戻金），一般行政費，地方行政費，産業復旧費，などからなった。軍政財政の実

態については地区により軍政の構造を異にしたためにその詳細を整理することは難しいが（柴田［1995b］），基本的には軍政財政が対外収支に直接反映することはなかったのである。

むすび

　戦時期日本が「大東亜共栄圏」からの大量の戦略物資の収奪と多額の戦時出費の調達を同時に可能にした装置は何か。それを要約すれば，巨額のペイパー・マネーの散布とその結果としての巨額のペイパー債務の累積であった。この構造は，公式植民地においても，中国圏においても，南方圏においても基本的には同様であったが[17]，その操作は共栄圏の外延部に行くほど，そして時期を下るにしたがって暴力的な色彩を強めた。

　その著例が「南方甲地域」である。太平洋戦争における戦略物資の基地であったこの広大な地域――400万平方キロを超える面積を持ち，1億1千万人を超える人口を擁するこの広大な地域――との交易収支・交易外収支が，統計上ほとんどゼロであったカラクリについてはすでに述べた。物資は収奪される一方で巨額の不換紙幣が注入された結果が，恐るべき紙幣インフレを引き起こすことは理の当然であった。暴力的装置の円環的波及は，戦時インフレの波紋を円環的に広げることになった。1941年12月を100とする物価上昇率は1945年8月において東京で154，バタビア（ジャワ）で3,197，メダン（スマトラ）で3,300，ラングーン（ビルマ）で実に185,648であった（本書第7章，表7-6）。

　最後に，終戦も間近い1945年2月に設置された「外資金庫」に言及しておく。臨時軍事費特別会計の負担を軽減し，歳出の調整を図るとして設置された当金庫は，華北における朝銀，華中における正金，南方甲地域における南発，それぞれの「政府貸上」を引き継ぐとともに，それら諸行と新たに預ケ合契約を結んで一括して現地通貨を調達する機関とされた。しかしその実体が，大蔵省外資局に置かれた計算機関であったことからも明らかなように（柴田

［2002］81頁），現地通貨の調達と軍事費の支出を一元化することだけを目的としたペイパー機関であり，単にこれまでの機構を引き継ぐものに止まったとされる。

［註］

 *）本章の初出は山本［2009］である。本章は，柴田善雅氏の論考（柴田［2007b］）に触発されて試みた，その山本ヴァージョンである。ただし，柴田論文に散見される誤りないし誤解については極力訂正を試みた。なお，国際収支分析による対外経済関係の総体的把握という方法については，山澤・山本［1979］第2章，山本［1992］第5章，［2003b］第4章を見られたい。
 1）柴田［1981］［1984］［1995b］［1999］［2007a］［2007b］。なお関連する公式ないし半公式的な解析としては，大蔵省［1950］，大蔵省昭和財政史編集室［1963］，高石［1970］［1974］，等がある。
 2）「日銀金融関係資料」については下記註13）参照。
 3）戦前期に関する「貿易外収支」統計については，大蔵省理財局『貿易外収支一覧』（1913年版〜1937年版，うち1917年版以前は『貿易外正貨収支一覧』）という資料があるが，戦前に一般公表されたのは1923（大正12）〜36（昭和11）年の間に限られ，それ以外は部内資料に止められたという。戦後になって，まず大蔵省・日本銀行『財政経済統計年報』1948年版により1935（昭和10）〜44（昭和19）年分が示され，次いで大蔵省『財政金融統計月報』第5号により戦前資料を一括集成して1902（明治35）〜45（昭和20）年の「国際収支」統計が示されるに至った。

　なお，以下本章ではとくに断る場合を除いて，「貿易」と「交易」の用語を代替的に使うが，この事情については本書第5章を見よ。
 4）柴田［2007b］76頁によれば，理財局のあと，外国為替管理部，為替局と変わり，1942年11月1日から外資局の担当になったという。
 5）この時期，公式植民地（朝鮮・台湾）における対外決済の同様の実態については山本［1992］第5章，また「満洲国」におけるそれについては山本［2003b］第4章で論じたことがある。後掲註17）参照。
 6）当面議論する「大東亜共栄圏」の範囲については，前章表5-1および本章表6-3を見よ。なお，前章および本章で利用した各種貿易統計に見られる数値上の食い違いについては，本章補註を見よ。
 7）「（他項に掲記せざる）政府収支」のうち「郵便為替尻」は，占領地等に拡大した郵便貯蓄システム，たとえば華北郵政儲金制度が日本の郵便貯金制度と連動して運用されたため日本に送金された郵便貯金尻がここに反映し，巨額の入超になったものと思われる。柴田［2007b］79頁。

8) なおここで問題となるのは,1943年以降に顕著になるインフレーションとそれに乗じた支配地・占領地から日本へ向けての資金逃避（日本にとっての資本流入）である。内外地物価の格差と為替相場の固定を利用した資本逃避とその対策については多くの言及があるが,これを国際収支統計の上で確認することは難しい。

9) 日本の対外投資ストック額に関する推計の一例として,次を挙げる。「たとえば1945年9月推算によると,本邦の『対満投資』は150億円,『対北支（蒙疆ヲ含ム）投資』は200億円（うち北支開発関係会社昭和20年3月末払込済資本額17億2100万円,開発よりの融資額129億6700万円,計146億8800万円,開発関係以外会社昭和13年末10億4800万円）,『対中南支投資』は100億円,『対南方投資』は60億円とされている」(中村［1983］364頁,出典は大蔵省資料)。

10) 以下本項については主に大蔵省［1950］6,7,23頁以下による。また鯖田［1999］,多田井［1997］を参考にした。なお表6-2では「金銀輸出入」になっているが,この時期,「銀地金及び正貨」は1941年に2,807千円の輸出があるのみで,ほかは全て「金地金及び正貨」である。

11) これは大蔵省［1950］24-25頁による。別資料（高石［1970］第5巻）では,1937(昭和12)年3月〜41(昭和16)年2月の対米金現送を608.7瓲（ただし対英金現送分3.5瓲を含む）という。

12) ただし,対中国現送の金は現地での激しいインフレのため現地売却価格が高騰し,内地払下げ価格との間に大きな差益を生じた。これらは日本政府に帰属することになったから,「連銀券と儲備券建の膨大な債務を敗戦を目の前にして両日系通貨が紙屑と化しつつある時機に弁済して辻褄を合わせたにすぎない」(多田井［1997］（下）,321頁)ともいえる。

13) ここで「日銀金融関係資料」と呼ぶものは,日本銀行金融研究所所蔵にかかる金融関係資料である。本章で使用した資料は,そのうち「海外金融経済関係資料」の綴りに収められた,以下のようなものである。
　「昭和17年度本邦対各域収支実績」
　「昭和18年度共栄圏各域収支計画並本年度交易価格調整計画」
　「大東亜各地域間の決済方法一覧」
　「南方地域の貿易並に為替問題」

14) なお同盟国イタリアとの収支実績は「その他第三国」に含まれるものと思われるが,詳細は不明である。

15) 日本政府に対する「現地通貨貸上制度」の,各地における展開については,柴田［1995b］［1999］［2002］を見よ。

16) ここでいう「決済資金的特別円」については,本書第7章第II節3)を見よ。

17) かつてわれわれは,朝鮮・台湾を中心とする公式植民地の対外収支を検討して,「植民地が「円」債権の蓄積を続ける限り（日本が植民地を有することは）国際収支の制約

第6章　「大東亜共栄圏」と日本の対外収支　155

を受けない資源基地を有することを意味した」と結論づけ（山本［1992］第5章），また「満洲国」の対外収支を解析して同じ結論を得た（山本［2003b］第4章）。本章の結論は，戦時1940年代という時点，中国および南方圏をも包含した「大東亜共栄圏」という場におけるその破滅的拡大版にほかならない。

［戦間期貿易統計に関する補註］

　日本の貿易統計についてはいろいろな形で公刊されているが，その基本資料が大蔵省主税局税関部により通関統計に基づいて作られる『貿易月表』あるいは『貿易年表』にあることはいまさらいうまでもない。戦前期日本の外国貿易統計についていえば，明治15年創刊の『大日本外国貿易年表』（昭和4年に『日本外国貿易年表』と改題，さらに昭和36年に『日本貿易年表』と改題して昭和39年分で終刊）がまず拠るべき基本資料ということになる。ただし，この使い方については，その収録の地理的範囲や品目，あるいは戦時期統計の欠落などいろいろ注意すべきことが多い。これらについてはすでに何度か解説したことがあるのでいまは繰り返さない（山澤・山本［1979］，本書第5章註16），第8章註26），等）。
　ここで取り上げようとするのは，国際収支表との関連で貿易ないし貿易収支を論じようとする場合に出くわす思いがけない問題である。まず下記の補表（補表6-1）を見られたい。いずれも同じく1943（昭和18）年を対象とする輸出入表であるが，資料Aは第5章表5-1(1)および表5-1(2)，資料Bは本章表6-2，資料Cは本章表6-3（および表6-4）の数字に基づいて作成されている。この3者がなぜこのような乖離を見せるのか。とくに資料Cの対「南方甲地域」の輸出入値が資料Aのそれと大きく食い違うのは何故か。
　まず資料Aは『日本外国統計年表』昭和18年版に従うものであり，通関統計である。ただしこれは日本「内地（樺太を含む）」の対外貿易を示し，「外地」である朝鮮，台湾，南洋群島の対外国取引は除いている（関東州は一貫して「外国」として取り扱われ，この時期「満洲国」に合算されている）。資料Bも同じく通関統計によるが，「内地」に朝鮮および台湾の対外輸出入値を加えた日本「帝国」対外貿易の数値である（ただし南洋群島はここに合算されず，別計とされている）（大蔵省・日本銀行［1948］248表）。
　さて資料Cは何者であるか。これが通関統計でないことは明らかであるが，実はそれ以上の情報はない。ただ諸種の資料から類推されるところは，これが1940年以降の「満洲国」国際収支統計に付記されるところの「為替管理法ニ依リ各外国為替銀行ヨリ提出セル報告書ニ基キ，……為替外収支ヲ含マズ」という先に言及した（本章129頁）「為替外取引を含まない」貿易統計であろうということである。事実，浅香末起は1943年段階の貿易統計について，「従来とても，例へば旧蘭印では一般貿易の外に相当額の政府貿易があり，貿易統計中に之を包含するものとせざるものとによって数字に相違があり，観念的に両者は区別せられたのである」（浅香［1943］34頁）といっている。要するに，大蔵省の通関統計が「資金関係の有無に拘らず輸出入貨物を網羅的に集計したもので密貿易，小包郵便物等をも包含する」のに対して，この方は専ら「貿易資金の受払に関係する貿易統計」（大蔵省・日本銀行［1948］770頁備考(1)）を示したものということになろう。
　そうとすれば，本章の表6-2と表6-3で何故異なる貿易統計を用いたのかが問題となるが，ひとまず「為替統計としての国際収支統計」としては，後者の方が一貫性を持つものと

156 第II部 「大東亜共栄圏」論

補表 6-1 1943年（度）貿易諸統計の対比表

	資料A		資料B		資料C	
	輸出	輸入	輸出	輸入	輸出	輸入
対「満洲国」（関東州を含む）	796.8	400.1			1,047.2	552.3
対「中華民国」	502.4	921.6			549.7	634.3
蒙　疆	8.3	15.3			5.1	0.0
北　支	316.6	608.8			379.8	463.4
中　支	160.4	259.9			142.2	159.3
南　支	6.3	7.2			22.6	11.6
海南島	10.8	30.4				
対香港	2.7	3.6			12.1	2.2
対「南方乙地域」	184.8	181.5			117.9	155.6
タイ国	87.8	49.2			59.1	51.0
仏領インドシナ	97.0	132.3			58.8	104.6
対「南方甲地域」	120.5	278.6			2.4	0.0
ビルマ	12.7	4.9				
英領マレイ	15.1	82.2				
シンガポール	4.5	17.6				
比律賓	30.1	55.1				
英領ボルネオ	2.6	19.0				
蘭領印度	55.5	99.8				
その他	20.2	139.0			68.3	262.4
総　　計	1,627.4	1,924.4	1,926.8	2,379.7	1,797.6	1,606.8

出所）第6章補註参照。

見ておきたい。それが意味するところ，対「南方甲地域」との交易が物量的には巨大であったにもかかわらず，軍の直貿易という形を取ることによって，金銭的には実質上の支払いがほぼ皆無であったことがとくに注意されなければならない。

　それでは，通関統計より為替統計が大きい対「満洲国」「その他」貿易（とくに輸出）についてはどのように理解すればよいのか。いまのところ，前者が暦年値，後者が会計年度値による落差が主たる原因であろうと推測しておく。

第 7 章　「大東亜金融圏」論[*]

はじめに

　本章で取り上げる，いわゆる「大東亜金融圏」という構想は，「大東亜共栄圏」の経済循環を支える金融的構造の基本プランをなすものであって，端的にいえば『大東亜共栄圏』構想の金融版」(島崎 [1989]) とみなすことができよう。これは，一方において台湾領有以来積み重ねてきた金融的植民地支配体系（円系通貨圏）を南方諸地域へと拡大再生産し，他方においてポンド・ドル支配から脱却した新しい独立金融圏（円貨決済圏）を広域アジアに構築するための基本的方策を指し示すものであった。

　「大東亜共栄圏」構想の展開過程について，われわれはすでに第 4 章においてそのラフ・スケッチを試みた。「大東亜金融圏」については，すでに島崎久弥らによるすぐれた先行研究を持っている[1]。本章では，これらを下敷きにしながら，「大東亜金融圏」の構想と実態を概観する。錯綜した諸事実を整理し，「大東亜共栄圏」期の金融構造について，あるいは貨幣金融的側面から観察した「大東亜共栄圏」についての frame of reference を準備すること，これが本章の課題である。

I.「大東亜金融圏」構想の成立

1）新体制運動と「基本国策要綱」[2]

　すでに見てきたように，太平洋戦争の開戦と同時に全面的に展開する「大東

亜共栄圏」構想の具体的出発点については，今日なお議論が尽きない。われわれとしては，ひとまずは，1940（昭和15）年第二次近衛文麿内閣が設定した国策のグランド・デザイン「基本国策要綱」（およびそれに基づく一連の政策要綱）から始めるとしよう。

もちろん「基本国策要綱」自体は基本方針を言明したに止まり，個別問題ごとの基本綱領は企画院を中心としてそれぞれに立案されることになった。すなわち同年8月1日には「基本国策要綱ニ基ク具体問題処理要綱」が閣議決定され，起案および協議省庁が表7-1のように定められた。これらに絡むいわゆる「新体制」諸案については，官民さまざまな機関が試案・草案作りに参画したが，官庁機関としては企画院（なかんずく審議室）が中心となり，民間機関として活躍したものに国策研究会と昭和研究会などがあった（古川［1992］175頁）。それら諸案のうち最終的に閣議にまで上げられ，「新体制要綱」として閣議決定を受けたものは，表7-2のとおりである[3]。

さて，以上の「新体制」段階における諸綱領をつうじて，「大東亜共栄圏」および「大東亜金融圏」構想とその構造について見てみることにしよう。

「経済新体制」における基本方針が，「東亜自給圏」の確立すなわち「大東亜共栄圏を枠組とした自給自足経済」の確立にあることを，「経済新体制確立要綱」はその劈頭に次のように述べた。

　　日満支ヲ一環トシ，大東亜ヲ包含シテ自給自足ノ共栄圏ヲ確立シ，ソノ圏内ニオケル資源ニ基キテ国防経済ノ自主性ヲ確保シ，官民協力ノモトニ重要産業ヲ中心トシテ綜合計画経済ヲ遂行シ，モッテ時局ノ緊急ニ対処シ，国防国家体制ノ完成ニ資シ，ヨッテ軍備ノ充実，国民生活ノ安定，国民経済ノ恒久的繁栄ヲ図ラントス

これをいいかえれば，「わが国防経済上，たとえば鉄鋼1千万トンを必要とすれば，アメリカからただの1トンのスクラップも輸入することなしに，東亜共栄圏内における鉄鋼石と石炭と溶鉱炉によって立派に1千万トンの生産を実現する。これが経済新体制の目的である」（企画院研究会［1941］59頁）ということになる。

表 7-1 基本国策要綱ニ基ク具体問題処理要綱（1940 年 8 月 1 日閣議決定）

要　目	分　担　箇　所	
	起案省	主たる協議官庁
一　国民道徳ノ確立	企，文	内
二　新政治体制ノ確立		
○イ　新国民組織ノ樹立	内閣	企，内
○ロ　議会制度ノ改革	法局，内	企，司
○ハ　官場新体制ノ樹立	法局	企
○ニ　輿論指導方策ノ確立	内閣	企，内，外
○ホ　総力戦研究所ノ確立	企	陸，海，法局
三　新経済体制ノ確立		
イ　日満支ヲ根幹トスル大東亜経済圏建設方針ノ確立	企	陸，海，対満，興亜，商，逓，大，農，外，拓
○ロ　官民協力ニ依ル計画経済機構ノ確立	企	大，内，農，商
○ハ　重要物資ノ一元的統制機構ノ整備	商，農	企，逓
ニ　新財政政策ノ樹立	企，大	
ホ　金融統制強化策ノ確立	企，大	
ヘ　新貿易政策ノ確立	企，商，外	大，農
○ト　国民生活必需物資自給方策ノ確立	企，農	農，商，厚
チ　重化学工業及機械工業確立方策ノ樹立	企，商	陸，海
リ　交通運輸施設ノ整備拡充策ノ確立	企，逓，鉄	陸，海，内
ヌ　新労働体制樹立策ノ確立	企，厚	内，商，農
ル　中小商工業者ノ対策ノ確立	企，商，農	厚，内
四　新科学体制ノ確立		
○イ　綜合的科学研究機関整備対策ノ確立	企	陸，海，商，文，農，厚
ロ　技術ノ国家管理政策ノ確立	企	陸，海，商，文，農，厚
五　人口政策ノ確立		内，陸，海，農，商
六　農業及農家ノ安定		厚，拓，内
七　新国民生活体制ノ確立		内，農，商

出所）古川［1992］163 頁。原資料は防衛庁防衛研修所戦史部［1973］432-433 頁。
原註）一　起案庁ハ八月末日迄ニ概略案ヲ作成シ関係庁ニ協議ス。
　　　二　○印ハ特ニ急速ニ立案ヲ要スルモノトス。
　　　三　拓務省ハ外地トノ関係ニ於テ必要事項ニ付協議ヲ受クルモノトス。

また「日満支経済建設要綱」は，概ね 10ヵ年を目途に，「1,（皇国）国民経済ノ再編成ノ完成，2, 日満支経済ノ編成強化，3, 東亜共栄圏ノ拡大編成」の 3 過程を遂行することを前提として，「東亜自給圏」の中核をなすべき日満支「三国ヲ一環トスル自給自足的経済態勢ヲ確立スル」ため，「日満支三国ノ産業分野，労務，金融，貿易，交通ノ基本政策ヲ決定シタ」ものであった。

　これら基本方針案ではまだ，「大東亜金融圏」については必ずしも具体的な

表7-2 「基本国策要綱」に基づく重要施策要綱（閣議決定の分）

要綱名	閣議決定日
国土計画設定要綱	1940. 9.24
日満支経済建設要綱	1940.10. 3
勤労新体制確立要綱	1940.11. 8
経済新体制確立要綱	1940.12. 7
人口政策確立要綱	1941. 1.22
交通政策要綱	1941. 2.14
科学技術新体制確立要綱	1941. 5.27
財政金融基本方策要綱	1941. 7.11

イメージで描かれていない。ただ「日満支経済建設要綱」では，「外国ヨリスル国防物資ノ獲得ヲ確保スルコトヲ目標トシテ」外国為替資金の三国共同運用を図るとともに，「尚進ンデ皇国ヲ東亜共栄圏ノ金融及決済ノ中心地タラシムル様施策ス」という基本方針が定められている。また1941年7月11日閣議決定の「財政金融基本方策要綱」においては，これがやや敷衍され，「金融政策ノ改革」中の (8)「東亜共栄圏ニ対スル金融政策ノ確立」において，

　東亜共栄圏ニ於ケル皇国ノ地位ニ鑑ミ同圏内ノ通貨，金融及為替ハ皇国ヲ中心トシテ運用セラルルガ如ク指導スルト共ニ東亜共栄圏ト世界ノ他ノ経済圏トノ間ノ所要ノ経済交通ヲ円滑ナラシムル為メ必要ナル方策ヲ講ズ

とされた。また，同じく (6)「外国為替政策ノ改革」においては，「外貨資金ヲ活用シ貿易政策ト表裏一体ヲ為シ皇国及自存圏内ノ必需物資ノ獲得ヲ確保スルコトヲ目標トスルト共ニ，国際決済ニ於ケル円貨ノ使用部面ヲ拡充強化シ皇国対外経済ノ伸長ヲ図ル」ことが謳われた。

　すでに1940年夏以来，日独伊三国同盟締結をめぐる軋轢のなかで，英米は対日経済制裁を強めつつあった。そうしたなかで，シベリア鉄道をつうじてからくも繋がれていた日独経済協力関係も，1941年6月の独ソ戦開戦により切断され，さらに同年7月，日本軍の南部仏印進駐を契機とする在米（次いで英，蘭印）日本資産の凍結措置により，欧米との事実上の経済断交の道をたどる。こうした対外状況のなかで，一方には当面第三国からの国防物資緊急輸入を最大限拡大するための外貨資金の集中を図るとともに，他方では，対欧米経済断交後を見越した「大東亜交易圏」および「大東亜金融圏」の構築が企図されはじめたのである。

2）太平洋戦争と「我国対外金融政策ノ根本方針ニ関スル件」[4]

　1941（昭和16）年12月8日の太平洋戦争勃発を受けて，大蔵省為替局は同25日「我国対外金融政策ノ根本方針ニ関スル件」を起案し，「円貨を根幹とする『大東亜金融圏』を設定し，新対外金融政策を推進する方針」[5]を明らかにした。やや長くて煩雑になるが，「大東亜金融圏」構築を標榜してこの後の対外金融政策運営の基本ラインを示したものとして重要であるので，新政策方針の部分3条11項を全文引用する。

(一) 本邦ヲ中心トスル大東亜金融圏ヲ設定シ，
  (1) 共栄圏内各地域ノ通貨ハ其ノ対外価値基準ヲ日本円ニ置カシムルコト
  (2) 共栄圏内各地域ノ通貨ハ日本円ヲ以テ其ノ発行準備トナサシムルコト
  (3) 共栄圏内各地域ノ対外決済資金ハ日本円ヲ以テ保有セシムルコト
  (4) 本邦ト共栄圏内各地域トノ決済，共栄圏内各地域相互間ノ決済及共栄圏内各地域ト圏外諸国トノ決済ハ日本円ヲ以テ本邦ヲ通ジ之ヲ行ハシムルコト
(二) 日本円及共栄圏各地域通貨ノ対外価値決定ニ当リテハ共栄圏経済ノ円滑潤達ナル運行ヲ目途トシ
  (1) 米英貨ニ基準ヲ置ク従来ノ方式ヲ一擲シ日本円中心主義ヲ確立スルコト
  (2) 日本円ノ圏外諸国通貨ニ対スル価値ハ本邦ノミナラズ共栄圏ヲ打ツテ一丸トスル経済ノ他ノ広域経済ニ対スル現在ノ地位及其ノ将来ノ見透ニ基キ之ヲ決定スルコト
  (3) 共栄圏内各地域通貨ノ日本円ニ対スル価値ハ此等各地域ノ資源，生産力，資本ノ蓄積，民度，物価ノ状況等ヲ勘案シ適正ニ之ヲ決定スルコト
(三) 大東亜共栄圏各地域ノ担当スベキ金融経済的ノ地位職分ヲ詳ニシ之ニ応ジ
  (1) 共栄圏内各地域ノ財政経済全般ヲ指導スルコト
  (2) 本邦ガ共栄圏各地域ノ対外決済ノ中枢タル地位ヲ活用シ本邦ノ共栄圏各地域トノ国際収支，共栄圏各地域相互間ノ国際収支及共栄圏内各地域ノ圏外諸国ヲ本邦ニ於テ把握シ此等各地域間ニ物資，資金及労力ノ適切ナル配分ノ行ハルル様指導統制スルコト
  (3) 又現地ニ於ケル適当ナル為替管理及貿易統制竝ニ物動計画，生産力拡充計画，資金計画及国際収支計画ノ樹立等計画経済ノ運営ニ必要ナル諸方策ノ実施ヲ指導スルコト

(4) 尚大東亜共栄圏ト独伊ヲ盟主トスル欧州広域経済圏トノ緊密ナル聯繋ニ付テモ深甚ナル配意ヲ為スコト

ここでの要点は第(一)条の4つの項目であって，第(二)，第(三)条は補完条項とみなすことができる。「大東亜金融圏」とは，圏内諸通貨が日本円を基礎とする「円」為替本位制を採用すること，圏内諸地域の対外決済は円資金により日本を核とする為替清算方式で行われる金融圏であることが明らかにされたわけである。

なお第(二)条でいう「日本円中心主義」の一環として，大蔵省為替局は同27日に「為替相場公定処置措置要綱」を発表し，(イ)為替相場は，これまでの米英貨を基準として裁定する方式を廃止し，各国通貨と円貨との換算率を政府が決定すること，(ロ)敵国・敵性国の相場は建てないこと，を原則として，外貨との「為替換算率」を発表した。しかしその対象は，枢軸国，中立国，「大東亜共栄圏」内の乙地域（仏印および泰）の12ヵ国に止まり，事実上，ドル・ポンド圏との決別＝世界経済からの断絶宣言にほかならなかったといえる。「日本円中心主義」の基本問題は，いまや「大東亜共栄圏」内諸地域通貨とどのような関係を取り結ぶかに懸かることになった。

3) 大東亜建設審議会と「大東亜金融財政交易基本政策」[6]

1942（昭和17）年1月，第79議会冒頭の施政方針演説において，東条英機首相は，今次開戦の目的が「大東亜共栄圏」建設の大事業にあることを表明したが，南方軍事行動も予想以上に順調に進行し，日本中がその夢の実現も間近いかの幻想を抱いたのである。

こうした情勢のなか，同年2月，総理大臣の諮問に応じて「大東亜建設ニ関スル重要事項ニ付調査審議スルコト」を目的とする「大東亜建設審議会」が設立された。首相を会長に戴き，幹事長に企画院総裁，各部会長（当初8部会，のち11部会）に各担当大臣を据えたこの大審議会は，南方占領地経営を含む大東亜共栄圏経営の基本方針について国内各勢力からの合意をとりつける役割を担って成立したのである。

同審議会の活動は 1942 年 2 月 27 日の第 1 回総会から同年 7 月 23 日の第 5 回総会までの時期（あるいは同年 11 月 12 日の第 6 回総会までの時期）を第 1 期とし，1943 年 4 月 9 日の第 7 回総会以降の時期を第 2 期とする。

　第 1 期の審議会は，8 つの諮問に応じて 8 つの部会に分かれて審議を行い，同年 2 月と 7 月にそれぞれ答申を行った。まず，総論部分を担当する第 1 部会（部会長　総理大臣・東条英機）は，諮問第 1「大東亜建設ニ関スル基礎要件」に対する答申を取りまとめて第 2 回総会に提出したが，全文 100 字に満たない短いもので（第 4 章 79 頁参照），その内容も，「基本国策要綱」以来の流れのなかに東条首相の議会演説の趣旨を繰り返した理念表明に止まり，具体的提言は第 2 部会以下の答申に委ねられた。第 8 部会までの「大東亜建設審議会」答申を一表にまとめれば，表 7-3 のとおりである。

　総会決定の日時からも推測されるように，第 5 部会から第 8 部会の諮問・答申は，実は第 4 部会「大東亜経済建設基本方策」の答申を受けて，経済各論を検討したものであった。全体 8 部会のうち 5 部会が経済問題の検討にあてられたところに，「大東亜戦争」が経済戦争であったことを反映している。

　経済政策のマスタープランである「大東亜経済建設基本方策」では，産業建設を中心とする経済建設計画の基本方針が定められた。基本方針 3 点については第 4 章第 III 節 1)に示したので省略するが，ここに，さきの「基本国策要綱」プランを修正拡大しつつ，「自主的国防経済の確立」を目標とする「大東亜経済圏」建設の 15 ヵ年長期計画が決定されたのである。

　「大東亜建設審議会」において対外交易・金融部門を担当したのは第 7 部会であり，その答申は「大東亜金融，財政及交易基本政策」にまとめられた。そこに構想された「大東亜経済圏」の金融構造＝「大東亜金融圏」とはどのようなものであったか。時代の要請に沿った金融新秩序の樹立は，「単ナル決済力資金力ヲ根底トスル国際的自由主義，資本主義的ナル旧来ノ観念ヲ打破シ」，圏内諸国の通貨が指導国の通貨を媒介として相互に一定の貨幣価値をもって連携すること，および圏内の決済が指導国中央銀行の勘定を通じた為替清算の機構によって行われることを必要とする。「いま，これを大東亜圏について具体的にいへば，その指導通貨たる日本円を中心に，圏内の諸通貨が結びつけられ

164　第 II 部　「大東亜共栄圏」論

表 7-3　「大東亜建設審議会」部会答申一覧

	部会長	答　申
第 1 部会	総理大臣・東条英機	「大東亜建設ニ関スル基礎要件」（1942 年 5 月 4 日総会決定）
第 2 部会	文部大臣・橋田邦彦	「大東亜建設ニ処スル文教政策」（1942 年 5 月 21 日総会決定）
第 3 部会	厚生大臣・小泉親彦	「大東建設ニ伴フ人口及民族政策」（1942 年 5 月 21 日総会決定）
第 4 部会	国務大臣（企画院総裁）・鈴木貞一	「大東亜経済建設基本方策」（1942 年 5 月 4 日総会決定）
第 5 部会	商工大臣・岸　信介	「大東亜産業（鉱業，工業及電力）建設基本方策」（1942 年 7 月 23 日総会決定）
第 6 部会	農林大臣・井野碩哉	「大東亜ノ農業，林業，水産業及畜産業ニ関スル方策」（1942 年 7 月 1 日総会決定）
第 7 部会	大蔵大臣・賀屋興宣	「大東亜金融，財政及交易基本政策」（1942 年 7 月 23 日総会決定）
第 8 部会	通信大臣・寺島　健	「大東亜交通基本政策」（1942 年 7 月 1 日総会決定）

註）第 9 部会以下の部会答申については，本書第 4 章第 II 節参照。

るところの円貨圏を形成する。共栄圏通貨の対円貨価値の連携関係は，圏内各地域が円為替本位制を採用することによって実現される。しかして，圏内各地域相互間の決済および圏外にたいする決済は，大東亜圏全体にわたる多角的綜合清算制によって，原則として円貨をもって東京で行ふこととし，それがため各地域の中央銀行は日本銀行と相互にクレジットを設定するといふことになる。かくして，ここに大東亜の広大なる地域を範囲とする一の独立せる国際金融圏がつくられる。これを称して大東亜金融圏といふのである」（企画院研究会［1943a］235 頁）。

　円為替本位制を基礎とし，日銀を中央決済銀行とする多角的綜合清算制度の確立。これこそは（ナチス・ドイツの「広域経済圏」論を参考にしつつ）「大東亜金融圏」構想が目指したアジアにおける新しい金融秩序の姿であった[7]。この構想の実現を目指してどのような努力が傾けられ，それは何ゆえに挫折したのであろうか。

II.「大東亜金融圏」構築の工作

1) 円系通貨圏の拡大[8]

　太平洋戦争開戦時すなわち 1941（昭和 16）年末前後における植民地・支配地・占領地通貨の構造を考えるに当たって，これを仮に，(1) 公式の日本帝国，(2) 中国大陸支配地・占領地，および (3) 南方圏，に 3 分する。(1) の日本帝国については，完全な円為替本位制度が施行されているものとして，一応ここでの分析から省く[9]。太平洋戦争開戦前における (2) および (3) 地域の通貨状況の概要をまず表 7-4 および表 7-5 に整理して示しておく。

　まず (2) すなわち中国大陸については，これをさらに満洲国・蒙疆・華北地域と華中・華南地域に 2 分して考えるのがよい。前者においては（少なくとも太平洋戦争開戦時においては）日本帝国の外延部として一定の支配力が貫徹していたと見てよいであろう。それは貨幣制度においては，円と等価で結合する「満銀券」「蒙銀券」「聯銀券」の「一円的流通圏」として成立していたことに表現される[10]。

　これに対して後者，華中・華南占領地における日本の支配力はきわめて限られたものであった。太平洋戦争開戦時における同地の日系通貨流通は，華中においては軍票および「儲備券」，華南においては軍票という形をとった[11]。そしてこれら日系通貨は，1935 年の幣制改革以来，中国民衆の経済生活に根をおろし，かつ英米の支持を得て貿易通貨としても強い流通力を持った「法幣」と，激しい「通貨戦」を戦わなければならなかったのである。太平洋戦争の勃発とともに法幣流通の主要基地である上海（租界）および香港を占領した日本は，1942 年 3 月「中支通貨暫定処理要綱」等により法幣攻撃を強め，法幣流通の禁止，（旧来の法幣リンクに代えて）儲備券の軍票リンク（したがって実質上の軍票建て）等の措置を取った。さらに 1943 年 4 月 1 日，汪兆銘南京政府の参戦を機に，軍票の新規発行を停止して「儲備券一色化政策」が取られ，儲備券と日本円の換算率は 100 元＝18 円と定められた。

　次に (3) すなわち南方諸地域についても，これを陸海軍軍政下にある「占領

表 7-4　中国における円系通貨一覧

	発行権所在	設立年月日	流通地域	発券額(1941年末・百万元)	対　価
満銀券	満洲国政府	1932年7月1日	満洲国	1,262	円と等価
蒙銀券	蒙古聯合自治政府	1937年12月1日	綏遠，山西北部，及チャハル南部	114	円と等価
聯銀券	華北政務委員会	1938年3月10日	河北，山東，山西，河南，北部，江蘇北部	964	円と等価
儲備券	南京国民政府	1941年1月6日	中支	222	100元に付日本円18円
軍　票	在占領地域日本陸軍	1937年11月以降	中南支，上海，南京，漢口，広東，汕頭	163	対円等価，対儲備券100元に付18円

出所）日本銀行調査局［1943］459頁。

地」（甲地区）と，フランス・ヴィシー政権と共同統治を行うとされた仏印および独立国として同盟関係にあるとされたタイの「協力的地域」（乙地区）に2分して考えるのがよい。

　前者「占領地」すなわち旧英領マレイ，旧蘭領東印度（ジャワ，スマトラ，ボルネオ，セレベス），ビルマ，フィリピンにおいては，占領当初，現地通貨表示の軍票（海峡ドル軍票，ギルダー軍票，ルピー軍票，ペソ軍票）を現地既存通貨と等価で通用させたが，短期に大量の軍票が投入された結果，占領地経済は軍票経済の様相を呈した。1942年3月に成立した南方開発金庫（南発）は，軍票経済から現地通貨経済への移行を円滑に進める暫定的中央銀行として機能することが期待されたが，実質的には作戦軍経費と資源開発の両面の需要に応じて軍票をつぎ込むための融資機関となった。1943年1月日本政府は（南方開発金庫法第20条の規定により）新たに南発に紙幣発行権をみとめ，軍票に代わる各現地通貨表示の「南発券」が4月から発行されることになった。南発券価値は日本円と等価と定められたが，これが名目にすぎなかったことはのちに触れる。何よりも「いままでの（各現地通貨表示の）軍票を一字一句変えずに」また「現地でその変更を公示せずに」南発券を発行したというところに，その

表 7-5　南方諸地域の通貨体制

	発券制度及発行準備規定	通貨流通高（単位・百万）		準備高（単位・百万）	
		1940年末現在	同・邦貨換算	金	外国為替
タ イ（バート）	中央銀行ナシ（設立準備中），紙幣ハ凡テ政府発行，倫敦ニ貿易決済資金ヲ常置シ法定準備ニ充当，国内準備ハ約30％程度ヲ常トス，1934年以来磅本位制採用	215	342	97	124
仏　印（ピアストル）	印度支那銀行（本支店共）発行権ヲ有シ，発行高及ビ当座預金残高ノ合計ニ対シ三分ノ一以上ノ保有準備ヲ要ス，1936年金本位離脱	248	243	227	
マ レ ー（海峡ドル）	政府（マレー通貨委員会）発行権保有（嘗テハチャータード，香上両行発行権ヲ有セシモ現在両行券殆ド回収セラレ其ノ流通額各十万弗内外ニ過ギズ）準備ハ在英短資（預ケ金竝ニ磅券証券）及ビ通貨委員会銀貨ヲ以テシ全額準備トス，金為替本位制採用	126	252	—	—
英領ボルネオ（海峡ドル）	馬来通貨ト共通	1.3	2.7	—	—
蘭　印（ギルダー）	爪哇銀行発行権ヲ保有，比例準備制ニテ発行高，預金及ビ支払手形ノ合計ニ対シ四割以上ノ金銀準備ヲ必要トシ，準備ニ内一部ハ蘭印内ニ保有，外ニ政府発行小額紙幣アリ，1936年本国ニ傚ヒ金本位制停止，今次大戦後為替管理強化	205	469	336	
ビ ル マ（ルピー）	印度準備銀行暫定的ニ発行権ヲ有ス	110	140	?	?
フィリピン（ペソ）	流通貨ノ大部分ハ財務局発行ノ兌換券ニテ銀貨及ビ米国内保有預ケ金ヲ以テ全額準備セラル，外ニ比律賓国立銀行券及ビ比律賓群島銀行券アルモ其ノ流通高問題トナラズ（前者240万ペソ，後者130万ペソ程度，殊ニ後者ハ1942年末迄ニ回収ノ予定）	164	334	1.9	220

出所）日本銀行調査局［1943］467頁。

実際の性格が現れている。

「協力的地域」である仏印およびタイについては，現地通貨の「自主性」がより強く認められたが，戦争勃発以前から進められた現地通貨と日本円の「連携」がその基礎となった。まず仏印においては，フランスの海外植民地銀行であるインドシナ銀行がピアストル紙幣を発券し，1936 年以降はフラン為替本位制を取ってきた。しかし 1940 年 9 月の日本軍北部仏印進駐以来，仏印は日本の南方侵略の拠点となり，太平洋戦争以前から貨幣的「連携」を深めていた。すなわち 1941 年 5 月 6 日，日・仏印経済協定の取り決めに応じて円ピアストル双務清算協定が結ばれ，横浜正金銀行とインドシナ銀行が相互に設置したピアストルと円の両勘定によって円ピアストルの為替清算が行われることになった。これにより北部，次いで南部にまで進駐した日本軍のピアストル軍費調達が確保されたのである（なお貿易・貿易外決済については「日本国印度支那間関税制度貿易及其決済ノ様式ニ関スル日仏協定」および「同附属銀行協定」が結ばれた）。しかしこの段階ではまだ最終決算尻の清算は金または米ドルでなされることになっていたから，東亜地域からの金および外貨の排除，円による決済機構の確立を目指す日本にとってはさらにもう一歩の努力を必要とした。いわゆる「特別円勘定」による外貨交換性の剝奪過程についてはのちに述べる。また同年 5 月 9 日には仏印ピアストルとの為替相場が（旧来のフランによる裁定から）円建てに改められて 100 ピアストル = 98 円 8 分の 1 売りとされた。

1934 年以来ポンド為替本位制を取ってきたタイ・バーツは，太平洋戦争開戦とともにロンドン，ニューヨークの発行準備を接収されてポンド為替本位の存続が不可能となり，1942 年 2 月 1 日の通貨統制法により新金本位制を採用した。新制度のもとでは，1 バーツの純金分は 0.369 グレーン，日本円とのレートは 100 バーツ = 125 円 68 銭に相当するはずであった。しかるに日本はこの為替比率の改定を強要し，4 月 20 日には円バーツ等価協定を結ばせてバーツの大幅切り下げを行わしめた。円と圏内通貨との等価交換という原則とともに，タイ物資輸入の円滑化を図ったものと思われる。以上の準備を終えた日本は直ちに円貨決済協定の強制にとりかかり，（次項で再び触れるように）5 月 2 日には「日タイ円貨決済協定」を成立させた。これによりタイ・バーツは

円貨圏への編入を終了する。

　植民地─中国─南方へと広がった円系通貨圏の拡大過程および円系通貨の膨張過程については後掲表7-6を見られたい。

　日本の植民地・支配地・占領地通貨政策を歴史的に見た場合，その意図において一貫して日本円との「同化」を目指したといってよい。しかし歴史の最終段階1940年代における現実は，その「同化」に濃淡の見られるモザイク模様を呈した。その差異を大きく分ければ，まず，円系通貨による独占的あるいは一円的流通が完成しているか，あるいは旧現地通貨の利用ないし混用のレベルにあるかが問われる。前者の第1類はいうまでもなく朝鮮・台湾における植民地円である。これらは，帝国円と完全に一体化し（ただし植民地円として一定の差別を受けながら）植民地金融支配の強力な用具として定着していた。前者の第2類は，円元パーの原則の下で「満銀券」「蒙銀券」「聯銀券」の支配する満・蒙・華北地域である。円元パーの実態には問題があるにせよ，円系元の一円支配は一応貫徹していたといえる。

　後者は一応3つに分けられる。後者の第1類は「南方占領地」であって，日本の国策機関である「南方開発金庫」が発行する，現地通貨表示であるが円と等価の「南発券」により基本通貨が担われた地域である。第2類は「南方協力地」すなわちタイおよび仏印であって，現地通貨機関による「自主的」通貨発行が認められたが，円との等価その他日本による支配干渉が時とともに進行した。第3類は華中・華南地域である。ここでは日本による「軍票」ないし「儲備券」が発行され，華北に準ずる支配が貫徹すべきであった。しかし現実は，同地が「点と線の占領地」にすぎなかったことを反映して，これらは重慶国民政府の「法幣」との間で「通貨戦」を展開した。「儲備券」の価値は最後まで円と等価リンクすることができず，日本側のさまざまな規制にもかかわらず実質的には「法幣」との競争力において決定されたといえる。

2) 双務的清算協定[12]

　以上に見た中国および南方圏への円系通貨流通の拡大と並行しつつ，対外決済における円為替利用（円貨決済制度）の拡大が押し進められた。

対外決済における円為替中心主義への移行については，1940年9月三国同盟調印以来の国際関係の緊迫化にともないその重要度を増した。日本政府は外国為替の集中・管理を最高度に強化する一方，英米の対日貿易・資産凍結に備えて円為替による決済機構の確立を図ることになる。第76議会における河田烈蔵相演説は，（円の米貨基準を堅持する方針は不変としながらも）「従来我が国の為替資金操作は英米両市場を決済の中心としてまいったのでありますが，最近は相手国との直接決済に移行しつゝあるのであります。今後におきましては更に一歩を進めて円を中心とする決済を普及せしめんとする心算でございます」と述べて（『日本金融史資料・昭和編』27巻，457頁，『昭和財政史』13巻，306頁），円為替中心主義への移行の方針を明確にした。

こうした円貨決済制度の拡大は，まず（河田演説にいう相手国との直接決済すなわち）双務的清算協定の締結として具体化した[13]。

その第一着は，横浜正金銀行とジャワ銀行の間で締結された「日・蘭印銀行間金融協定」であり，1940年12月に成立し，翌41年1月から実施された。この協定によれば，正金はジャワ銀行にギルダー貨で，ジャワ銀行は正金に円貨で当座勘定を設定し，両国間の取引はすべて本勘定を通じて決済すること，相互に必要に応じてギルダー貨資金または円資金を供給すること，それぞれの残高が一定額（200万ギルダーまたは450万円）を超過した場合には超過金の決済は米ドルで行うことなどが取り決められた。これにより日本は，蘭印からの物資輸入を実質的に円建てで行うことができることになった。なおこの時の円対ギルダー相場は，100円につき44ギルダー30セントであった。

続く1941年5月には，対蘭印協定にならった対仏印協定が結ばれた（1941年5月「日本国印度支那関税制度，貿易及其ノ決済様式ニ関スル日仏協定」および7月これに付属する「横浜正金銀行・印度支那銀行間協定」締結）。この協定により，インドシナ銀行は正金に円貨特別勘定を，正金はインドシナ銀行にピアストル貨特別勘定を開設し，米，ゴム，錫などの対日供給を中心とする両国間の輸出入の決済はこの特別勘定の振替操作により双務的に清算すること，毎月末日の勘定残高が円貨500万円相当を越える分については米ドルで支払うことなどが定められた。

これら双務協定は，太平洋戦争の勃発により当然その範囲・内容に変更を蒙ることになった。対蘭印金融協定は，対蘭印通商交渉（いわゆる第二次日蘭会商）と関連して締結されたものであるが，肝心の日蘭会商が1941年6月には不調のうちに打ち切りとなった。このため金融協定についても7月27日に蘭印側から廃棄が通告され，翌28日の資産凍結とともに，勘定の閉鎖となった。

　仏印は1940年秋の日本軍進駐以来，日本の南方進出の拠点となり，日本との協調を政治経済運営の基本路線としてきたから，基本的には開戦により対日関係に急激な変更を見なかった。ただし，さきの対仏印金融協定では，勘定尻の最終的決済はなお金または金に代わりうる外貨（現実には米ドル）でなされることが規定され，東アジアから欧米外貨を駆逐して円による統一支配を目指す日本には不満の残るものであった。日本政府はヴィシー政府と交渉を続けた結果，ようやく1943年1月に至って「日本国仏領印度支那間決済ノ様式ニ関スル交換公文」を取り交わし，いわゆる「特別円制度」による決済制度への移行を明らかにした。すなわち，(イ) 仏印と日本および円決済地域との決済は特別円によること，(ロ) 仏印は，日本が支払のため必要とするピアストルを，特別円を対価として提供すること，(ハ) 上記の支払には日本軍の駐屯費および一切の貿易外支払を含むこと，(ニ) 円・ピアストルの交換率は1943年1月1日現在の換算率によるものとし，その変更は日仏政府の合意が必要とされること，が定められた。これに基づき，同年3月，インドシナ銀行と正金の間に「特別円勘定」を開設する協定が結ばれた。これらにより両地域間の（貿易および貿易外）一切の決済は日本円＝特別円によるという協定が成立し，仏印の円貨決済圏への編入を完了した（特別円および特別円制度については後述）。

　タイもまた，太平洋戦争勃発以前から対日協調路線により独立を維持する政策をとったことで知られる。しかし日タイ両国の友好的・対等的関係は，1942年4月21日仮調印，5月2日正式調印の「日泰間特別円決済制度ニ関スル両国政府間協定覚書」により大きく変質することになった。バートに大幅な切り下げを求めて日本が強要した「円バート等価」については前項で述べた。本覚書は，円・バート等価を基礎として，日本との決済のみならず満洲，中国，南方占領地を含む「大東亜共栄圏」全域との為替決済を日本円によらしめること

を基本的に定めたものである。さらに日本は，正貨準備を補強するためにタイ政府から要請された2億円借款問題を利用して，（ポンド為替本位制と徹底的に離別した）円為替本位制の採用を強要した。6月18日に成立した2億円借款協定は，日本円をタイの法定準備金たらしめることになり，また同時に発表された「特別円決済ニ関スル日本銀行及泰国大蔵省間協定」により，タイは日銀に設定した「特別円」勘定をつうじて対外為替決済を行うメカニズムが成立した。この制度は7月4日為替集中制と同時に実施されることになり，ここにタイの円貨決済圏への編入は完了したのである（特別円および特別円制度については後述）。

　以上，双務的決済協定の締結は，英米決済市場から相手国を離脱させる基礎工作であった。やがてそれは，次に述べる特別円制度と結合して相手地域を円貨決済に引き込むところまでは成功した。しかし，その先に，「大東亜金融圏」構想が本来予定した円貨による多角的決済機構の確立への道のりは，なおはるかに遠かったといわなければならない。

3）特別円制度[14]

　いわゆる「特別円制度」は太平洋戦争期における日本（および「大東亜共栄圏」）の国際金融取引においてきわめて重要な役割を果たした特殊な制度である。ところで，「特別円」なるものは（のちに述べるように）時期的，地域的にその内容を異にするために，一義的に定義することは難しい。強いてこれを定義するとすれば，日本帝国以外との為替決済に当てられ，一定の外貨交換性を保証された（したがって当時の厳重な為替管理法のもとで外貨転換性を制約されていた普通円と区別する意味で）「特別な円」ということになろう。

　特別円の起源は，太平洋戦争以前の1940年末から41年春にかけて米英の対日資産凍結が懸念されるなかで，聯銀，満銀，蒙銀，華興銀，儲銀など，円ブロックの各地中央銀行が，その保有外貨（米ドル・英ポンド）を正金に売却し，その対価としての円貨を特別円預金その他の名称をもって正金東京支店に保有したことに遡る。これに見るように，特別円制度は，直接的には対英米経済断交を予想した外国為替の集中・管理の拡大・強化の一環として設定されたもの

であったが，同時に「大東亜金融圏」構想の一環として，アジア経済圏から米ドル・英ポンドを駆逐し，日本円をもってアジアの決済通貨とし，東京をもって決済市場とする意図を孕んだものであった。やや強い言葉でいいかえるならば，保護を名目に中国支配地・占領地の外国為替を横奪するとともに，これを機会に域内各中央銀行に対して東京に円預金勘定を設定させ，地域間取引の決済を円為替による相互振替をもって行うことを強要する手段にしようとしたのである。ただし，第三国取引および勘定尻決済に対してはなお国際通貨への自由交換性を保証する姿勢を取る必要があったから，（国内通貨としての「普通円」と区別された）「特別円」なる便法が考案されなければならなかったのである。

　この特別円制度は，太平洋戦争の勃発と占領地の南方圏への拡大により，その適用範囲および機能にも拡張と変化が見られた。まず特別円勘定契約の拡張過程を見れば，（上で述べた事情により）1941 年 3 月聯銀と正金の間で締結されたものを第 1 号とし，その後しだいに増加して，正金が 8 行（1941 年 4 月蒙銀；1941 年 5 月満銀；1941 年 6 月儲銀；1941 年 7 月華興銀。1942 年 7 月イタリア為替局；1943 年 1 月ドイツ東亜銀行；1943 年 3 月インドシナ銀行），朝銀が 1 行（1941 年 9 月ゴスバンク），日銀が 1 行（1942 年 6 月タイ国大蔵省，ただし同年 10 月以降タイ銀行），合計 10 行と契約が締結された[15]。

　このように拡張された特別円勘定は，時代と相手国によりその内容を異にしたため，定義を困難にし理解を難しくしているが，日本銀行外事局「特別円制度の現状と将来」（1943 年 3 月）がこれを「決済資金的特別円」，「補償的特別円」，「固定的特別円」の 3 つのカテゴリーに分けて説明して以来，この区分が踏襲されてきている。

　圏内における双務的ないし多角的為替決済に用いられた特別円を「決済資金的特別円」という。満銀，聯銀，インドシナ銀行，タイ銀行，ドイツ東亜銀行およびイタリア為替局の特別円（諸）勘定がこれに当たる。ただしこの同じカテゴリーのなかでも，地域により勘定により運用の仕方が多様で一律ではない（詳しくは，島崎［1989］405 頁以下）。また特別円に付与された本来の機能たる金または金交換外貨との自由交換性は，満洲，蒙疆，中国については早くに剥

奪され，タイ，仏印については形式上は存続したものの強い規制がかけられて形骸化した。

特別円は外貨交換性を持った円であることを特質として出発したが，1941年7月の米英蘭対日資産凍結と経済断交の結果，それら特別円預金の多くは外貨交換性を失い，正金銀行に積み立てられた普通円預金と変わらなくなった。それら円預金残高が，借款の担保その他の形で固定化され，為替決済などに利用されなかったものを「固定的特別円」と呼ぶ。汪政権への借款の担保とされた儲銀の場合，日本国債の購入に当てられた華興銀の場合，残高を減少して休眠化した蒙銀の場合，などがこれである。

また「補償的特別円」というのは，物価格差が大きいにもかかわらず固定為替レートを維持しようとして生じた為替差損を補償するために，「特別の」為替レートが適用された「円」であって，まず華北における（聯銀の為替集中制度を背景として）対第三国，対華中貿易に用いられ，また華中の対日輸出に用いられた。これについては，次節で詳しく述べることにする。

ここで主題とする「決済資金的」特別円制度の構想とその現実を要約するには，次の文章を掲げるのが簡潔であろう（『大蔵省百年史』（下）147頁）。「特別円制度は，（中略）圏内地域間の取引決済の手段として設けられ，地域間の取引決済はすべて円為替を通じて特別円勘定の相互振替によって行ない，その勘定の残高に対しては，積極的に金ないし国際通貨への自由交換性を保証するという構想のもとに実施されたものであった，しかし戦局の悪化とともに，特別円制度は当初の構想を実現できず，それは日本が必要な物資代金等を支払い，さらに占領地域における物資やサービスの調達をまかなうための手段にすぎなくなった。それゆえ，特別円勘定の相互振替による地域間の多角的決済も実際にはあまり行なわれず，特別円勘定は，同勘定保有国と日本との間の支払勘定として機能したにとどまった」。

4） 日銀改組と綜合清算制度構想[16]

すでに繰り返し述べてきたように，「大東亜金融圏」構想の要点は圏内全域を円系通貨圏に統一し円貨決済制を確立しようとするところにあったが，その

完成のためには（ナチス・ドイツにならった）為替清算方式による多角綜合的な決済制度の確立，したがって各地域決済機構の整備とそれを結ぶ中央決済機構の構築が不可欠とされた。これは，具体的には，共栄圏各地域における中央銀行網の整備とそれを統轄する大東亜中央銀行としての日本銀行の改組という形をとることになった。

まず，後者に関わる日銀改組については，大東亜建設審議会第7部会答申「大東亜金融，財政及交易基本政策」に先立つ1942年2月24日に公布された新「日本銀行法」（昭和17年法律第67号）として実現した[17]。同法における関係条項は次のとおりである。

 第23条 日本銀行ハ必要アリト認ムルトキハ外国為替ノ売買ヲ為スコトヲ得
 第24条 日本銀行ハ国際金融取引条必要アリト認ムルトキハ主務大臣ノ認可ヲ受ケ外国金融機関ニ対シ出資ヲ為シ若ハ資金ヲ融通シ又ハ外国金融機関ト為替決済ニ関スル取引ヲ為スコトヲ得

これらは表面的には，1937年1月輸入為替許可制実施以来の，為替統制の主体として日銀が為替取引に直接関与することを認可するものであったが，さらに積極的には，日銀を「大東亜共栄圏」の中央銀行，中央決済機構に改組する構想を内包するものであった。同法を審議した第79議会「日本銀行法案外二件委員会」における政府説明がこの点を明らかにしている（『昭和財政史』第13巻，440頁以下）。

(イ) 大東亜共栄圏においては，東京をその圏内の国際決済市場とし，その決済通貨としては将来円でするようにもっていきたい。
(ロ) 日銀は，この目的のため東亜共栄圏内の各地中央銀行または為替銀行と為替清算協定を結び，日銀内に清算勘定を設置する方針である。また同時に，日銀は将来共栄圏だけでなく，他の諸国，たとえばドイツの中央銀行と国際為替決済の機能をいとなむことも想定できる。
(ハ) 大東亜共栄圏内のたとえば満銀，北支聯銀，蒙銀，中支の儲備銀行はもちろん，南方諸地域においても，中央銀行制度が確立準備された暁には，日銀はこれら諸中央銀行との密接な連繋を保ち，大東亜における諸中央銀行の中枢的地

位に立つこととする。

　日銀は，第23条により正金銀行ほか外為銀行の「親銀行」として外国為替統制の中央機関に自らを位置づけるとともに，第24条により外国（外地）中央銀行に対する出資・融資および為替決済取引関係の締結をつうじて，対外連携を強める工作に乗りだすことになった。

　次に，共栄圏各地における地域中央銀行の設立・整備の過程を考察しよう。まず，満洲国における満銀，蒙疆地区における蒙銀，北支の聯銀，中支の儲備銀行についてはすでに関説した。これらはその実効力に濃淡はあれ，各地域における中央銀行として機能していた。とくに満銀は，日銀法の改正にあわせて1942年10月には同銀行法の改正を行うなど，日本に追随した制度改正を試みた。

　また仏印においてはインドシナ銀行が中央銀行としての役割を果たしたが，タイでは大蔵省の管理下にあった中央銀行業務を引き継ぐ独立機関の創設が図られ，1942年12月にタイ銀行が設立された。

　問題は，南方占領地における中央銀行創設問題であった。1942年3月に設立された南方開発金庫（南発）は，当初は南方占領地の長期開発資金を供給する開発金融機関として構想された。しかし資源開発が予期したようには進まなかったことで当初の性格を大きく変えることになった。すなわち，軍票による貨幣供給システムを是正し「南方占領地域ニ於ケル経済開発並ニ現地軍費支払等ノ為メノ所要資金ノ円滑ナル供給ヲ図ル為メ」，1943年4月に発券業務が付与され，ビルマ，マレイ，蘭印，フィリピンにおいて各現地通貨表示のいわゆる「南発券」が発行され，基本通貨の地位を占めることになった。これに対して，南方総軍では南方軍政下の各地ごとに中央銀行を創設する構想を準備し，1942年夏には中央に建議していたが，時期尚早と決定され，独立を予定されているビルマとフィリピンを除く地域を一括して当面南発をそれら地域の中央銀行とすることが決定されたという（島崎［1989］294頁）。なおビルマについては1943年8月1日に「独立」を果たし，「ビルマ国立銀行条例」により1944年1月にビルマ国立銀行が創設された。またフィリピンは1943年10月

14日共和国独立宣言を行い，1944年2月にフィリピン中央銀行を設立した。

以上によって企図された，日本円を共通決済通貨とし，日銀を中央決済銀行とする大東亜綜合清算制度という構想の現実はどうであったか。正金銀行その他すでに海外において実績を持つ日本側諸銀行の既得権を日銀に集中し，これまで機能してきた各地間双務協定を日銀中心に改定させる力を，一片の日銀法改正では持ちえなかった。戦争遂行のためには，前例と既得権で日々の運営を円滑に動かすことが大幅な制度改正より優先されて当然であった。日銀法改正以降むしろ正金を当事者とする特別円協定の締結が増加し，結局のところこの綜合清算制度の構想は「特別円制度」の下に「正金銀行を中央決済銀行として発展せしめられ」た（『台湾銀行史』652頁）という。しかしその特別円制度もまた決済制度として完結しなかった事情については，改めて次節で論ずる。

III.「大東亜金融圏」機構の崩壊

1)「大東亜金融圏」の決済構造[18]

上の2節において，日本円を共通決済通貨とし，日本銀行を中央決済銀行とする大東亜綜合清算制度の構想の成立と，その実現のための基礎工作過程を見てきた。その壮大な構想にもかかわらず，「大東亜共栄圏」の地域間決済の実際は，外貨との交換性を装った「特別円」を決済通貨とし，正金銀行を主とする日本側為替銀行と相手中央銀行（機関）との相互協定により振替決済を行ういわゆる「特別円制度」を主流として運営されたのである。しかし現実の事態を複雑にしたのは，特別円制度のほかにも各種の決済方式が併用されたことであり，かつまた特別円制度そのものが相手国によってその態様を異にして統一性を欠いたことである。要するに，戦争経済の必要に迫られて各地域の持つ特殊性を払拭することができず，便法に便法を積み重ねた結果であったということができる。

図7-1は，この時期，日本を中心とする関係各地域間の決済方式を要約的に図示したものである。対ドイツ，イタリアを別にすれば，特別円制度が決済方

178　第Ⅱ部 「大東亜共栄圏」論

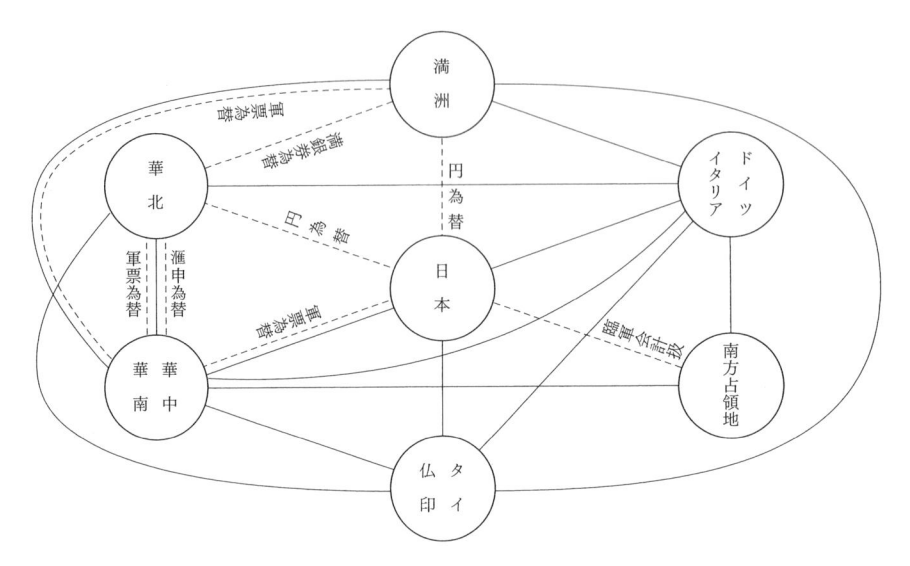

図7-1　日本と諸地域との為替取引方式

出所）大蔵省昭和財政史編集室［1963］454頁，第1図。
註）実線は特別円取引，破線はその他の取引。

式として積極的に利用されたのは主に中国およびタイ，仏印のケースであった（しかしそれらの場合も，特別円の外貨交換性が形骸化して，この制度が結局は「単なる戦争遂行のための強権的な対外支払制度あるいは現地通貨の一方的な調達手段になってしまった」ことについては，さきに触れた）。

　日本と満洲，華北との間の決済は普通円為替で行われ，日本と南方占領地（タイ，仏印を除く）との間は日本の臨時軍事費特別会計と現地の軍政会計との間で普通円または南発券による決済が行われた。満洲と華北との満銀券為替は，満中銀と聯銀が満洲国幣あるいは聯銀券の受払いにより直接決済を行う一種の二国間支払協定方式が採られた。また華中・華南で軍票が流通した時期における同地と日本，満洲，華北との決済では，直接軍票の受払いまたは軍票為替と現地通貨との受払いによって決済を完了させる軍票為替が用いられたことがあり，その後華北との決済では（満洲―華北間の二国間支払協定方式に似た）滙申為替（聯銀券と儲備券との直接受払いによる決済方式）が用いられた。

2)「円」等価リンク政策とその矛盾

　さて，植民地および占領地に対する円系通貨の導入とそれによる大量の戦費支出の注入は各地に戦時インフレーションを引き起こした。いまここでは戦時インフレーション一般を論じない。問題はインフレの地域間格差にあった。より厳密にいえば，（日本円と満洲国幣とのいわゆる「円元パー」以来）日本が固執した円系諸通貨と円との等価リンク政策と円系各地におけるインフレ格差の衝突が露呈した矛盾にあった。

　まず，インフレ格差の実態を表7-6について観察しておこう。その発現のルートとメカニズムはさまざまであったが，インフレ格差とその拡大の原因が通貨供給と物資供給のアンバランスにあったことは明らかであろう[19]。太平洋戦争開戦時から終戦時にかけて，各地の通貨発行額は幾何級数的に増大し，物価指数もまた同じ軌跡をたどった。そしてより注目すべきは，その上昇率が，日本内地を最低として，台湾，朝鮮，満洲，華北，華中，南方占領地と圏内外辺部に向かって波状的に大きくなっていることである。それは，既述のように開戦時—終戦時の比較で，東京の1.5倍に対し，シンガポールの350倍，ラングーンの1,850倍という異常さであった。

　このように「大東亜金融圏」内における地域間の物価格差が年を追って拡大するとすれば，それを調整する機能は一般には為替相場の変動に求められなければならない。もし為替相場が無理に固定化されているとすれば，物資・資金の流通・決済が撹乱されることは明白であった。なぜなら，物価の相対的に安価な内周部の物資をより高価な外延部に輸出し，外延部で得た通貨を等価で内周部の通貨と交換できれば，あるいは単純に，安い外延部通貨を高い内周部通貨と交換するだけで法外な交換利潤が約束されたからである。

　台湾・朝鮮に展開した純粋の植民地円を別にすれば，大陸・南方における円系通貨群と日本円との等価リンク制は，1935年8月（それまで銀為替本位を採ってきた）満洲国幣を管理通貨化して日本金円とリンクするに当たって，いわゆる「円元パー」が採用されたことに遡る。しかしこの決定は，それまで日本円100円に対して110〜90元のあたりで浮動していた元が100元に近づいた機会をとらえて通貨管理を強めた結果であり，とくに何らかの理論的根拠に

表 7-6 大東亜共栄圏諸地域におけ

A 通貨発行高

年 月	日本銀行券 (百万円)	台湾銀行券 (百万円)	朝鮮銀行券 (百万円)	満洲国幣 (百万元)	中国聯合準備 銀行券 (百万元)	中央儲備銀行券 (百万元)
1941.12	5,979	253	742	1,262	964	237
1942.12	7,149	289	909	1,670	1,581	3,477
1943.12	10,266	416	1,467	3,011	3,762	19,150
1944.12	17,746	796	3,136	5,877	15,841	139,699
1945. 8	42,300	2,285	7,987	8,800	132,603	2,679,231

B 物価指数

年 月	東 京	台 北	京 城	新 京	北 京	上 海
1941.12	100	100	100	100	100	100
1942.12	102	103	106	113	157	206
1943.12	111	115	118	123	267	700
1944.12	126	…	132	…	890	5,700
1945. 8	154	…	…	…	…	…

出所) 日本銀行調査局特別調査室 [1948] 3ノ第26表, 3ノ第27表. 原資料の日本銀行統計局『戦時中金融統計』
註1) 中央儲備銀行券は公定レート100元＝18円, その他はすべて円と等価.
　2) ＊は1945年3月, ＃は1943年3月.

基づくものではなかったといわれる。

　「円元パー」の原則は，蒙疆・華北に継承されていくが，ここでは日本円との等価結合による交易・投資の促進が謳われ，やがて南方圏諸通貨との間にも円との等価リンクが強要される。南方地域における等価リンクにはあるいは政治・経済的理由があったということができるかもしれない。タイ・バートとビルマ・ルピーを除けば，この等価リンクにより相手国通貨価値を旧来の半分以下に切り下げる，あるいは日本円を旧来の2倍以上に切り上げることになった。「そのように円を実勢以上に割高に維持することは，指導国通貨としての円に対する心理的な優越感を満足させただけではなくて，日本の交易条件を改善させることにもなったのであり，それはナチスがヨーロッパの被占領地域に強制した為替相場政策と同じように，重要物資の収奪を目的とする戦時為替政策の常套手段にほかならなかった」（島崎 [1989] 371頁）。

　出発点における論理は一応それとして，戦時インフレが上述のように展開した後においてなお，日本が円と円系通貨との等価リンクに固執したのはなぜか。実は，太平洋戦争開戦前夜において華北の円元パー政策の見直しが提起さ

る通貨発行高と物価指数

フィリピン南発券（百万ペソ）	マレイ南発券（百万ドル）	ボルネオ南発券（百万ドル）	ジャワ南発券（百万ドル）	スマトラ南発券（百万ギルダー）	ビルマ南発券（百万ルピー）
106	144	5	57	26	137
497	411	14	134	235	664
4,948	1,402	36	666	798	2,774
*5,400	5,570	70	1,443	1,349	5,656

マニラ	シンガポール	クチン	バタビア	メダン	ラングーン
100	100	100	100	100	100
200	352	114	134	308	#705
1,196	1,201	153	227	707	1,718
14,285	10,766	827	1,279	1,698	8,707
…	35,000	4,000	3,197	3,300	185,648

要覧」（『日本金融史資料・昭和編』第30巻所収）により補正。

れ，その後も大蔵省を中心に幾度か見直し論が浮上した事実がある。それにもかかわらず結局は，「民心把握の見地から比価の堅持を必要とする」という軍部の面子論に押し切られて，抜本的対策を取るに至らなかったのである。

3）価格差調整の諸方策

　地域によって物価格差が明らかであるにもかかわらず貨幣交換率の等価（儲備券の場合は比率一定）に固執するとすれば，実質的には地域によって貨幣価値に乖離を生じて「圏内物資の円滑な交流」を阻害する。こうした障害は，一般物資の交易面に止まらず軍費の調達面においても現れ，何らかの価格差調整策が不可避であった。交易面における価格差調整の方式には，重点を物価面において個々の商品価格に直接調整を行うか，あるいは通貨面において間接に調整を行うか，そのいずれかが選択された[20]。前者の例が，日本と華北，華北と満洲，日本と南方占領地の間で行われたいわゆる「調整料制度」であり，後者のそれが，前節で言及したいわゆる「補償的特別円制度」である。

a) 調整料制度[21]　　円と現地通貨とのパー原則を維持するための弥縫策として調整料制度が考案されたのは，早くも 1940（昭和 15）年 9 月，日本の対関・満・支貿易に関する留保金制度においてであった。

　いわゆる「円ブロック」の形成は，日本からこれら「円ブロック」地域すなわち関東州，満洲，中国への輸出の増大にともなって国際収支上の問題を引き起こした。これら「円ブロック」への輸出はもはや「外貨」を獲得せず，日本の対第三国貿易赤字を拡大する作用を持ったからである。ここに，1939 年には「輸出調整令」による数量調整を導入して対「円ブロック」輸出の抑制を図ったが，その後の物価格差の拡大はさらに輸出増大・輸入減少に拍車をかけ，1940 年に入って価格調整を目的とした「価格調整要綱」が発表された。これによれば，日本から円ブロックに輸出する場合，内地と現地の価格差を調整料として徴収して貿易組合において留保し，一方それら地域から日本への輸入にともなう差損をこの留保金で補償するというシステムであった。この制度は主に日本と華北間の貿易に用いられたが，この制度の原理は，商品別に調整料率を定めて対華北輸出による利潤の一部を取り上げ，これを対華北輸入に基づく損失に補填し，輸出入間の調整を図ろうとするところにあった。

b) 補償的特別円制度[22]　　価格差調整の方策として特別円制度は，まず華北において聯銀の為替集中制を背景にその対第三国貿易，対華中・華南貿易に用いられ，また華中の対日貿易にも利用された。

　華北における聯銀の為替集中は 1939（昭和 14）年 3 月にはじまるが，いわゆる「抱合取引」（個人バーター制）を為替集中に結びつけ，円元パーの建て前による聯銀券の対外価値を表面的には維持しながら，下落した実質価値により貿易を行うためのカラクリであった。すなわち，対第三国，対華中・華南向けに輸出が行われた場合，聯銀は業者に輸出為替を公定レート（対米 23 ドル 6/7）で為替銀行に売らせる。為銀はこれを正金経由で聯銀に売却する一方，業者に対しては輸出為替額の 9 割に相当する外貨輸入権（いわゆる「イエロー・ペイパー」）を交付する。この場合公定レートによれば業者にとって輸出は差損，輸入は差益を生む。そこで輸出入を「抱合せ」れば（すなわち輸出業者だけに輸入

権を与えれば）輸出差損は輸入差益（外貨輸入の実現かイエロー・ペイパーの時価での売却による）によって個人的に補填され，聯銀は1割控除により外貨資金を蓄積できるという仕組みである。この輸出入リンクの採算レートが「リンク・レート」と呼ばれ，聯銀券の実質的対外価値を示すものであった。

1940年7月の英米による日本資産凍結により米ドルによる決済と為替集中が不能になり，代わって「特別円」が用いられるに至ったことはさきに触れた。ここに新たに「特別円制度」が誕生したわけであるが，聯銀の為替集中制は特別円為替集中制に代わり，イエロー・ペイパーにおける米ドル表示が特別円表示に代わっただけで，貿易統制の方式としては何ら変化がなかった。

太平洋戦争勃発と儲備券による法幣追放運動により華中・華南の貨幣金融状況に変化が起こり，華北との特別円取引も旧来の方式を踏襲できなくなった。まず華中では，1942年3月儲備券と法幣の等価リンクを廃止して日本軍票建てとし，6月，儲備券100元を軍票18円に固定化した。また華北でもこれに対応して法幣建ての滙申を禁止し，儲備券100元に対して聯銀券30円（元）を公定相場と定めた。本来，日本円・軍票・聯銀券を等価とすれば，儲備券100元＝聯銀券18円が公定レートのはずであるが，華北と華中の物価格差を考慮したものである。その結果，これら2つの相場から裁定された聯銀券と特別円のリンク・レートは聯銀券100円＝特別円60円とされた。

なお華北と華中の特別円決済制度は1944年3月限りで廃止され，4月からは儲備券為替一本建てになった。

次に，華中の対日特別円制度について。華北の対日貿易における価格差調整には調整料制度が用いられたことはすでに述べた。しかしインフレ進行の激しい華中については，とかく固定化傾向を免れがたい調整料制度に代えて，1941年9月頃から対日特別円制度が導入されたのである。

当時の儲備券の公定レート（儲備券100円につき銀行売り15円，買い18円）では華中からの対日輸入は不可能であり，また華中の対日貿易は概して日本からの輸出片貿易で華北との間のような「抱合取引」を組むことも難しかった。そこで綿花，植物性油脂，大豆など日本での需要の多い華中産物の輸入について，為替損失勘定の下で特別の円レートによる取引が行われたのである。この

特別レートは上海駐在の財務官が儲備券100元につきほぼ3円から18円の間で商品ごとに決定した（いわゆる「財務官レート」）。またこの特別為替換算率による決済から生じる為替差損は，為替損失補償金（予算外国庫負担）によって補償された。

なおこの華中の対日特別円制度は，1943年4月，儲備券100元が日本円18円と直接リンクされることになり，以後華中の対日決済が儲備券と日本円との直接決済となったため廃止された。

円為替本位制度の外延的な拡大は，軍事費の現地調達や物資の対日供給を容易にする一方，植民地・支配地・占領地におけるインフレを不可避的に進行させた。その結果としての円系通貨間の価値乖離を調整すべき為替相場が主に政治的理由によって固定化されたために，その調整にはきわめて人為的な操作が加えられなければならなかった。しかしこうした人為的システムの積み重ねは，地域間の関係を分断し，多角的・綜合的な物資流通と決済機構を破壊した。戦局の悪化はまた圏内各地からの一方的な資源の収奪を優先させ，貿易および金融の概念そのものを破壊した。1943年6月「交易営団」の設立はこの最後の転機をなすと考えるが，その詳細は第5章で述べた。

むすび

「大東亜金融圏」設立の構想は，円系通貨の流通を東（東北・東南）アジア全域に拡大し，ドルやポンドの支配から脱却した円貨による独立決済圏をそこに確立しようとするものであった。こうした「円ブロック」が確立するとして，そこでの問題の第1は，アジア円貨圏とその他世界との決済をどのような手段とメカニズムで行うか。問題の第2は，圏内決済通貨としての円の信認を保障するものは何か。前者については幸いにして（あるいは不幸にして）太平洋戦争への突入により欧米との交易関係を自ら断ち切り，当面は問題を先送りにすることができた。

それでは，金からもドル・ポンドからも乖離した「指導的通貨」円の信認は

何によって保障されるか。結論からいえば，占領各地をドル・ポンド圏から切り離す代わりに旧来 ABCD 列強が保障してきた物財循環を肩代わりする指導国・日本の物資需給能力，ということになろう。しかし戦争遂行という至上命令の下，日本は各地物資の一方的収奪を続ける。一方的輸入国，一方的債務国としての日本「円」の信認は，結局のところ，精神的道義論とそれを支える暴力装置により保障されるほかはなかったといえる。この実態の一端については第8章で触れる。

[註]
  ＊）本章の初出は山本［1997］である。本章はもと京都大学人文科学研究所における共同研究「「大東亜共栄圏」の経済構造」（1993年4月〜97年3月，班長・山本有造）の成果報告論文集として『人文学報』に特集号を組み，そこに掲載した論文の1本である。班員として参加された副島昭一，近藤正巳，木村光彦，松本俊郎，平井廣一，松田利彦，やまだあつし，盛田良治，水野直樹，籠谷直人，安冨歩の諸氏，ならびにゲストスピーカーとして参加していただいた各氏に感謝する。なおこの研究会の副産物として，山本有造・盛田良治（編）『〈近代日本の南方関与〉に関する戦後日本刊行文献目録（稿）』（1999年3月，京都大学人文科学研究所山本研究室）を作成した。
 1）島崎［1989］，小林［1975］第4編，柴田［1995b］，等。
 2）以下，本項については，古川［1992］，島崎［1989］を参考とした。「基本国策要綱」およびこれに基づく一連の要綱類については，石川準吉『国家総動員史』資料編第4所収「大東亜戦争開戦前後の重要諸施策関係資料」に復刻があり，また「基本国策要綱」およびこれに基づく一連の要綱類についての解説書としては，企画院研究会［1941］がある。
 3）「基本国策要綱」構想の具体化過程は，政治面と経済面においてその様相を異にした。「政治新体制」の一環としての「職域奉公の新国民組織の確立」は，大政翼賛運動となって展開し，1940年10月12日にはその中核体として大政翼賛会が結成された。一方「経済新体制」の構想は，企画院審議室においてそのマスタープランの作成が進められた。その最初の原案は9月に出来上がったが，企画院の目指す経済新体制の強度の「革新性」について経済界の心理に恐慌をもたらし，経済界・議会出身閣僚の強い修正意見をいれて，最終的には12月7日閣議決定の「経済新体制要綱」となった。したがって「経済新体制」のマスタープランとしての同要綱は，企画院を中心とする「革新派」にとっても，財界を中心とする「現状維持派」にとっても不満の残る結果になった。
 4）以下，本項については，島崎［1989］342-343頁。「我国対外金融政策ノ根本方針ニ

関スル件」については,『続・現代史資料 11』占領地通貨工作, 604-606 頁。「為替相場公定措置要綱」については,『昭和財政史』第 13 巻, 432 頁以下。

5) 後述「為替相場公定措置要綱」発表に当たっての賀屋蔵相談話の一節。高石 [1974] 304 頁。
6) 以下「大東亜建設審議会」については, 山本 [1994](本書第 4 章所収)を見よ。審議会答申の解説書として, 企画院研究会 [1943a] がある。また答申の一部「大東亜金融財政交易基本方策」についての解説論文として, 愛知 [1942] がある。
7)「大東亜金融圏」構想とナチス・ドイツの「広域経済圏」・「広域金融圏」構想との連関については別に研究を必要とする。とりあえずは, 島崎 [1980], 大矢 [1994], 等。
8) 個別地域の貨幣史については膨大な先行業績があって引用にたえない。以下の記述は主に, 島崎 [1989] 各章, 日本銀行調査局 [1943] 第 8, 9 節, による。なお英仏の対アジア植民地金融制度については波形 [1985] 第 1 章第 1 節註 3 に挙げられた文献リスト, 中国近代幣制については岩武 [1990](下)付録所載の資料一覧, 南方諸地域の植民地幣制については羽鳥 [1986] 第 1 章第 1 節註 2 に挙げられた文献リストが有用である。また日本の支配地・占領地貨幣金融史については柴田 [1999] 参考文献目録, 日本軍票史については小林 [1987] を見よ。
9) 山本 [1992] 第 2 章, 参照。
10) 満洲国通貨は公式には「満洲国幣」であるが, ここでは「満銀券」という通称に従う。なおまた, 華北における「聯銀券」の一円流通力が満洲における「満銀券」と同等なほど強かったか否かについてはやや問題が残るが, ここではひとまずそのように理解しておく。
11) なお「儲備券」に先立ち, 中支に流通する円系通貨として「華興券」が発行された。「華興券」の発行については, 島崎 [1989] 第 5 章第 2 節, および 214 頁に挙げられた諸文献を見よ。
12) 以下本項については, 主に,『昭和財政史』第 13 巻「国際金融・貿易」後編第 1 章第 1 節 8「円貨決済制の拡大」。
13) 下記の蘭印および仏印との協定のほか, アルゼンチン, チリ等南米諸国とは同様な支払協定が成立したが, イギリス, スウェーデン, ソヴィエトとの交渉はすべて失敗に終わった。島崎 [1989] 355 頁および 402 頁。
14) 以下本項については, 主に,『昭和財政史』第 13 巻「国際金融・貿易」後編第 2 章第 1 節 3「特別円制度と交易決済の諸方式」。
15) その他, 香港と海南島も, それぞれ正金香港支店, 台銀海口支店名義で正金東京支店に特別円勘定を開設した。島崎 [1989] 403 頁。
16) 以下本項については, 主に,『昭和財政史』第 13 巻「国際金融・貿易」後編第 2 章第 1 節 2「日本銀行の改組と「大東亜金融圏」構想」。
17) 日銀改組に先立ち, 日銀とは別に「東亜決済銀行」を設立し, あるいは正金を「大東

亜銀行」に改組し，これらを大東亜金融圏の中央銀行に仕立て上げようとする計画もあったが，大蔵省・日銀の反対にあって挫折した。島崎［1989］410 頁以下。発券制度としての管理通貨制度への移行を含む「日本銀行法」の全体的内容とその意義については，『昭和財政史』第 11 巻「金融（下）」，『日本銀行百年史』第 4 巻を見よ。なおこの日銀改組については，1939 年 6 月，ナチス・ドイツにより制定された，ドイツ・ライヒスバンクに関する法律が参考にされたという（『日本銀行百年史』第 4 巻，478 頁）。

18) 以下本項については，『昭和財政史』第 13 巻「国際金融・貿易」，後編第 2 章第 1 節 3「特別円制度と交易決済の諸方式」とくに 447 頁以下，島崎［1989］第 7 章第 3 節とくに 409 頁以下。
19) 日本銀行調査局特別調査室［1948］283-284 頁，384-385 頁。
20) 軍費調達面における価格差調整についてはここでは触れない。これについては，とりあえずは，島崎［1989］380 頁以下，参照。
21)『商工政策史』第 6 巻「貿易・下」，『昭和財政史』第 13 巻，472-473 頁，島崎［1989］375-376 頁。
22) 日本銀行調査局特別調査室［1948］269-272 頁，『昭和財政史』第 13 巻，461-475 頁，島崎［1989］376-377 頁および 404-405 頁。

第III部
「南方共栄圏」論

第 8 章　「南方圏」交易論*
——市場から資源へ　貿易から交易へ——

はじめに
——外南洋・南方・東南アジア——

　「大東亜共栄圏」に「北方圏」とならんでその主要な一翼を占めた「南方圏」とは一体どのような範囲，どのような概念として理解すればよいのであろうか。

　第二次世界大戦敗戦の直後に大蔵省管理局のもとで編纂された『日本人の海外活動に関する歴史的調査』（通巻第30冊）「南方編」第1分冊は[1]，その冒頭においてこれをまず地勢的に整理し，常識的には「広義の南洋と類縁的に見做すこと」が妥当であり，次のような部分が包含されているとしている。

(a)　印度支那半島（ビルマ，暹羅，マライ，印度支那の4地域）。
(b)　Malay Islands と呼ばれる東印度諸島より比律賓群島にかけての東南アジア諸島の一帯。
(c)　New Guinea を含む赤道を中心とする南太平洋に散在する無数の島嶼群（ただし旧日本委任統治諸島を除く）。

　また同時に，第二次世界大戦以前の政治的宗属関係から整理したそれらの版図を，表8-1のように示している。

　いわゆる「南方」という概念がわが国の内政・外交の表舞台に登場するのは，1936年8月7日広田弘毅内閣時の五相会議における「国策ノ基準」においてであったといわれる。ここでは，「東亜大陸ニ於ケル帝国ノ地歩ヲ確保ス

表 8-1 「南方圏」各地の面積と人口

地域	面積 (千平方粁)	人口 (千人)	主権関係	備考
暹羅（タイ）	518	14,976	独立国	
比島	296	16,000	米領	第二次大戦後独立
蘭印	1,904	60,727	蘭領	第二次大戦後独立し和蘭聯邦国となる
仏印	740	23,030	仏領	第二次大戦後独立し仏蘭西聯邦国となる
ビルマ	605	16,824	英領	第二次大戦後独立し英聯邦国となる
マライ	138	5,504	英領	
北ボルネオ	212	791	英保護領	
ニューギニア	415	890	濠領	国際連合信託統治地域
チモール	19	464	葡領	
其他太平洋諸島				

出所）大蔵省管理局［1950b］南方編第 1 分冊，第 1 表．
註 1 ）調査年度は 1931〜41 年にわたる利用可能数値．
　2 ）「北ボルネオ」は，サラワク，ブルネイを含む．「チモール」は蘭領東チモールのみ．

ルト共ニ南方海洋ニ進出発展スル」として，「東亜大陸」と「南方海洋」とが併置されている．また「南方海洋」については「南方海洋殊ニ外南洋方面」として，「内南洋」すなわち国際連盟の委任統治地として日本に統治が委任された旧ドイツ領の「南洋群島」とは区別された，いわゆる「外南洋」地域と特記していることが注目される（眞保［1979］279 頁）[2]．

　こうした「東亜」と「南方」の併置に代わって，「大東亜共栄圏」の一環としての「南方圏」が構想されるについては 1939 年 9 月欧州大戦の勃発が大きな契機となった．1939 年 12 月 28 日，阿部信行内閣の野村吉三郎外相，畑俊文陸相，吉田善吾海相の共同署名により決定した「対外施策方針要綱」では，「欧州戦争ニ対シテハ……差当リハ不介入ノ方針」をとるが，「帝国ノ中立的立場」を有効に利用して「支那事変処理ノ促進」と「南方ヲ含ム東亜新秩序ノ建設」に有利な形勢を醸成するという方針が示された（安達［2002］121 頁）[3]．

　しかし「南方を含む大東亜共栄圏」建設が国策として表面に出てくるのは，1940 年 7 月第二次近衛文麿内閣の成立以後のことであった．1940 年 7 月 26 日閣議決定の「基本国策要綱」および 7 月 27 日大本営政府連絡会議決定の「世界情勢ノ推移ニ伴フ時局処理要綱」がこの大きな転換点であったとされる．とくに後者においては「好機ヲ捕捉シ南方問題ヲ解決ス」と明記された．また，

表 8-2 「東南アジア」諸国の面積と人口（2002 年現在）

国　名	面　積 （千平方粁）	人　口 （百万人）	備　考
フィリピン共和国	300	80.0	
インドネシア共和国	1,905	219.9	
マレーシア	330	24.4	
シンガポール共和国	1	4.3	
ブルネイ・ダルサラーム国	6	0.4	
東チモール民主共和国	15	0.8	2002 年 5 月独立
ベトナム社会主義共和国	332	81.4	
カンボジア王国	181	14.1	
ラオス人民民主共和国	237	5.7	
タイ王国	513	62.8	
ミャンマー連邦（ビルマ）	677	49.5	

出所）『世界の国一覧表（2004 年版）』世界の動き社，『世界各国便覧』山川出版社
　　　により作成。
　註）本表にパプアニューギニアは含まない。

「大東亜共栄圏」という言葉が公の場で発言されたのは，8 月 1 日，松岡洋右外相が外務省担当記者団との会見席上において「大東亜共栄圏の確立を図る」ことを当面の外交方針として表明し，あわせて「大東亜共栄圏」には「蘭印，仏印等の南方諸地域を包含する」ことを言明した時であった。この松岡談話の後，「大東亜」というレトリックは「北方圏」と「南方圏」を包含する概念として巷間に定着したという（矢野［1975］156 頁）[4]。

こうした「南方」概念を現代史に引き直せば，それは今日「東南アジア」と呼ばれる地域にほぼ重なる[5]。現代の「東南アジア」は，「島嶼部」のフィリピン，インドネシア，マレーシア，シンガポール，ブルネイ・ダルサラーム，（2002 年に独立した）東チモールと，「大陸部」のベトナム，カンボジア，ラオス，タイ，ビルマ（ミャンマー），の 11 ヵ国からなる。いま表 8-1 との対比で，これら 11 ヵ国の版図の概略を示せば，表 8-2 のごとくである。

本章は，1940 年代において「大東亜共栄圏」の一翼として成立したいわゆる「南方圏」という概念，その形成と展開を日本との間の「物流」という側面から考察しようとする。

表 8-3(1)　戦前期日本

	アジア		朝鮮・台湾		関東州		満洲国	
		(％)		(％)		(％)		(％)
1910（明治43）	223.2	(45.1)	54.4	(11.0)	19.1	(3.9)	—	(—)
1915（大正 4）	423.6	(53.6)	82.1	(10.4)	22.2	(2.8)	—	(—)
1920（大正 9）	1,253.5	(56.9)	255.1	(11.6)	113.7	(5.2)	—	(—)
1925（大正14）	1,365.1	(51.1)	364.5	(13.7)	101.6	(3.8)	—	(—)
1930（昭和 5）	1,105.3	(59.2)	401.3	(21.5)	86.8	(4.6)	—	(—)
1935（昭和10）	2,081.3	(63.5)	776.9	(23.7)	300.3	(9.2)	126.0	(3.8)
1940（昭和15）	4,255.9	(78.6)	1,762.0	(32.5)	604.3	(11.2)	581.6	(10.7)

	北　米		中南米		ヨーロッパ		アフリカ	
		(％)		(％)		(％)		(％)
1910（明治43）	148.0	(29.9)	0.6	(0.1)	108.6	(22.0)	0.8	(0.2)
1915（大正 4）	211.6	(26.8)	1.5	(0.2)	126.1	(16.0)	2.2	(0.3)
1920（大正 9）	593.1	(26.9)	39.1	(1.8)	195.6	(8.9)	39.6	(1.8)
1925（大正14）	1,032.7	(38.7)	17.7	(0.7)	152.6	(5.7)	43.0	(1.6)
1930（昭和 5）	524.4	(28.1)	20.7	(1.1)	125.4	(6.7)	57.0	(3.1)
1935（昭和10）	543.5	(16.6)	109.4	(3.3)	262.7	(8.0)	183.5	(5.6)
1940（昭和15）	591.2	(10.9)	164.4	(3.0)	184.4	(3.4)	128.9	(2.4)

出所）山澤・山本［1979］第13表。
註1）四捨五入のため合計が合わないことがある。
　2）「その他アジア」は主に英領インドおよびビルマ。

I.「南方圏」交易前史
—— 1920年代・30年代 ——

1）地域別・国別概観

　第一次世界大戦勃発による西欧列強の退潮をチャンスとして，日本は「アジア」諸地域に対する経済進出を深めることになった。モノの交流がヒトやカネの交流を先導し，繊維製品を中心とする日本の軽工業品はアジア市場へ大きく進出した。こうした事情は，「東南アジア」市場においても同様であった。まず，戦前期の日本（本土）の東南アジア貿易を概観するために，地域別の貿易統計を整理すれば表 8-3，それをさらに内部の国別（あるいは統治単位別）に

（本土）の地域別輸出概表

（単位：百万円，(％)）

中　国		香　港		露領アジア		東南アジア		その他アジア	
	(％)		(％)		(％)		(％)		(％)
90.0	(18.2)	23.5	(4.8)	2.5	(0.5)	14.8	(3.0)	18.9	(3.8)
141.1	(17.9)	27.4	(3.5)	78.3	(9.9)	30.2	(3.8)	42.3	(5.4)
410.3	(18.6)	74.1	(3.4)	22.9	(1.0)	184.9	(8.4)	192.5	(8.7)
468.4	(17.5)	73.6	(2.8)	3.1	(0.1)	171.6	(6.4)	182.3	(6.8)
260.8	(14.0)	55.6	(3.0)	27.0	(1.4)	133.3	(7.1)	140.5	(7.5)
148.8	(4.5)	49.7	(1.5)	26.2	(0.8)	286.9	(8.8)	366.5	(11.2)
681.4	(12.6)	28.9	(0.5)	3.8	(0.1)	279.1	(5.2)	314.8	(5.8)

大洋州		合　計	
	(％)		(％)
13.2	(2.7)	494.4	(100.0)
24.9	(3.2)	789.9	(100.0)
82.6	(3.7)	2,203.5	(100.0)
59.1	(2.2)	2,670.2	(100.0)
35.6	(1.9)	1,868.4	(100.0)
95.5	(2.9)	3,275.9	(100.0)
93.0	(1.7)	5,417.8	(100.0)

整理すれば表8-4のごとくになる[6]。

　1910年には全体の3％台に止まった日本の対東南アジア輸出は，1920年には8.4％に上昇する。その後一旦停滞するが，1930年代には大いに回復して1933年の10.6％というピークを迎え，1940年代には減退に向かう。また，1910年には全体の6.1％であった日本の対東南アジア輸入は，1927年の7.9％を峰，1932年の5.0％を底，1937年の7.8％を峰として大きくうねり，1940年の10.3％以降は拡大の一途をたどることになる。

　これを貿易収支で見れば，日本の対東南アジア貿易収支は基本的に輸入超過にあった。1900年初頭以来1910年代・20年代を通じて日本は輸入超過を続けた。例外は1930年代であって，1930年から37年まで日本は輸出超過を記録

表 8-3(2)　戦前期日本

	アジア		朝鮮・台湾		関東州		満洲国	
		(%)		(%)		(%)		(%)
1910 (明治43)	280.8	(55.1)	63.3	(12.4)	9.7	(1.9)	―	(―)
1915 (大正 4)	403.0	(64.3)	101.1	(16.1)	27.8	(4.4)	―	(―)
1920 (大正 9)	1,292.8	(48.4)	350.2	(13.1)	196.9	(7.4)	―	(―)
1925 (大正14)	1,746.3	(56.3)	532.5	(17.2)	176.6	(5.7)	―	(―)
1930 (昭和 5)	1,091.8	(54.9)	459.3	(23.1)	121.4	(6.1)	―	(―)
1935 (昭和10)	1,670.0	(51.3)	800.1	(24.6)	25.5	(0.8)	191.0	(5.9)
1940 (昭和15)	2,713.8	(58.3)	1,200.0	(25.8)	59.2	(1.3)	357.7	(7.7)

	北　米		中南米		ヨーロッパ		アフリカ	
		(%)		(%)		(%)		(%)
1910 (明治43)	55.5	(10.9)	1.9	(0.4)	163.8	(32.1)	―	(―)
1915 (大正 4)	103.6	(16.5)	3.1	(0.5)	79.0	(12.6)	6.1	(1.0)
1920 (大正 9)	878.5	(32.9)	32.1	(1.2)	305.3	(11.4)	88.4	(3.3)
1925 (大正14)	705.0	(22.7)	8.4	(0.3)	447.8	(14.4)	41.5	(1.3)
1930 (昭和 5)	489.1	(24.6)	7.2	(0.4)	279.8	(14.1)	24.0	(1.2)
1935 (昭和10)	862.2	(26.5)	50.9	(1.6)	352.3	(10.8)	69.2	(2.1)
1940 (昭和15)	1,314.5	(28.3)	218.6	(4.7)	192.9	(4.1)	91.4	(2.0)

出所）山澤・山本［1979］第14表。
註1）四捨五入のため合計が合わないことがある。
　2）「その他アジア」は主に英領インドおよびビルマ。

した。とくに1933・34年には巨額の輸出黒字を記録した。

　これらをやや細かく，東南アジア地域内の国別（あるいはこれに類する統治単位別）の動向で観察しよう。1910・20年代を概算して貿易総額（輸出＋輸入）による日本との貿易規模の順に並べれば，蘭領印度が突出して約45％，海峡植民地（英領マレイ，英領ボルネオを含む）が約25％，比律賓が約15％でこれに続き，仏領印度支那および暹羅（タイ）が平均8％前後で並走する。傾向として印度支那の地位が下がり，暹羅が上がるなど，時代による変化も見落とせないが，概してこの趨勢は変わらない。1935年の比率でいえば，蘭領印度が45.3％，海峡植民地が26.7％，比律賓が14.7％，暹羅が9.4％，仏領印度支那が3.9％である。

（本土）の地域別輸入概表 　　　　　　　　　　　　　　　　　　　　　　　（単位：百万円，（%））

中　国		香　港		露領アジア		東南アジア		その他アジア	
	(%)		(%)		(%)		(%)		(%)
68.6	(13.5)	0.7	(0.1)	0.8	(0.2)	31.3	(6.1)	106.4	(20.9)
85.8	(13.7)	1.6	(0.3)	3.6	(0.6)	35.5	(5.7)	147.6	(23.5)
218.0	(8.2)	2.2	(0.1)	3.8	(0.1)	125.9	(4.7)	395.8	(14.8)
214.7	(6.9)	0.5	(0.0)	14.7	(0.5)	229.5	(7.4)	577.8	(18.6)
161.7	(8.1)	0.5	(0.0)	37.2	(1.9)	130.9	(6.6)	180.8	(9.1)
133.8	(4.1)	2.8	(0.1)	3.4	(0.1)	201.5	(6.2)	311.9	(9.6)
338.9	(7.3)	3.3	(0.1)	0.1	(0.0)	478.3	(10.3)	276.3	(5.9)

大洋州		合　計	
	(%)		(%)
7.6	(1.5)	509.6	(100.0)
32.3	(5.2)	627.1	(100.0)
74.8	(2.8)	2,671.9	(100.0)
154.1	(5.0)	3,103.1	(100.0)
98.2	(4.9)	1,990.1	(100.0)
248.9	(7.7)	3,253.5	(100.0)
121.6	(2.6)	4,652.8	(100.0)

　ただし，これを輸出と輸入に分ければ，様相はやや異なる。日本の輸出面のみからいえば，1910年代の海峡植民地は40％強とむしろ蘭印を超えるが，その後海峡植民地の地位は落ち，蘭印の地位が上がって1917年には逆転する。その後は格差が広がって，1935年には海峡植民地が18％，蘭印が約50％となる。日本の輸入についてはこの関係が逆になる。1910年代に60％台の輸入先であった蘭印が徐々に比重を下げ，これに対して1910年代に約15％であった海峡植民地が徐々に比重を上げて，1935年にはともに約39％を記録する。

　この結果，貿易収支においても，蘭印に対しては日本の輸出超過，海峡植民地には日本の輸入超過への変化の傾向が顕著に見られる。また，比律賓に対しては一貫して日本の輸出超過，仏印に対しては一貫して日本の輸入超過，そし

表 8-4 「東南アジア」国別・地域別輸出入表

	海峡植民地				蘭領印度			
	輸 出	輸 入	合 計	差 引	輸 出	輸 入	合 計	差 引
1910 (明治43)	6,550 (43.8)	4,616 (14.7)	11,166 (24.1)	1,934	3,134 (20.9)	18,880 (60.2)	22,014 (47.5)	−15,746
1915 (大正4)	12,640 (41.8)	5,356 (15.1)	17,996 (27.4)	7,284	8,438 (27.9)	16,312 (46.0)	24,750 (37.7)	−7,874
1920 (大正9)	35,750 (19.3)	17,137 (13.6)	52,887 (17.0)	18,613	107,225 (58.0)	68,629 (54.5)	175,854 (56.5)	38,596
1925 (大正14)	44,905 (26.2)	37,004 (16.1)	81,909 (20.4)	7,901	85,557 (49.9)	103,373 (45.0)	188,930 (47.1)	−17,816
1930 (昭和5)	27,023 (20.2)	33,426 (22.1)	60,449 (22.9)	−6,403	66,048 (49.5)	59,984 (45.8)	126,002 (47.7)	6,064
1935 (昭和10)	51,494 (18.0)	78,975 (39.2)	130,469 (26.7)	−27,481	143,041 (49.9)	78,187 (38.8)	221,228 (45.3)	64,854
1940 (昭和15)	27,119 (9.7)	141,397 (29.6)	168,516 (22.2)	−114,279	173,382 (62.1)	125,313 (26.2)	298,695 (39.4)	48,069

	比律賓諸島				暹 羅			
	輸 出	輸 入	合 計	差 引	輸 出	輸 入	合 計	差 引
1910 (明治43)	4,411 (29.5)	788 (2.5)	5,199 (11.2)	3,623	533 (3.6)	2,636 (8.4)	3,169 (6.8)	−2,103
1915 (大正4)	7,771 (25.7)	7,309 (20.6)	15,080 (22.9)	462	778 (2.6)	2,808 (7.9)	3,586 (5.5)	−2,030
1920 (大正9)	34,376 (18.6)	16,405 (13.0)	50,781 (16.3)	17,971	4,201 (2.3)	3,245 (2.6)	7,446 (2.4)	956
1925 (大正14)	29,306 (17.1)	16,700 (7.3)	46,006 (11.5)	12,606	7,820 (4.6)	23,735 (10.3)	31,555 (7.9)	−15,915
1930 (昭和5)	28,369 (21.3)	10,760 (8.2)	39,129 (14.8)	17,609	9,477 (7.1)	18,843 (14.4)	28,320 (10.7)	−9,366
1935 (昭和10)	48,058 (16.8)	23,949 (11.9)	72,007 (14.7)	24,109	40,258 (14.0)	5,458 (2.7)	45,716 (9.4)	34,800
1940 (昭和15)	26,700 (9.6)	60,865 (12.7)	87,565 (11.6)	−34,165	49,346 (17.7)	52,963 (11.1)	102,309 (13.5)	−3,617

出所)『日本貿易精覧』349-368 頁,『南方圏貿易統計表』302-305 頁, 等により作成。基礎資料は『日本外国貿易
註)「海峡植民地」には英領マレイ, 英領ボルネオを含む。

て暹羅（タイ）に対しては概して日本の輸入超過といったところであった。

2) 商品別概観

以上に概観したように，第一次世界大戦以前の日本の対南洋（東南アジア）貿易は微寥たるものであったが，第一次世界大戦を契機に本格化した。その拡大は，まず大戦中の輸出刺激に応じた1920年代の日本側の輸入拡大となって現れ，次いで1930年代に入って日本の軽工業品輸出の攻勢により一大輸出市場に転化し，さらに1930年代末期からは，自由貿易に対する内外からの制約により再び日本の大幅な輸入超過に転ずるという道を歩む[7]。

まず，日本の対南洋輸入（南洋の対日本輸出）を見よう。「南洋」側から見て群を抜いて大きな輸出品目は，① ゴム，② 米，③ 石油，④ 錫，⑤ 砂糖，⑥ 植物性油脂類（ココ椰子・油椰子製品），の6品目であった。戦前期東南アジア貿易の特徴のひとつは，シンガポール中継貿易ならびに地域内米穀貿易が多額に上るために，域外輸出入統計を正確に割り出すことが難しいことにあるが，概算で，これら6品目の輸出総額に占める割合は65～70%に上ったという（浅香[1943] 65頁）。

（単位：百万円，(%)）

仏領印度支那			
輸 出	輸 入	合 計	差 引
341 (2.3)	4,438 (14.2)	4,779 (10.3)	-4,097
637 (2.1)	3,687 (10.4)	4,324 (6.6)	-3,050
3,445 (1.9)	20,619 (16.4)	24,064 (7.7)	-17,174
4,028 (2.3)	48,720 (21.2)	52,748 (13.1)	-44,692
2,412 (1.8)	7,907 (6.0)	10,319 (3.9)	-5,495
4,021 (1.4)	15,011 (7.4)	19,032 (3.9)	-10,990
2,567 (0.9)	97,807 (20.4)	100,374 (13.3)	-95,240

合 計			
輸 出	輸 入	合 計	差 引
14,969 (100.0)	31,358 (100.0)	46,327 (100.0)	-16,389
30,264 (100.0)	35,472 (100.0)	65,736 (100.0)	-5,208
184,997 (100.0)	126,035 (100.0)	311,032 (100.0)	58,962
171,616 (100.0)	229,532 (100.0)	401,148 (100.0)	-57,916
133,329 (100.0)	130,920 (100.0)	264,249 (100.0)	2,409
286,872 (100.0)	201,580 (100.0)	488,452 (100.0)	85,292
279,114 (100.0)	478,345 (100.0)	757,459 (100.0)	-199,231

年表』。

1920年代およびその前後の日本の対南洋輸入依存は，主に，ジャワからの砂糖，およびタイ，仏印からの米の大量買い付けにあった。「例へば前大戦の前年1913年には我国の米輸入は4千8百余万円，砂糖輸入は3千7百万円弱であって，その大半は南方圏より輸入されたものと見るべく，同年の南方圏よりの輸入8千万円中大きな割合が右両品目によって占められて居たであろうことは容易に推測し得るところである。下って1926年頃をとって見ても東印度よりの輸入1億3百万円のうち砂糖は6千9百万円を占め，又米の輸入はタイ，仏印，印度（ビルマは当時印度の一部であった）を合せて尚4千7百万円の巨額に達して居た」（浅香［1943］359頁）という。

ゴム（生ゴム）については，日本の輸入は第一次世界大戦後1920年代に増加し（年約2万トン），またその大半を南洋輸入に依存した。南洋のゴムについては，各地域（とくにマレイ西海岸およびスマトラ東海岸）から海峡植民地（シンガポール）に集められたものが「海峡ゴム」として再輸出されるのが通例であった。日本の生ゴム輸入は1930年代に入ってさらに増加し，1933・34年には急騰して7万トンを超え，1941年には戦前の最高値72万トンを記録している（島野［1980］18頁）。このため1930年代中期の生ゴム輸入額は対南洋輸入総額の20%を超え，砂糖，米を大きく凌駕する。ただし，この時期の南洋ゴムの最大の顧客は米国，次いで英であり，いまマレイ・ゴムの仕向地別輸出表によれば，1930年代後半，アメリカが全体の約50%，イギリスが約20%を占め，日本は約6%を占めるにすぎない。

石油についてはのちに詳しく考える。日本の石油（原油）輸入が国内生産を上回るのは1928年であり，1931年には50万トン，1933年には100万トンを上回り，1938年に220万トンの最高額を記録する。これを重油について見れば，1928・29年に100万トンを超え，1937・38年には最高額の約240万トンに達する。石油は，当初はもっぱらアメリカから原油を輸入して国内で精製していたが，やがてその供給先を少しずつ南洋に転換し，原油および石油製品を主に蘭印（スマトラ，ボルネオ），英領ボルネオから輸入した。

また，もっぱらフィリピンに依存した輸入品としてマニラ麻が，さらに1930年代に入って南洋（マレイ，フィリピン）依存の高まった輸入品として鉄

鉱石があった。

　次に日本の対南洋輸出について概観する。エステート企業による第一次産品生産を特徴とする「南洋」経済の実態から予想されるように，南洋の輸出品がほぼ「六大輸出品」に集約されるのに対して，その輸入品は広範囲にわたり，要約することが難しい。大まかにいえば，綿製品（綿糸，綿布，毛布，タオル，靴下，シャツ，サロン，レース，脱脂綿，袋類，その他）を中心とする繊維製品（綿以外では，毛，絹，人絹，麻製品を含む）ないし生活雑貨，ならびに農園開発に必要とされる資本財に二分されるが，日本が担当したのはもっぱら前者であった。

　また，このように「(南洋諸地域の――山本）輸入商品に多様性があり，抜群の輸入金額を示すものなく，輸入総額が多数商品に均分的に分散することは従来個々の輸入品に於ける仕出国側貿易商の競争の可能性及びその成功率を著しく増大する原因であつた。売込まんとする商品の宣伝，現地住民の趣味嗜好の調査乃至誘導，商標効果の研究，現地問屋小売商との結託等，時には殆んど常軌を逸する狂的販売技術を弄することすら厭はなかった。しかもこうした販売技術によつて新商品を以て南洋市場に割込み，或は他国商品の従来の販路にとつて代る機会も少からず存して居た。従つて輸入品目に於ける順位は輸出品のそれに比べて一層大きな変動性を有し，その仕出国の順位にも恒久性が少なかった」（浅香［1943］225-226頁）。第一次世界大戦後に日本が南洋市場に輸出の大攻勢を仕掛けえた背景には，こうした事情があったのである。

　表8-5は，日本からの輸出・輸入について，1935（昭和10）年を基準とした上位10品目を選択して作成した「対南洋主要商品別輸出入額表」である。日本の輸入に米が現れないのが不思議であるが，1930年代に入って米輸入は減少したのであろう。また日本の輸出では綿織物類が圧倒的に大きい。これまた1930年代の特徴を示したものといえよう。

3）貿易摩擦の発生

　第一次世界大戦時の欧州勢力の退潮および戦後ヴェルサイユ・ワシントン体制の下で日本の南洋貿易，とくにその輸出は大いに伸張したが，世界恐慌後の

表 8-5　日本対南洋主要商品別輸出入額表

(単位：千円，(%))

	1929 (昭和4)		1932 (昭和7)		1935 (昭和10)		1938 (昭和13)	
A　輸　出		(%)		(%)		(%)		(%)
対南洋総輸出額	158,977	(100.0)	159,138	(100.0)	286,872	(100.0)	201,972	(100.0)
綿織物	57,500	(36.2)	67,613	(42.5)	103,328	(36.0)	65,836	(32.6)
人絹織物	…	(…)	17,818	(11.2)	23,326	(8.1)	13,079	(6.5)
メリヤス製品	6,635	(4.2)	6,600	(4.2)	10,823	(3.8)	10,805	(5.5)
鉄製品	3,756	(2.4)	4,165	(2.6)	9,436	(3.3)	4,348	(2.2)
綿　糸	1,543	(1.0)	1,825	(1.2)	6,299	(2.2)	8,822	(4.4)
絹織物	21,179	(13.3)	2,735	(1.7)	5,843	(2.0)	2,048	(1.0)
缶詰及缶詰食料品	551	(0.4)	831	(0.5)	5,058	(1.8)	…	(…)
硝子及同製品	3,654	(2.3)	1,916	(1.2)	5,010	(1.8)	4,465	(2.2)
ゴムタイヤ	3,591	(2.3)	1,681	(1.1)	4,561	(1.6)	426	(0.2)
陶磁器	6,632	(4.2)	3,536	(2.2)	4,554	(1.6)	3,923	(1.9)
B　輸　入		(%)		(%)		(%)		(%)
対南洋総輸入額	167,424	(100.0)	96,024	(100.0)	201,580	(100.0)	250,098	(100.0)
生護謨	24,705	(14.8)	15,329	(16.0)	51,248	(25.4)	38,628	(15.5)
原油及石油	28,230	(16.9)	22,506	(23.4)	42,929	(21.3)	…	(…)
鉄　鉱	10,404	(6.2)	7,638	(8.0)	17,931	(8.9)	…	(…)
木　材	5,017	(3.0)	3,613	(3.8)	14,549	(7.2)	12,193	(4.9)
マニラ麻及其他	15,598	(9.3)	7,333	(7.6)	14,147	(7.0)	12,288	(4.9)
砂　糖	30,394	(18.2)	3,134	(3.3)	12,576	(6.2)	5,189	(2.1)
錫（塊及錠）	5,036	(3.0)	4,122	(4.3)	9,973	(5.0)	…	(…)
石　炭	7,285	(4.4)	4,296	(4.5)	9,793	(4.9)	12,108	(4.8)
採油原料	907	(0.5)	2,714	(2.8)	4,579	(2.3)	2,391	(1.0)
実綿及繰綿	409	(0.2)	420	(0.4)	1,177	(0.6)	482	(0.2)

出所）南洋協会［1943］306-309 頁により作成。

1930 年代に入ると日本の南方進出を容易にしてきた条件に変化が現れた（後藤［1995］23 頁）。まずそれを経済面から見れば，日本の経済進出が植民地保有国とくにオランダの許容度を超えるほど急激であり，対日規制や邦人監視を強化させるに至ったこと，またイギリスをはじめとして経済ブロック化が進み，植民地を含めた保護貿易主義が拡大したことである。またこれを政治面から見れば，満洲事変以降，日本の政・軍指導層に既成の国際秩序・国内体制を打破しようとする勢力が力を強め，南洋に利権を持つ諸外国もまたこれを日本の南方進出と絡めて日本の対外膨張主義の台頭として警戒心を強めたことである。

旧来の主要市場であるアメリカおよび中国に代わって，新興市場として拡大しつつあったインドおよび東南アジア市場における貿易摩擦の発生は，日本の工業化を支えた綿工業にとって，また外貨獲得を輸出に頼る日本経済全体にとっても死活の問題と認識された。1930年代初頭におけるいわゆる日英会商，日印会商，日蘭会商など一連の通商交渉では，繊維産業を中心とする輸出市場の確保が主要な課題とされた。ここでは当面の課題に限定して，蘭印との通商会商（第一次日蘭会商）について述べる[8]。

　オランダは従来から自由貿易主義をとり，植民地市場を各国に開放することで植民地産物の安定した輸出を確保してきた。日本の蘭印進出はこうした状況に便乗したものであったが，日本輸出の急激な拡大はこの秩序に亀裂をもたらすことになった。蘭印輸入総額に占める日本輸出の割合は，1915年に3.4%であったものが，1934年には31.9%に上昇し，同年のオランダ（13.0%），イギリス（8.1%），ドイツ（7.3%）のシェアを合わせたものよりも大きくなった（杉山・ブラウン［1990］所収のアン・ブース論文，表7-1）。また貿易収支も1929年以降は日本の出超が続いた。1934年1月，蘭印政府は日本との貿易交渉を提案するとともに，商品別の各種輸入制限令を公布し，国別輸入割当制を実施した。また外国人入国制限令や自国船保護政策をともなうかなり広範な保護政策が企図された。日本政府は長岡春一を首席とする代表団をバタヴィアに送り，1934年6月いわゆる日蘭会商が開催された。双方の不一致点は，蘭領側の輸入制限の方法（日本品差別の撤廃），日本による原料糖購入量の増加（貿易収支の均衡化），海運協定の挿入，の3点にあった（杉山・ブラウン［1990］所収の杉山伸也論文，101頁）。交渉は半年にわたって続けられたが，12月21日決裂した。この会商とは切り離されて神戸の民間会商に委ねられた海運問題については1936年6月8日に日蘭海運協定が成立し，また現地で続けられた交渉の結果1937年4月9日には日蘭通商仮協定（「石沢・ハルト協定」）が締結された。これにより，蘭印における日本側商社からの輸入許可量（日本側からの輸出量）は1933年実績を基にした蘭印総輸入額の2割5分が確保されることとされ，日本側はまた蘭印産砂糖の優先的買付けを約束することで貿易不均衡の解消に努めるとされた。

こうして、日本の急激な経済進出に端を発した蘭印との経済摩擦は、在留日本人問題や開発投資問題などを残しながら、当面の貿易問題についてはとりあえずの解決を見ることになった。資源から市場へ、しかし再び市場から資源へ。日本の東南アジア進出に対する摩擦は、1940年代に入ってまた新たな様相を見せることになる。

II.「南方圏」交易の形成
——占領地統治体制の整備——

1)「南方」進出とその目的

　1939（昭和14）年9月欧州大戦の勃発が、日本にとっての「南方」の意味を大きく変える契機となったことは、さきに述べた。列強間での国民総力戦の勃発と対ヨーロッパ通商の途絶は、「国防資源」確保を喫緊の課題として浮かび上がらせた。まず、1939年12月阿部信行内閣時における「対外施策方針要綱」中の、「南方ヲ含ム東亜新秩序ノ建設」方針に関わる「南方」政策の内容を、以下の2つの方策案から見ておこう[9]。

　その1は、外務省欧亜局第三課が陸海軍と協議して1939年11月（「対外施策方針要綱」の別紙として）作成した「欧州新情勢ニ対応スル南方政策」である。ここでは南進の目的を、第一に「南洋ヲシテ帝国経済自給圏ノ一環タラシム」こと、第二に「南方諸地方ヨリスル援蔣行為ノ停止工作ニ依リ支那事変ノ速ナル処理を幇助促進ス」とした。とくに前者「我所要資源ノ獲得」については、欧米方面からの輸入が困難になると予想されるなかで「南洋方面特ニ中立国タル蘭印ヨリ輸入スル必要愈々増大シツツアリ」とし、今後の政策として「南洋ノ経済的門戸解放ヲ実行セシム」ことを強調した。

　その2は、企画院（時局経済対策委員会）が1939年10月に作成した「帝国必要資源の海外特に南方諸地域に於ける確保方策」である。ここでは、今後「日満支」円ブロック外への不足資源の依存は必然的であるから、欧米以外の世界各地（たとえば中南米、大洋州諸邦、ソ連）との通商貿易を振興するのみな

らず,「東亜大陸及南方諸地域(香港,仏印,暹羅,英領マレイ,海峡植民地,蘭印,英領ボルネオ,比律賓及緬甸)」をこれら資源の「補給圏」となすための経済施策を第一義とするとし,そのための不足資源確保の方策を別紙において詳しく論じている[10]。

これらにより,すでにこの段階において,「南方」を「帝国」の自給自足体制のなかに編入し,その「資源補給圏」に位置づけるという構想が提示されるとともに,すぐのちの対蘭印経済交渉,対仏印経済交渉における主張の骨格が示されていることに注目される。

欧州戦争の状況は,1940年に入るとさらに大きく変動した。開戦と同時に電撃的侵攻が行われた東部戦線とは対照的に,当初は「奇妙な戦争状態」にあった西部戦線でも,同年5月にはドイツ軍が総攻撃に出てたちまちオランダ,ベルギーを席巻し,6月14日にはパリに入城した。オランダ本国政府はイギリスに亡命し,ドイツと休戦協定を結んだフランスのペタン政権はヴィシーに首都を移して対独協力を余儀なくされた。「バスに乗り遅れるな」。対独接近論が力を得て同年9月には日独伊三国同盟が締結され,日本は枢軸国側につくことを鮮明にした。蘭印および仏印という東南アジアの広範な地域が旧宗主国の絆を解き放たれて日本の前に解放されたかに見え,にわかに「南進論」が盛んになり,そのなかで「南方圏」が新たなイメージを持つことになった。

1940年7月22日に成立した第二次近衛文麿内閣は,「基本国策要綱」および「世界情勢ノ推移ニ伴フ時局処理要綱」に引き続いて,8月16日「南方経済施策要綱」を閣議決定した。この「要綱」の内容に沿って,近衛内閣の下での「南方圏」経済政策の基本線を見ることにしよう[11]。

「南方経済施策要綱」は,「第一,基本方針」として,「南方経済施策の目標は,……現下世界に生成発展を見つゝあるブロック態勢に対応する国防国家建設の為,皇国を中心とする経済的大東亜圏の完成にあり」とし,併せて「南方地域」の範囲と施策施行の順序を「皇国の軍事的資源的要請を基礎として」次のように定めた(傍点および読点は適宜筆者が加筆。本書第4章参照)。

仏領印度支那,タイ国,ビルマ,蘭領東インド,比律賓,英領マレイ,ボルネオ,

葡領チモール等の内圏地帯の施策に重心を置き，英領東印度，濠洲，ニュウジーランド等の外圏地帯を第二段とす

「大東亜共栄圏」に英領印度および大洋州を含むというやや妄想に近いこの構想は，1940年当時の「南進熱」のあり方を窺わせるが，実際には，ここでいう「内圏地帯」に国際情勢に応じた若干の修正を加えながら，いわゆる「南方圏」の実態が形成される[12]。

「施策要綱」の「第二，要領」では，重要物資（石油，ニッケル，錫，ボーキサイト，ゴム，キナ，石炭，鉄等）の確保を中心課題として，当該地域における日本人の経済活動を阻害する諸制限の撤廃，当該地域における日本企業に対する統制・指導の実施，等に関する方策が挙げられている。

「南方経済施策要綱」から読み取れる当時の南方経済政策の特色は，戦略物資獲得のために二段構えの政策をとったことである（安達［2002］136頁以下）。すなわち短期的には物資の応急確保を目的として輸入の確保を図り，長期的には資本進出による資源開発に直接参加することであった。これに基づいて，1940年代初頭の対南方（主に対蘭印および対仏印）経済対策が具体化される。

2）対蘭印・対仏印経済交渉

前項で述べたように，日中戦争が長期化し欧州戦争が勃発すると，円ブロック以外からの戦略物資の獲得を目指して，欧米以外の第三国あるいは南方諸地域との間に求償貿易を建て前とした貿易協定を結ぶ動きが活発になった。前者については，中南米諸国その他（アルゼンチン，ウルグァイ，ブルガリア，ベネズエラ）との通商取極が1940年中に次々と成立した（通商産業省［1971］230頁）。後者すなわち南方貿易工作の中心目標は，ドイツ軍の侵攻を受けて本国政府が弱体化した蘭印および仏印に向けられた。以下本項では，資源問題を中心として，1940・41年の蘭印および仏印に関する経済交渉過程を整理する[13]。

1940年4月15日，ドイツ軍の北欧侵攻という事態を受けて，米内光政内閣の有田八郎外相は「欧州戦争ノ激化ニ伴ヒ蘭印ノ現状ニ何等カノ変更ヲ来スカ如キ事態ノ発生ニ就テハ深甚ナル関心ヲ有スル」旨の声明を発表した（有田声

明）。次いで 5 月 20 日，ドイツ軍のオランダ侵攻の最中，有田は駐日オランダ公使に書簡を送り，蘭印の輸出重要物資 13 項目を列挙してその対日輸出の保障を迫った[14]。これに対するオランダ側の回答は 6 月 6 日に届けられ，蘭領印度と日本の通商関係についてはいわゆる「石沢・ハルト協定」を遵守することを誓い，「掲記セラレタル十三品目ニ付日本国政府ノ要求ニ係ル保障ヲ繰返スコトニ何等ノ反対無之」と返答した。

このように，オランダ本国政府および蘭印総督府ともに，開戦初期においてはドイツ以外の国に対しては中立的立場をとり，蘭印資源の開放を言明したが，本国政府が亡命し，日本がドイツへの接近を強めるにつれて，蘭印総督府は対日態度を徐々に硬化させた。7 月に成立した第二次近衛内閣は，前掲「南方経済施策要綱」にしたがって対蘭印経済政策を具体化するとともに，現地に政府代表を派遣して蘭印当局との間で直接経済交渉を行おうとした。

まず前者に関しては，1940 年 8 月 26 日企画院において「対蘭印物資取得並貿易方策要領」が決定された。すなわち前文において，「蘭印よりの物資取得の方策としては，物動計画の実施確立を中心とする応急対策と，資源の開発に重点を置く恒久対策とに分つて考究すべきものとす」とし，前掲「施策要綱」の方針を確認している。そして「第一，応急方策」では，鉱油，錫，ゴム，等 12 品目を挙げて対日供給（輸入）を優先的に確保することを主眼とし，これらの物資輸入の必要に応じて輸出計画および資金調達計画を確定すること，輸送船舶の円滑なる手配を期することが定められた。また「第二，恒久方策」では，まず一般的事項としては，「資源の開発」に重点を置き，専門的現地調査を実施する，現地邦人の企業経営の障害となるべき諸制限を撤廃せしむること，などを挙げる。また物資別事項では，たとえば最重要課題の石油については，「本邦所要量を大部分此地より調達することを目標とし」，多量長期の買付け措置を講ずるとともに，新鉱区の取得を計画するとしている。

後者については，1940 年 9 月 12 日，小林一三商工相を政府代表としてバタヴィアに送り，蘭印当局との経済交渉を行うことにした。特派使節団の出発に際して，8 月 27 日「小林特派使節携行対蘭印交渉方針案」が閣議決定され，特使に「参考トシテ手交」された[15]。「交渉方針案」では「帝国ト蘭印トノ経

済関係ヲ緊密ナラシムルノミナラス，蘭印ニ対スル我カ政治的優越地位ヲ確立スルコト」が究極の目標とされたが，松岡洋右外相によるドイツとの同盟を核とする外交構想を見極める必要もあって，当面，政治的意図は表に出さず，経済交渉に絞って交渉を進めることが命ぜられた。

結局，小林は石油問題を先議事項として交渉を行うことになり，蘭印政府から向こう5年間に毎年500万トンの石油が輸入できる保障を得たいと申し出た。この問題では，三井物産会長の向井忠晴を代表とする商業折衝および東京における買付け契約を加えて1940年11月1日からの6ヵ月以内に日本側が獲得できる石油総量を205万5千トンとするとし，とりあえずの交渉を終えた[16]。しかし，この間9月には日独伊三国同盟の締結などがあって蘭印当局を刺激し，11月末には小林代表の日本召還となった。このため12月には新たに前仏大使の芳沢謙吉を代表として送り，交渉の継続を図ったが期待する成果を得ることなく，結局，翌1941年6月には交渉打切りを余儀なくされた[17]。また同年7月26日，日本が南部仏印への進駐を前に仏印との共同防衛協定の成立を発表するや，繰り返し見たようにアメリカは在米日本資産の凍結令を発令し，イギリス，次いで蘭印政府もこれにならって日本資産の全面凍結を実施した。ここに蘭印との経済交渉の途は完全に閉ざされることになった（通商産業省［1971］）。

一方，仏印（仏領インドシナ）との関係は，この時期一見「順調」に進展した。1940年8月30日には，東京において，松岡外相とアンリ駐日フランス大使との間で協定が締結された（「松岡・アンリ協定」）。これにより，北部仏印における日本軍への軍事的便宜供与について現地交渉を開始すること，ならびに日仏印間貿易および仏印における日本人の経済活動に対し「他の第三国の地位に比し優越する地位を保障するの方法」についても交渉を開始することが合意された。後者の経済交渉に臨むに当たって，1940年8月16日閣議決定の「南方経済施策要綱」に基づき，対仏印経済政策を具体化するための一連の方策が企画院において立案され，閣議決定を見た。「対仏印支経済発展の為の施策」（9月3日閣議決定），「対仏印支物資取得並に貿易方策要領（A）」（9月3日閣議決定），「対仏印支物資取得並に貿易方策要領（B）」（9月24日閣議決定）がこ

れである。これらは，仏印よりの物資取得の方策を「物動計画の実施確保を中心とする応急方策と，資源の開発に重点を置く恒久方策とに分かって考究」するものであり，形式・内容ともに前述の「対蘭印物資取得並貿易方策要領」と対になるものであった。

1940年9月23日北部仏印に対する日本軍進駐が実現するや，日本は経済交渉の準備に入り，外務省は松宮順を特派使節とする使節団をハノイに送ることにした。10月1日に閣議決定された訓令によれば，日本側の要求項目は全6項に整理されているが，ここでは次の2項目がとくに注目される。

(イ) 重要物資確保ニ関スル事項
　　米其他我方ノ必要トスル重要物資ニ付テ優先的ニ対日供給増加ヲ認メシメ且輸出税其他ノ輸出阻害措置ヲ撤廃セシムルコトヲ目的トス
(ロ) 決済ニ関スル事項
　　日本及仏印間ノ貿易決済ハ之ヲ全部円為替ト為サシムルト共ニ我方ニ相当金額ノ「クレヂット」ヲ設定セシメ本邦品輸出促進ト相俟テ我必要物資取得ニ付成ルヘク外貨支払ノ必要ヲ避クルコトヲ目的トス

松宮使節団の出発（10月11日）直前になって，フランス側からフランス本国代表を派出する東京会談の提案があり，結局ハノイ会談は予備会談と位置づけられ，本交渉は東京会談に切り替えられることになった。

東京会談は，フランス側が元仏印総督ルネ・バロン，日本側が松宮順を代表として12月30日から開始された。交渉に当たり日本側は，希望大綱六ヵ条を示し，「応急方策」としては「特ニ米，及生護謨ハソノ輸出余力ヲ全部日本ノ為留保ス」とし，「恒久方策」に関しては「仏印ノ資源開発ノ為日仏間協力ノ原則ヲ承認シ之カ実行ノ具体的方策ヲ協議決定ス」と要求事項を明確に示した。

会談は，タイ・仏印国境紛争の調停などをはさんで難航したが，1941年5月6日，仏印に関する一連の日仏経済協定が調印された。すなわち，(1)「仏領印度支那ニ関スル日仏居住航海条約」，(2)「日本国印度支那国間関税制度，貿易及其ノ決済様式ニ関スル日仏協定」，(3)「其ノ他の取極」である（『昭和財政

史』第 13 巻「国際金融・貿易」398 頁)。

　このうち貿易については，米その他主要仏印産品の対日輸出最低数量と日本産品の対仏印輸出最高数量を規定するとともに[18]，貿易決済については求償主義により円貨およびピアストル貨で決済すること，関税については免除ないし最低税率の賦課を決めた。

　なおこれと前後するが，南方貿易を一元的に統制する法令として 1940 年 12 月 29 日商工省令 115 号「南洋ニ対スル貿易ノ調整ニ関スル件」(南洋貿易調整令)が公布され，翌 41 年 1 月から実施された。これによれば，商工大臣が指定した輸出入品に関しては指定調整機関(またはそれから委託を受けたもの)以外の取引が禁止されることになり，(「国家総動員法」に基づいて 1941 年 4 月に設立された)「南洋貿易会」——指定調整機関(各種貿易組合を中心に 56 団体)——委託貿易商という序列で南方貿易の統制が法制化された。この調整令はまず仏印向け輸出から発動され，タイその他も順次指定地域に加えられる予定であったが，戦時占領地の拡大により仏印およびタイ以外はこの体制から外れることになった。仏印およびタイとの貿易業務の実態については後述に譲る。

3)「南方占領地」経営方針

　1941 年 9 月 6 日の御前会議決定「帝国国策遂行要領」は「十月上旬頃ニ至ルモ尚我要求ヲ貫徹シ得ル目途ナキ場合ニ於テハ直チニ対米(英，蘭)開戦ヲ決意ス」とし，これを契機として陸海軍の南方占領準備も具体的に動き出すことになった(第 4 章註 14)参照)。

　南方諸地域に対する軍事占領と占領行政に関する軍の研究は，陸軍参謀本部においては 1941 年 2 月にはじまり，一連の軍政要綱案を得たのち 4 月に一旦解散したが，8 月には再開されたという(岩武 [1981]（上）25 頁, 小林 [1993] 81 頁)。また海軍軍令部では，1939 年末から 40 年夏にかけて「南方占領計画案」の一応の骨子を作成した(三輪 [2004] 192 頁)。これらを受けて 9 月頃から陸海軍担当者の協議に入り，11 月には 2 つの重要決定がなされた。その 1 は 1941 年 11 月 20 日付で大本営政府連絡会議の決定を見た「南方占領地行政

実施要領」であり，その2は11月26日付の「占領地軍政実施に関する陸海軍中央協定」である。また12月12日には（同じく陸海軍の協議を経たのち）関係大臣会議において「南方経済対策要綱」が決定され，占領下における経済対策が具体化された。

まず，「南方占領地行政実施要領」は全文10ヵ条よりなる簡潔なものであるが，軍政全般の実施要領がまとめられ，「南方軍政の教典」と称される性格の文書であった（小林［1993］82頁）。すなわち「第一　方針」において，「占領地ニ対シテハ差シ当リ軍政ヲ実施シ治安ノ恢復，重要国防資源ノ急速獲得，及作戦軍ノ自活確保ニ資ス」と述べ，(1) 現地治安の回復，(2) 重要国防資源の急速獲得，(3) 作戦軍の現地自活，を「南方軍政の三原則」として明示した。なお仏印およびタイに対しては既定方針により施策を行い，軍政は施行しないとされ，この点はのちの「南方経済対策要綱」に引き継がれる。

また「占領地軍政実施ニ関スル陸海軍中央協定」で定められた，占領各地の主担任と副担任を再掲する（第1章，第4章も参照）[19]。

(1) 陸軍主担任区域（海軍ハ副担任トス）
　　香港，比島，英領馬来，スマトラ，ヂャバ，英領ボルネオ，ビルマ
(2) 海軍主担任地域（陸軍ハ副担任トス）
　　蘭領ボルネオ，セレベス，モルッカ群島，小スンダ列島，ニューギニア，ビスマルク群島，ガム島
(3) 陸軍主担任区域中左ノ諸地域ニハ海軍ニ於テ根拠地隊ヲ設定ス
　　香港，マニラ，新嘉坡，ペナン，スラバヤ，ダバオ

12月12日に策定された「南方経済対策要綱」は，12月8日の開戦を受けて南方軍政下における経済施策の基本方針を指し示すものであった。これはかなり長文かつ詳細な文書であるが，ここでは占領軍政地区を中心に，「国防資源の獲得」およびその「蒐貨・配給・交易」という側面から見ておくことにする。

本要綱「第一　方針」においては，まず次の4点が確認される（要約）。

1 重要資源の需要を充足して当面の戦争遂行に寄与せしむるを主眼とし，併せて大東亜共栄圏自給自足体制を確立し，速かに帝国経済の強化充実を図る。
2 対象地域は，蘭印，英領馬来及びボルネオ，比律賓，ビルマ，其の他皇軍の占領地域（以上甲地域），仏印，泰（以上乙地域）とす[20]。
3 甲地域については，対策を2段階に分かつ。
　(1) 第1次対策
　　(イ) 資源獲得に重点を置き，之が実施にあたりては戦争遂行上緊急なる資源の確保を主眼とす。
　　(ロ) 南方特産資源の敵性国家に対する流出を防止すべく凡ゆる措置を講ず。
　　(ハ) 資源獲得にあたりては，在来企業を利導協力せしめ，帝国経済の負担を最小限度に軽減せしむる如く努む。
　(2) 第2次対策
　　大東亜共栄圏自給自足体制を目途とし，その恒久的整備を行う。
4 乙地域に対しては概ね既定方針（「南方経済施策要綱」と思われる——山本）に基づき，特に食糧その他我方要求の貫徹を策する。

以下，「第二　甲地域対策要領」では，第1次対策の細目として，開発，通貨，蒐貨配給交易，輸送，資源調査研究，対米英経済戦物資，陸海軍現地自活について詳しく述べている（なお，甲地域第2次対策および乙地域対策については，概ね「既定のとおり」として詳しい説明は省略されている）。

本章の主題に関わる「交易」については「蒐貨，配給，交易」の項で触れられているが，ここでの最大の眼目は，対日供給および現地供給は政府会計により買取り，輸出・輸入を行うことが定められたことであった。本要綱については，「南方経済対策要綱ノ説明」という資料が付されていて要綱の背景が分かるが，「交易」に関しては，「日本内地との交易に政府会計（臨時軍事費特別会計）を利用する制度は，全く新しい着想であって，これにより，(イ) 貿易管理を徹底せしめ，(ロ) 輸送費および輸送途中の危険補填の問題を解消せしめ，(ハ) 為替レート設定の難問を回避し得る等の利点を有する。他方，(イ) 軍部隊の不慣れなため，事務手続きの繁瑣，能率低下を示す，(ロ) 片貿易のため現地に軍票を増発せしめる，というデメリットを有する」ことが指摘されている（岩武

[1981]（上）38頁, 93頁）。ここで指摘されたデメリットが現実にどのように現れたかについては，改めてのちに見ることにする。

続いて翌1942年1月24日，第79議会衆議院予算総会における答弁において，鈴木貞一企画院総裁は当面の南方経済建設方略についてかなり詳細な方針を示したが，そのうち資源の開発・交易問題を中心にその内容を要約すれば，次のようである（中井［1942a］160-163頁）。

- 一，南方資源については急速開発を要するものあり，わが方の需要に応じ漸進的に開発すべきものあり，また過剰生産のため開発を抑制すべきものあるところ，これら資源の開発の順位は，戦局の推移に応じ当該資源需要の緩急度ならびに輸送の状況などを勘考してその大綱を中央において決定する。
- 一，石油，鉱産，農林業などの開発については差当り新たなる綜合会社，共同企業などの形態を避け，経験能力ある企業者の熱意と創意とを十分に発揮せしめて能率的生産をなさしむるを原則とし，該企業者が真に国家の代行機関的使命に徹底し，衷心より国家的に活動することを期待する。
- 一，通貨については当初は現地通貨表示の（軍票の――山本）限度を示し，現地通貨と等価に流通せしめ，情勢に応じ逐次現地通貨と軍票との機能を調整し，その統一に進む。
- 一，物資交易は主として物資動員計画に基づき，予め計画的に予定せられたる品目および数量につき行われるのであるが，右は戦争という特殊な状態のもとに実施せられることになるので，その企業上特殊の考慮が払はれてゐる。即ち交易の実施に当りては現地よりの対日供給は差当り政府の会計において買い取り輸入をなし，また本邦よりの対現地供給は同様に買取り輸出をなすことになるのである。もとより交易の実際の運営については業務遂行の円滑及び簡易を主とし，民間商社の活動に待つところあるは当然にして，また政府は右輸出入をなすに際して，本邦統制機関や現地における輸出入組合などとも緊密なる連携を保持する。
- 一，南方物資の輸送については需要の緩急に応じて輸送の順序，数量が定められ陸海軍の統制のもとに，船腹のもつとも有効なる活用が計られる。

以上により，南方地域の資源開発については中央立案の経済計画に従うこ

と，開発主体は中国で行われたいわゆる「国策会社方式」をとらず既存企業を軍が直接掌握する「業者指定方式」をとること，通貨については主に現地通貨表示の「軍票」を利用すること，また南方甲地域（すなわち陸海軍軍政施行地域）の「交易」については「政府（すなわち軍）直営方式」がとられることなどが，南方占領地経済運営の基本方針として国民の前に明確にされた。

4）「南方交易」の体制整備

　第二次欧州戦争の勃発と，引き続くアジア太平洋戦争の開戦により，いわゆる対「第三国」貿易は（ごく一部の枢軸国および中立国との取引を除いて）途絶し，他方に対「南方占領地」交易が「政府直営方式」という新しい形で運営されることになった[21]。

　「大東亜共栄圏」期の日本の対外交易（貿易）は，日満支を中核とする「円域」交易と，その外郭に位置する「南方圏」交易に二分され，後者はまた「円域」に準じた「南方乙地域（タイ，仏印）」交易と，政府直営の「南方甲地域（陸海軍軍政地域）」交易に二分される。その交易方式についてはすでに第5章第II節で述べたが，ごく簡単に再論する。

a）「円域」交易　「円域」（および一部の対「第三国」）交易については，1942年1月に貿易統制の中核機関として設置された「日本貿易会」（1942年5月「貿易統制会」と改称，以下「統制会」）が統括することとされた。統制会は，それまでの地域別・商品別の統制会社・貿易組合を整理統合のうえで，それらを統制会の下部機構（調整機関）として組織化し，商品別の統制を行わせる。各貿易会社はさらにこれらの調整機関の下に組織され，貿易数量を割り当てられ，また統制価格を指定されて貿易実務に当たる。なお，各貿易会社への輸出・輸入数量の割当は戦前（1939～40年）実績に応じて割り当てられ（「実績割当主義」），また輸出・輸入価格の調整には統制会「東亜局」が当たった（「調整料制度」）。したがって実際の貿易業務は，たとえば輸出についていえば，統制会下部の調整機関が指定輸出品を統制価格で国内業者から買い取り，これを調整された価格で輸出業者に輸出委託をする。すなわち，輸出業者は調

整機関の受託者として輸出業務を代行するにすぎないということができよう。輸入業務についてもほぼ同様であった。

b）「南方乙地域」交易　　仏印貿易については本節2項で触れた。これら地域の貿易統制については，当初は1941年4月設立の「南洋貿易会」が，次いで1942年1月に「日本貿易会」（「貿易統制会」）が設立されてからはその「南洋局」の下で行われた。すなわち統制会—下部調整機関（貿易組合等）—貿易商社というラインで上意下達が図られたのである。

仏印との貿易業務は（「円域」の「実績割当主義」ではなく）新たに「輸出代行制」がとられた。これは，これまでこの地域に実績のある業者のうちから規模の大きい商社を選んで，他の業者の業務を代行させるというものであり，業務代行の商社は統制会が設定した「代行者口銭」を受け取り，業務を代行してもらう業者は単に「眠り口銭」を受け取るにすぎない。いわば商社が準国策機関化した姿といえる。

タイとの貿易業務担当者の選定は，輸出については「円域」とほぼ同様の「実績割当主義」をとり，輸入については仏印と同じく「代行制」をとるとされた。

また，これら地域との輸出入数量・価格の調整に当たっては，基本的に「バーター制（交易制）」をとることとし，外貨・円貨を極力使用しないことを方針とした。要するに，タイおよび仏印との交易は，「円域」のそれに比べても一層中央統制の色を強め，貿易商社を準国策機関として利用することで運用されたといえる。

c）「南方甲地域」交易　　陸・海軍「軍政」施行地域との交易が「臨時軍事費特別会計」を利用した「政府（すなわち軍）直営方式」により行われることは先に述べた。すなわち，現地よりの対日供給物資は，軍指定の集荷機関が集めてこれを現地貨で臨軍特別会計が買い上げ，円貨をもって商社に引き渡す。軍用船をもって輸送された物資を受け取った商社は，これに適正利潤を加えて内地統制機関に売り渡す。こうして物資の集荷・引き渡しには貿易業者が参加す

るが，現地の集荷・送出および内地での受け取り・引き渡しは同一人格であることを建て前とし，軍指定の商社が指定の価格で行う業務であるから，貿易商社とはいえ，ほとんど国家の代理機関として活動したにほかならなかった[22]。

以上の「臨軍交易方式」は基本的には南方甲地域と日本との交易方式であるが，この方式は乙地域および中国を含む「共栄圏」各地域との交易にも準用されたから，甲地域を一方の当事者とするすべての物資交流は，この方式で行われたと考えられる。

III.「南方圏」交易の展開
――資源の内地還送を中心に――

1)「南方物資取得三ヵ年計画」

対米英開戦を前にして企画院――大本営陸海軍部を中心に行われた物的国力の判断によれば，日本の前途はきわめて悲観的なものであった。対米英経済断交の場合，とくに石油の貯蔵量は逐年減少して国力および戦力の低下は必至であり，開戦の場合には当初2年は何とか持ちこたえるとしても，第3年目には液体燃料，希有（ママ――山本）金属，非鉄金属類について供給不足が生じることは確実である。開戦に当たっては少なくとも対南方作戦を迅速に終了し，とくに蘭印資源を極力破壊から免れしめることが重要であると認識された（田中［1975］96-97頁）。

開戦か戦争回避か。追い詰められた日本は，南方資源の獲得に賭け，騎虎の勢で開戦に突入した。開戦直後の1941年12月，企画院総裁を委員長とする第三委員会は「南方資源取得表」を含む開発計画を作成し，陸海軍および関係省庁の担当者を集めた会議でこれを発表し，戦意高揚を図った[23]。表8-6は，この時に示された南方期待物資を含めた重要資源の開発三ヵ年計画案である（田中［1975］204-213頁）[24]。

「第三国」からの輸入が途絶した場合，「第一補給圏」（すなわち仏印，タイ）を含む「円域」供給だけでは，3年後の昭和19（1944）年度に推定される物資

表 8-6　南方物資取得三ヵ年計画

物資名	単位	19年物動推定供給力（南方期待ヲ除ク）					南方期待(Q)	合計 (R)	
		国産	円域輸入	第一補給圏輸入	計(P)	(P)ノ16年度物動ニ対スル%		数量	(R)ノ16年度物動ニ対スル%
ニッケル鉱	千瓩	117	—	—	117	118	300	417	425
マンガン鉱	〃	200	20	1	221	62	155	376	105
燐鉱石	〃	510	80	100	690	84	500	1,190	145
クローム鉱	〃	55	—	5	60	54	110	170	152
銅鉱	〃	260	—	—	260	52	200	460	92
雲母	〃	0.13	0.15	—	0.28	56	0.5	0.78	156
タングステン鉱	〃	5.7	1	1	7.7	103	1	8.7	116
鉄鉱石	〃	6,210	4,270	120	10,600	100	3,500	14,000	140
錫	〃	2	—	6	8	80	40	48	480
ボーキサイト	〃	150	—	130	280	58	700	980	230
ピッチコークス	〃	78	10	—	88	70	20	108	80
マニラ麻	〃	—	—	—	—	—	140	140	1,170
生ゴム	〃	—	—	55	55	108	500	555	1,090
コプラ	〃	12	—	—	12	17	1,040	1,052	1,630
黄麻	〃	14	8	0.77	22.77	76	20	42.77	148
タンニン材料	〃	25	—	3.4	28.4	82	60	88.4	255
ヒマシ	〃	3	6	1	10	36	10	20	73
キナ皮	〃	—	—	—	—	—	5	5	630
キニーネ	〃	—	—	—	—	—	0.2	0.2	365
玉蜀黍	〃	264	400	200	864	96	150	1,014	112
綿花	〃	90(在庫25)	110	0.25	225.25	67	100	325.25	97
テリス根	〃	—	—	—	—	—	1	1	360
工業塩	〃	370	1,850	100	2,320	220	100	2,420	226
原油	千瓩	250	—	—	250	11	6,000	6,250	263

出所）田中［1975］213頁，資料32．
原表備考1）綿花＝紡績用，製綿用ノ合計トス．
　　　2）雲母＝高級品，普通品ノ合計トス．
　　　3）銅鉱＝品位30％換算．
註1）第一補給圏とは仏印，泰をいう（原表註）．
　2）したがって南方期待とは「第二補給圏」（比律賓，馬来，蘭印，等）およびビルマを指すものとする（本章註10）参照）．

動員計画（物動）供給力は昭和16（1941）年度物動（ただしこれも予定値）に大きく及ばない．100％を超えるのはわずかに工業塩，ニッケル鉱，生ゴム，タングステン鉱，鉄鉱石であって，原油に至っては実に11％を確保できるにすぎない．ところが，ここに「南方期待」を加えることができれば「第三国」輸入途絶の問題はほとんど解決する．100％を割り込む可能性があるのは，わ

ずかにヒマシ，ピッチコークス，銅鉱，綿花にすぎない。南方獲得によって他は飛躍的な発展が予想され，原油ですら263％すなわち2倍半強の増産が見込めるという計算であった。

緒戦における「赫々たる戦果」は当初の悲観論を吹き飛ばし，「三ヵ年計画」の実現を確信させるに十分であった。最も心配された蘭印の石油施設がほぼ無疵で日本軍の手に帰し，南方石油の供給力も増加の予兆を見せた。この調子でいけば，3年後の昭和19年度には開戦時昭和16年度に比べて全ての物資の生産・取得が飛躍的に増大するであろう。こうして昭和17年は，軍官民こぞって沸き立つ戦勝気分のうちに年が明けた。

しかしこうした「計画」が机上の空論からはじき出されたものであること，そして現地での開発と還送に携わる軍に「計画」遂行の意思がなかったことは，その後の多くの証言に明らかである。「彼等は占領地の到る処で手当り次第物資を捕獲した。そして現地で使えるものはくすね，残りを誇らしげに戦利品として還送したのだった。しかもAB船に積まれた物資は宇品や横須賀に揚陸され，治外法権のうちに再び隠匿されその残滓が移動の実績となって企画院に通達されたのである」（田中［1975］230頁）[25]。

2）内地還送の実績

それでは，アジア太平洋戦争中における南方物資の「内地還送」の実績は一体いかなるものであったか。

戦後の資料の散逸にもかかわらず今日なお幾多の計画表や実績表が残されているが，実のところ実績評価の研究で見るべきものはほとんどない。一方で戦時インフレと人為的な為替政策により市場経済システムは崩壊し，他方に陸海軍の気ままな徴発・徴用によって計画経済システムも空中分解するなかで，これらの実態を客観的に表示し，評価することが誠に難しいからである。ここではまず『日本外国貿易年表』の物量表示に基づいて戦時中の南方物資輸入をまとめた岩武照彦の労作を借りて検討しよう。表8-7が岩武の作表にかかる南方地域よりの輸入品34品目の一覧表である（岩武［1981］（下）附表2-15表）[26]。戦時期の貿易統計分析が基本的には金額表示ではなく物量表示でなければなら

第8章 「南方圏」交易論　219

表8-7　戦時中南方物資輸入実績

物資名	地域	単位	昭和17 (1942)	昭和18 (1943)	昭和19 (1944)	昭和20 (1945)	合計	備考
米	仏印	瓲	833,835	557,888	36,104	—	1,428,827	昭17, 18に
	タイ	〃	507,985	176,492	35,468	8,287	728,332	は籾を含む。
	小計	〃	1,341,820	734,380	71,572	8,287	2,157,159	
玉蜀黍	仏印	瓲	121,865	634,066	39,966		795,897	
	蘭印	〃	5,087	2,507			7,594	
	小計	〃	126,952	636,573	39,966		803,491	
塩	仏印	瓲	6,358	—			6,358	
	タイ	〃	15,827	—			15,827	
	フィリピン	〃	—	30,369	3,419		33,788	
	小計	〃	22,185	30,369	3,419		55,973	
牛皮	仏印	瓲	554	624	50	21	1,249	小計には昭
	タイ	〃	2,076	721	48	—	2,845	18マレーの
	ビルマ	〃	—	481	117		598	7, 昭19英領
	フィリピン	〃	286	85	50		421	ボルネオの5
	蘭印	〃	919	890	563		2,372	を含む。
	小計	〃	3,835	2,801	833	21	7,497	
生ゴム	仏印	瓲	29,939	13,654	4,434	—	48,027	小計には昭
	タイ	〃	13,790	4,489	1,600	—	19,879	19フィリピ
	マレー	〃	—	20,461	18,750	17,541	56,752	ンの2,383を
	蘭印	〃	495	7,405	735		8,635	含む。
	小計	〃	44,224	46,009	27,902	17,541	135,676	
タンニン材料	仏印	瓲	1,273	367	—	—	1,640	
	タイ	〃	2,147	37	—	—	2,184	
	マレー	〃	—	559	323		882	
	蘭印	〃	623	4,773	1,213		6,609	
	小計	〃	4,043	5,736	1,536	—	11,315	
タンニン・エキス	英領ボルネオ	瓲	—	383	3,418		3,801	小計には昭
	蘭印	〃		1,854	4,167		6,021	17フィリピ
	マレー	〃		130	242		372	ンの298を含
	小計	〃	298	2,367	7,827		10,492	む。
デリス根	仏印	瓲	63	2	—	—	65	
	タイ	〃	10	11	—	—	21	?
	マレー	〃	23	262	142		427	
	小計	〃	3,835	2,808	833	21	7,497	

品目	地域	単位					計	備考
水牛皮	仏印	瓩	720	918	155	61	1,854	小計には昭18マレーの50を含む。
	タイ	〃	278	1,196	366	—	1,839	
	ビルマ	〃	—	—	85	—	85	
	フィリピン	〃	177	1,594	328	—	2,099	
	蘭印	〃	355	583	885	—	1,823	
	英領ボルネオ	〃	—	20	15	—	35	
	小 計	〃	1,530	4,310	1,884	61	7,785	
松 脂	仏印	瓩	—	708	332	—	1,040	
	タイ	〃	—	50	—	—	50	
	蘭印	〃	—	760	682	—	1,442	
	小 計	〃	—	1,518	1,014	—	2,532	
其他樹脂	仏印	瓩	47	126	—	—	173	昭19, 20はダマール、コパールと明記。
	タイ	〃	912	—	—	—	912	
	マレー	〃	—	1,752	54	—	1,806	
	フィリピン	〃	217	62	—	—	279	
	英領ボルネオ	〃	57	50	102	—	209	
	蘭印	〃	330	2,073	731	—	3,134	
	小 計	〃	1,563	4,063	887	—	6,513	
キナ皮	蘭印 (のみ)	瓩	—	8,549	1,682	—	10,231	
キニーネ	蘭印 (のみ)	瓩	—	123	40	—	163	
石油及同製品	マレー	竏	…	…	134,672	4,550	…	年報には「炭化水素油」と表示。昭17,18は金額のみ表示。
	英領ボルネオ	〃	…	…	88,912	—	…	
	蘭印	〃	…	…	140,229	8,137	…	
	うちスマトラ	〃	…	…	98,686	8,137	…	
	うちボルネオ	〃	…	…	41,543	—	…	
	小 計	〃	…	…	363,813	12,687	…	
綿 花	ビルマ	担	53,396	3,292	—	…	…	百斤＝1担とす。昭19は瓩を担に換算。
	蘭印	〃	—	6,085	301	…	…	
	小 計	〃	53,396	9,377	301	…	…	
	(トン表示)	瓩	3,203	563	18	…	…	
	(金 額)	千円	16,658	76,660	31,958	831	126,107	
苧 麻	フィリピン	担	—	5,047	3,355	—	8,402	百斤＝1担とす。昭19は瓩を担に換算。
	マレー	〃	—	—	368	—	368	
	蘭印	〃	—	2,002	220	—	2,222	
	小 計	〃	—	7,049	3,943	—	10,992	
	(トン表示)	(瓩)	—	422	236	—	659	

品目	地域	単位					計	備考
黄麻	仏印	担	—	9,132	—	—	9,132	百斤＝1担とす。昭19, 20は䆷を担に換算。
	マレー	〃	—	437	—	—	437	
	英領ボルネオ	〃	—	124	—	—	124	
	蘭印	〃	197	713	403	—	1,313	
	小計	〃	197	10,406	403	—	11,006	
	（トン表示）	(䆷)	11	624	24	—	660	
マニラ麻	フィリピン	担	175,316	44,682	155,505	11,525	827,028	百斤＝1担とす。昭19は䆷を担に換算。
	蘭印	〃	—	—	2,486	—	2,486	
	小計	〃	175,316	44,682	157,911	11,525	829,514	
	（トン表示）	(䆷)	10,518	29,081	9,479	691	49,770	
其他の植物繊維	仏印	担	23,393	26,394	—	—	49,784	百斤＝1担とす。昭19は䆷を担に換算。
	タイ	〃	3,915	342	—	—	4,257	
	マレー	〃	—	—	29,718	—	29,718	
	英領ボルネオ	〃	—	4,408	—	—	4,408	
	蘭印	〃	11,908	3,898	19,783	—	35,589	
	小計	〃	39,216	35,042	49,501	—	123,759	
	（トン表示）	(䆷)	2,353	2,102	2,970	—	7,425	
採油用原料	マレー	䆷	—	—	7,798	497	8,295	「コプラ」「蓖麻子」「其他採油用原料」表示を合算。
	フィリピン	〃	—	—	16,810	448	17,258	
	蘭印	〃	809	1,588	7,061	449	9,907	
	小計	〃	809	1,588	31,669	1,394	35,460	
椰子油	マレー	䆷	—	32,038	—	—	32,038	「椰子油」「パーム油」表示を合算。
	フィリピン	〃	8,089	23,381	73	—	31,543	
	蘭印	〃	—	657	1,331	—	1,988	
	小計	〃	8,089	56,076	1,404	—	65,569	
燐鉱石	仏印	䆷	47,989	44,847	2,820	—	95,656	「燐灰石」表示を含む。
	マレー	〃	—	4,085	—	—	4,085	
	蘭印	〃	—	3,463	2,002	—	5,465	
	小計	〃	47,989	52,395	4,822	—	105,206	
石炭	仏印（のみ）	䆷	249,330	7,299	135,251	3,879	146,429	
鉄鉱石	仏印	䆷	54,800	12,900	—	—	67,700	
	マレー	〃	76,887	37,700	—	—	114,587	
	フィリピン	〃	—	85,178	48,480	—	133,658	
	小計	〃	131,687	135,778	48,480	—	315,945	
銅鉱	フィリピン（のみ）	䆷	—	49,255	28,781	4,603	82,639	

								備考
ボーキサイト	マレー	瓲	2,032	251,645	268,057	21,414	543,148	昭17,18年分はマレー、スマトラの「其他鉱」を計上。
	蘭印	〃	—	289,104	169,187	7,800	466,091	
	小　計	〃	2,032	540,749	437,244	29,214	1,009,239	
ニッケル鉱	蘭印（のみ）	瓲	—	6,145	21,325	3,220	30,690	?
アンチモン鉱	英領ボルネオ（のみ）	瓲	—	161	83	—	244	
クロム鉱	フィリピン（のみ）	瓲	—	37,951	15,610	—	53,561	
マンガン鉱	マレー	瓲	—	—	400	—	400	?
	フィリピン	〃	—	10,856	18,794	460	30,110	
	蘭印	〃	—	1,080	22,750	—	23,830	
	小　計	〃	—	11,936	41,944	460	54,340	
タングステン鉱	ビルマ	瓲	—	176	505	—	681	?
	マレー	〃	—	—	169	112	281	
	小　計	〃	—	176	674	112	962	
チタン鉱	マレー（のみ）	瓲	—	—	326	—	326	
屑　鉄	仏印	瓲	1,180	202	—	—	1,382	
	タイ	〃	837	115	—	—	952	
	フィリピン	〃	—	1,638	—	—	1,638	
	小　計	〃	2,017	1,955	—	—	3,972	
錫	マレー	瓲	—	7,934	6,132	3,077	17,143	
	蘭印	〃	—	1,729	4,944	—	6,673	
	小　計	〃	—	9,663	11,076	3,077	23,816	

出所）岩武［1981］（下）附表2-15表。
註1）原資料は『日本外国貿易年表』。戦時期の『同年表』の性格および利用上の注意については，本章註26）参照。
　2）備考は出所原表による。原表には若干の誤記および理解不能な点がある。明らかな誤記は訂正したが，誤記が疑われるが確認できなかった部分については，？を付した。

ない所以については，すでに第5章でも述べた。南方物資の内地還送の実績に関して，この表から次の諸点が指摘できる（岩武［1981］（上）120頁参照）。

(1) 各種の「取得目標」値に比べて実績値が大幅に狂ったこと。たとえば「昭和17年度取得目標」（本章註24)参照）と表8-7の昭和17年値，あるいは表8-6「南方物資取得三ヵ年計画」の「第一補給圏」+「南方期待」値と表8-7の合計値を比較するだけで，その落差には愕然とする。「但し，ゴム，錫等については，この外に，敵産在庫品を戦利品として補給諸廠よ

り内地補給廠宛還送したものが相当にあったと思われる」という。
(2) 生ゴム，玉蜀黍，鉄鉱石，工業塩，等の重要物資のうち，本来は南方甲地域（すなわち軍政地域）から取得する計画でありながら，輸送船の経路，その他の事情で南方乙地域（すなわち仏印，タイ）からの還送に振り替えられた品目・数量が少なくないこと。
(3) 取得目標と実績の品目にかなりの出入りがあること。当初の取得目標に挙げられなかった品目，たとえば米，牛皮，水牛皮，サイザル麻（いずれも物動物資）がかなりの量で輸入されている反面，「取得目標」に記載されている茶，コーヒー，ココア，など全く輸入がなかった品目も多い。
(4) 昭和17年から20年にかけて，時とともに物資輸入が急激に減退していること。すなわち主要品目の多くで実績の最高値は昭和17年にあり，その後の還送はまさに激減する。例外は玉蜀黍，椰子油，ボーキサイト，等であり，これらも昭和18年に最高値を示したのち大きく減退する。

これら諸問題の因って来る原因については，「南方統治」全体の観点から考えなければならないことが多い。とくに戦時期の南方物資の輸送問題についてはのちに少し触れるが，全体としては，なお今後の研究課題としなければならない。

ともあれ現在において，表8-7は戦時期における南方交易，南方物資の内地還送の実態を実物ベースで計る最も基本的なデータであるといってよい。ただしこの表の持つ根本的な問題は，戦略物資の要にあった「石油及同製品」の動向がここからでは正確に摑めないことである。昭和17年・18年について，輸入金額は分かるが（戦略上の機密事項として）物量単位での表示を欠くために，この肝心な品目に関して昭和17～20年度を一貫して把握することができない。項を改めて「石油問題」を考えることにしたい。

3）石油の内地還送

石油問題が開戦を決意させた国力判断の要の位置にあったことは，多くの証言から知られる。当時アメリカは世界最大の産油国であり，かつ輸出国であった。日本は最も重要な戦略物資を仮想敵国であるアメリカに依存しながら，戦

争準備を進めなければならなかったのである。

　開戦前日本の石油の対外依存度・対米依存度を簡単に概算しておく。まず原油ベースで1939（昭和14）年の対外依存率を計れば，国内生産額が35万7千キロリットルに対して輸入額が174万4千キロリットルで，対外依存度は83％に上る（島野［1980］79頁）。また（『日本外国貿易年表』が用いる）鉱油（炭化水素油＝原油・重油・粗油）ベースで同年の対米依存度を計れば，輸入総額365万7千キロリットルに対してアメリカからの輸入は283万6千キロリットル，対米依存度は77.5％に上る（岩武［1981］（下）附表第2-10表）[27]。

　1941（昭和16）年8月1日アメリカは対日石油禁輸措置を強化し，石油の対日供給は実質的に停止する。これを契機に，日本の政府・軍部内において戦力の「ジリ貧」を避けるという主戦論が対米交渉に期待する非戦論にはっきりと取って代わり，南方占領による石油資源の確保，そして対米開戦が決意されるに至る。

　ところで，開戦前1940（昭和15）年の南方産油状況を示す興味深い資料が三輪宗弘によって紹介されているので（三輪［2004］図5-1），これを借りて図8-1として示そう。主要な産油地を地域別に見れば，パレンバン地区を中心とする南スマトラが全体の43％，サンガサンガ（およびバリクパパン）地域を中心とする南ボルネオが18％でこれに次ぎ，北スマトラと北ボルネオ（英領）が約9％でこれらに続く[28]。これを先に示した陸海軍の軍政担当地に当てはめると，蘭領南ボルネオを割り当てられた海軍の担当は18％に止まり，残り82％の産油地はスマトラおよび英領北ボルネオを担当する陸軍が統治を担当することになった。しかし石油の最大の消費者は海軍であり，また油槽船保有量においても陸軍の12倍の能力を持っていた（陸軍約1.3万トン対海軍約16万トン）。1941年9月の軍政区分は，「燃料に関して高度な技術および輸送能力を有する海軍を最大生産地に割り当てなかったと言う，戦略的整合性のないとりきめであった」（三輪［2004］135頁）といえる。石油をめぐって陸海軍が互いに角突き合わせ，協調を欠いてその後の還送に悪影響を及ぼした遠因はここにもあったというべきであろう。

　開戦前の予想では南方油田地帯は相当に破壊されているものと思われたが，

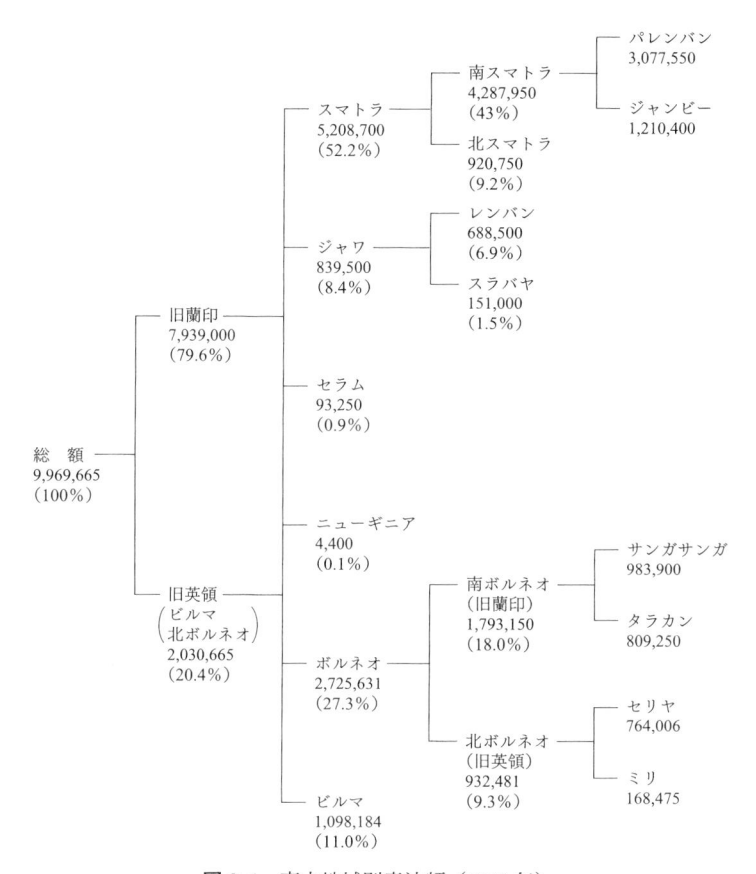

図 8-1　南方地域別産油額（1940 年）

```
総　額                    ┌─ 南スマトラ        ┌─ パレンバン
9,969,665 ─┬─ 旧蘭印 ─┬─ スマトラ ──┤  4,287,950   ──┤  3,077,550
(100%)     │ 7,939,000 │ 5,208,700  │  (43%)         │
           │ (79.6%)   │ (52.2%)    │                └─ ジャンビー
           │           │            │                   1,210,400
           │           │            └─ 北スマトラ
           │           │               920,750
           │           │               (9.2%)
           │           │            ┌─ レンバン
           │           ├─ ジャワ ───┤  688,500
           │           │  839,500   │  (6.9%)
           │           │  (8.4%)    └─ スラバヤ
           │           │               151,000
           │           │               (1.5%)
           │           └─ セラム
           │              93,250
           │              (0.9%)
           │           ┌─ ニューギニア
           │           │  4,400
           │           │  (0.1%)                     ┌─ サンガサンガ
           │           │              ┌─ 南ボルネオ  │  983,900
           └─ 旧英領 ──┤              │  （旧蘭印） ──┤
              (ビルマ  ├─ ボルネオ ──┤  1,793,150   │
               北ボルネオ) │ 2,725,631 │  (18.0%)     └─ タラカン
              2,030,665 │ (27.3%)     │                 809,250
              (20.4%)   │             │              ┌─ セリヤ
                        │             └─ 北ボルネオ  │  764,006
                        │                （旧英領） ──┤
                        │                932,481    └─ ミリ
                        │                (9.3%)        168,475
                        └─ ビルマ
                           1,098,184
                           (11.0%)
```

出所）三輪［2004］図 5-1。原資料は榎木隆一郎『南方石油概論』1945 年。
註）単位はトン。

実際には陸海軍地域ともに油井および製油施設をほぼ無疵で入手し，航空揮発油を含めて現地精製も可能であったという。問題は，生産量に見合う貯蔵施設および輸送手段の不足に現れたが（三輪［2004］141-142 頁），これについてはのちに触れる。南方石油の生産実績と内地還送については，アメリカ合衆国戦略爆撃調査団（USSBS）資料によって表 8-8 に示す。

表頭に加えた「見込量」は開戦前の 1941 年 10 月 29 日の陸海軍共同研究の積算結果であるというが（三輪［2004］144 頁），これが生産見込みなのか還送

表 8-8　南方石油の生産実績と内地還送

(単位：千キロリットル)

	1942 年度 （昭和 17）	1943 年度 （昭和 18）	1944 年度 （昭和 19）	1945 年度 （昭和 20）
見込量	300	2,000	4,500	…
生産実績				
原油生産量	4,124	7,891	5,872	1,041
製油所通油量	2,205	4,515	4,268	707
製油所製品生産量	2,235	4,237	4,026	644
航空ガソリン	467	860	879	132
自動車ガソリン	397	581	422	95
灯　　油	178	209	191	31
ディーゼル油	37	91	107	25
潤滑油	49	109	127	17
重　　油	1,107	2,387	2,300	344
還送実績	1,673	2,306	791	―
南方消費および海上喪失	2,451	5,585	5,081	1,041

出所）アメリカ合衆国戦略爆撃調査団［1986］1-2-7 表および 1-2-9 表。「見込量」のみ三輪［2004］表 5-1。
註 1 ）本表の「南方」は基本的にスマトラ，ボルネオ，ジャワの旧「蘭印」地域のみ。
　 2 ）本表は基本的には会計年度であるが，「見込量」については不詳。
　 3 ）1945 年度は同年 4 月 1 日より 8 月 1 日まで。
　 4 ）「原油生産量」は原資料 1-2-7 表と 1-2-9 表で若干異なるが，本表では後者を採用。
　 5 ）「還送実績」および「南方消費等」は原表では原油＋製油所製品となっているが，原油に換算して示したものであろう。

見込みなのかは詳らかにしない。1 年目の 1942（昭和 17）年度については，ボルネオ地区からの 30 万キロリットルのみを想定し，スマトラ，ジャワからはまだ取得できないというきわめて控えめな数字であり，企画院の行った「昭和 17 年度物動計画」でもこの数字が踏襲された[29]。ところが，開戦後の順調な滑り出しを見て陸海軍ともに採油予想を大幅に拡大し，企画院もまた昭和 17 年 4 月の 17 年度 1 ヵ年見込では 360 万キロリットルという膨大な数字に大幅修正している。この段階ですでにこの「見込量」の数字は（したがってまた企画院が苦心した物動計画もまた）意味を持たなくなったといってよいであろう。

　石油の「生産実績」額については原油ベースで計るか製品ベースで計るか，これを定義し測定することが甚だ難しい。原油生産量の四半期別データで見ると，1942（昭和 17）年度は回復期，1943 年度に入りその第 1 四半期（4〜6 月）

には 1 千万バーレル（約 160 万キロリットル）を超え，第 3 四半期（10〜12 月）には 1,300 万バーレルすなわち 1940 年水準の 90％まで回復したと見られる。原油に関しては 1944 年度も第 3 四半期まではどうにか 1 千万バーレル前後を保つが，その後は明らかに減退に入り，1945 年度には激減する。製品生産量の方は四半期別データが得られないが，ほぼ同様の盛衰であろう。ただし，製油所への爆撃により（あるいは輸送の渋滞による滞貨のために）原油よりも生産の衰退時期が早く，かつ減退が急速であった可能性は大きい[30]。

「還送実績」額も原油と製品を混在させている点で実態の把握が難しいが，さらにデータ出所によって数値にバラツキが大きく（三輪［2004］145 頁），判定に苦しむ。表 8-8 でいえば，1942 年度，そして 1943 年度は前述の「見込量」を上回ったが，1944 年度にはもはや「見込量」どころか，前年実績の三分の一を切り，1945 年度にはほぼ皆無となる。

さて，表 8-8 の「南方消費および海上喪失」額（USSBS 原資料でいえば「南方で消費または海上で喪失した原油と製品」）である。原資料では「原油生産量」から「還送実績」（「日本に還送された原油と製品」）を引いた額として計算されている。

南方石油のかなりの部分が南方作戦に使われたことは，確かであろう。南方艦隊はシンガポールに基地を置き，ブルネイ，シンガポール等の石油港で燃料補給を行った。また内地に基地を持つ艦隊も帰路には南方の燃料供給基地に立ち寄って補給を受けた[31]。しかし 1943 年度に入って，南方原油ベースでその約 2 割しか「還送」されず，80％は南方で「消費」あるいは「在庫」あるいは「喪失」した勘定になる。

以上の数値については誠に根拠が危うい。「陸海両軍は南方油田の支配権を掌握したが，南方の産油量ならびに輸送量の数字は，石油の割当と配当を担当していた東京の内閣にさえ通報されなかった。戦時中全体を通じて始終不確実というベールで覆われていた」（アメリカ合衆国戦略爆撃調査団［1986］33 頁）のである。

戦時期の南方石油については，開戦時の見込みよりも多く確保できたものの，陸海軍がその権利をめぐって争い，海軍が乱脈浪費し，やがて連合国の海

上封鎖によって輸送線が切断されるに至って，結局は油田も製油所の生産も多くは放棄されざるをえなくなった[32]。南方の石油は南方の物資の象徴的存在であり，したがって「南方交易」の問題点をも象徴的に示していた。石油に代表される「南方圏」交易の崩壊過程については，第IV節でまとめて考えることにする。

4) 南方への物資供給

さて，日本が進出する以前の「東南アジア地域」が，欧米の植民地という条件の下ではあれ一定の再生産構造を構築していたとするならば[33]，日本軍の進駐によってこの絆が断ち切られた以上，南方地域の住民に対して生活物資を供給する責任を負わねばならなかった。日本軍が，既存の経済秩序と負うべき責任について十分な研究と理解を持って戦争に入ったとは思われない。あるいは，南方の資源還送は必要とするが南方へ物資供給をする余力を持たない日本は，はじめから「当分ハ所謂搾取的方針ニ出ズル」（傍点――山本）こともやむをえないとして開戦に踏み切った。したがって現地の生活水準が下がり，需給のアンバランスによってインフレが起こることも開戦当初から当然想定されていたものと思われる（中村［1977］112頁）。

日本から南方への物資供給実績をどのように測定し，その結果をどのように判定すればよいのか。戦時期の物動計画あるいは交易計画と輸出実績の比較による計画対実績の検討がないわけではない（岩武［1981］（上）第2章第4節）。しかし繰り返すように，(1) 当時の計画が朝令暮改で明確な基盤を持たないこと，(2) 戦時インフレのもとで金額表示の実績はあまり意味を持たないこと，(3) すでに述べたように，対南方輸出品は多岐にわたり，前掲表8-7に対応する輸出実績表を作成することが困難であることにより，これらの比較があまり意味を持つようには思われない。

ここでは大いに省力して，「南方圏」にとっての必需輸入品を代表する繊維品の戦前・戦時比較を試みた表8-9を示すに止める。これによって戦前実績（1939～41年の3年間の輸出数量合計高）と比較した戦時実績（1942～45年の3年半の輸出数量合計高）を見れば，まず繊維輸出の大宗をなす綿織物において，

表 8-9　南方向け輸出織物の戦前・戦時比較対照表

(単位：百万平方ヤード,（%）)

		綿織物	絹織物	人絹織物	合　計
甲地域	戦　前	1,207.5	4.0	89.8	1,301.3
	戦時中	69.8	0.8	25.2	95.8
	比率（%）	(5.8)	(20.0)	(28.1)	(7.4)
乙地域	戦　前	381.5	0.7	27.0	409.2
	戦時中	104.9	2.3	22.2	129.4
	比率（%）	(27.5)	(328.6)	(82.2)	(31.6)
合　計	戦　前	1,589.0	4.7	116.9	1,710.6
	戦時中	174.7	3.2	47.5	225.4
	比率（%）	(11.0)	(68.1)	(40.6)	(13.2)

出所）岩武［1981］（上）130頁，第2-34表。
註1）「戦前」は1939〜41年間の輸出数量合計。「戦時中」は1942〜45年間の輸出数量合計。比率は戦前に対する戦時中の比率。
　2）原表中の計算違いは山本が訂正した。

甲地域（占領地域）では戦前の6%弱，乙地域（協力地域）で28%弱。これを部分的に補ったのが人絹織物であって，甲地域で28%強，乙地域で82%強であったが，全体としては甲地域で7%強，乙地域で32%弱，総合計で13%強という低水準に止まった。戦前では南方向輸出織物の93%を占めた綿織物が戦時中には77%に下落し，それを南方生活に適しない人絹織物で代用させながら，なお総量において戦前比13%強に止まったという事実に，日本の「南方圏」経営の実態を見ることができる（岩武［1981］（上）130頁）。

　なお戦時期「南方圏」交易の実態については「南方圏」地域内の物資循環についても検討する必要があるが，とりあえずは本章の課題の外にあるものとして検討を省略する[34]。

IV.「南方圏」交易の崩壊
――資源の内地輸送を中心に――

1) 海上輸送力の喪失

　1943年をピークとして日本の経済力・戦闘力が大きく低下した主たる原因が海上輸送力の低下にあったことについては，すでに多くの戦時研究が指摘するところである[35]。輸送力の減退は，軍の補給にも物資の還送にも，多大の影響を及ぼした。

　「南方資源」の戦力化が一にかかって輸送力の確保にあることは開戦以前から予想されていた。「物動」もまた，第三国輸入が途絶した瞬間から，物資の「輸入」に規定された「輸入物動」から物資の「輸送」に規定される「輸送物動」に転化することを想定し，輸送力の根幹をなす船舶について以下のような「見通し」を立てていた。まず日本の保有船舶量（100トン以上の鋼船）649万総トン。そのうちタンカー，官庁所有船，修理船等を除いた，物動計画の対象となる貨物・貨客船舶は約550万トン。このうち陸軍が110万トン，海軍が180万トンを常時徴用するとしても，タンカーを含めて300万トン以上を民需に確保できれば，「昭和16年物動」水準の生産に必要な資源輸送に支障はない。企画院によれば，消耗船舶量の推定は年間80〜100万総トン，新造船を年間60万総トン内外とすれば「300万総トンノ船腹保有ハ可能」というものであった（中村［1977］117頁）。そもそも消耗量よりも新造量が20〜40万トン少なくても現状維持が可能だという「見通し」の計算根拠が疑われるが，問題はそれよりも，消耗量と新造量のバランスにおける予想と現実の大きな乖離にあったといえよう。

　まず保有船舶量（100トン以上の鋼船）の現実を見れば，開戦時の640万トンが1942年度末には590万トン，43年度末には490万トン，44年度末には激減して260万トン，そして45年8月末では150万トンまで減って敗戦を迎える。開戦時を100とした指数で見れば，当初の2年間は93および77とどうやら維持していたものが，44年度末には40，敗戦時には実に24という数字で

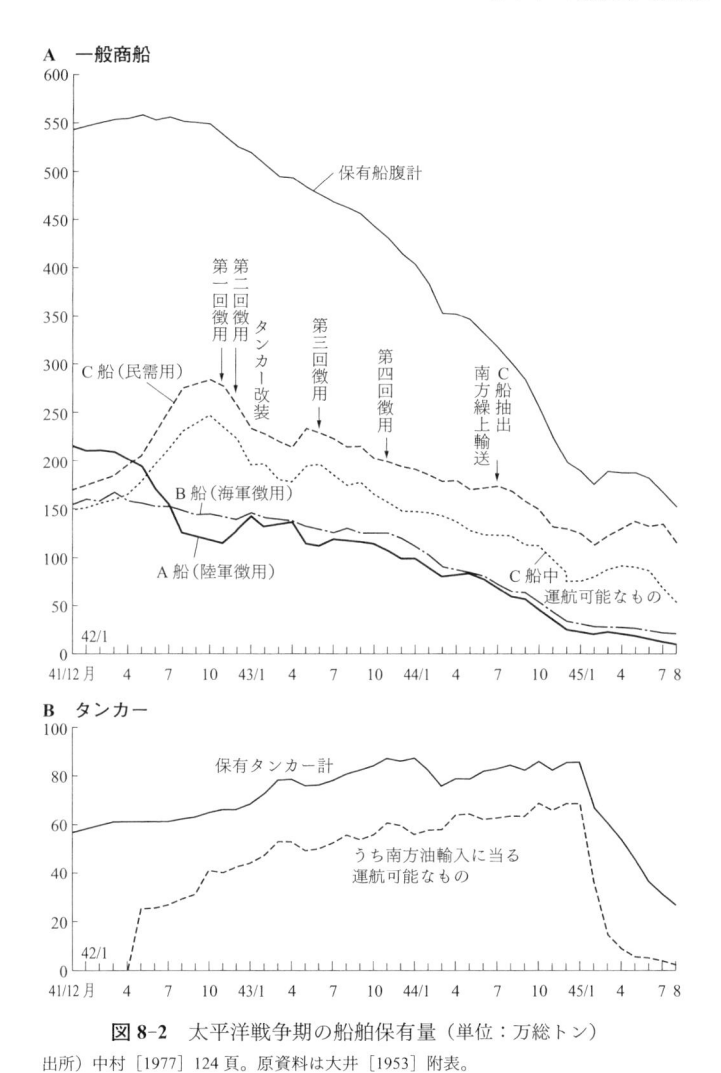

図 8-2 太平洋戦争期の船舶保有量（単位：万総トン）
出所）中村［1977］124 頁。原資料は大井［1953］附表。

あった（三輪［2004］表 5-12）。新造総トン数で見れば，当初 1942 年には準備が整わなかったものの，1943 年に入って徐々に生産が上がり，1944 年には毎月月産 10 万トンを維持し，同年 3 月には 26 万トンという戦時最大の実績を挙げているから（したがって 1944 年の年産合計では 170 万トン），むしろ問題は喪

失トン数にあった。新造トン数と喪失トン数を月別データで比較した場合，戦時45ヵ月を通じて新造が喪失を上回ったのはわずかに2ヵ月，後は全ての月で喪失が新造を上回り，保有船舶トン数のマイナスを記録する[36]。

喪失総トン数の月別推移は南太平洋における戦況とよく符合している。1942年ガダルカナル島争奪戦，1943年ソロモン諸島をめぐる陸海空争奪戦，そして1944年マリアナ沖海戦においてはタンカーを含む多くの補給船を喪失した。さらに，こうして連合国軍勢力が北上するにつれて，日本の輸送船団は潜水艦による待ち伏せ攻撃にさらされた。「沈没の三分の二は潜水艦にやられ，三分の一は航空にやられた」という（三輪［2004］173頁）。1944年10月米軍によるフィリピン反攻により日本帝国の南北輸送線が分断され，戦局の大勢は決したという点で，多くの戦記の記述は一致している。

こうした保有船舶量の現実を，「A　一般商船（貨物船・貨客船）」および「B　タンカー」に分けて，月別の推移を示したきわめて印象深い図が中村隆英により作られているので，これを借りて図8-2とする（中村［1977］124頁）。この図で興味深い点のひとつは，商船船腹が1942年5月をピークに一気に減退するのに反して，タンカー船腹が1945年1月までほぼ上昇傾向を続けたことである。この点を中心に，南方石油の内地輸送とその切断を次項で考える。

2）石油輸送線の切断

日本は1930年代に入って石油輸入を拡大し，その後半においては年間およそ3千万バーレル強（約480万キロリットル）の石油（原油および石油製品の合計）を輸入していた（アメリカ合衆国戦略爆撃調査団［1986］1-1-1表）。この輸送についてはかなりの程度を外国船に依存した関係もあって，開戦時のタンカー保有量は58万トンに止まった。そのため開戦後は鋼船用資材の需給調整を海軍大臣が管理して造船とくにタンカー建造に重点的に配置し，新造船の建設とともに商船をタンカーに改造するなど，その増強に鋭意努力した。その結果タンカーについては船腹量を順調に引き上げ，1943年11月には87万トンに達し（ただし修理改修中のものあるいは内地で局地的に使用するものを含む），その4分の3，約61万トンを南方油輸送に充当することができた。

いまこの時点での民間タンカー運用を見れば[37]，まず17万トンを海軍が徴用し（A船），次に1万3千トンを陸軍が徴用して（B船），残り40万トン前後が「民需」輸送に当たった（C船）とされる。ただし南方石油については，軍がこれを戦利品とみなして陸海軍幹部のみで構成される「石油委員会」でその開発・生産・配分までも掌握した。したがって内地への輸送についても同委員会の管理の下に全てのタンカーは「プール方式」で運用され，徹底した秘密命令の下で運行したという（アメリカ合衆国戦略爆撃調査団［1986］48頁）。

　アメリカ軍の潜水艦攻撃によるタンカーの喪失は1943年3月から大きくなった。潜水艦のみならず航空機あるいは戦艦もまたタンカーを狙い撃ちするようになった。1943・44年には新造竣工もかなりの量に上るが，ほぼそれと同量を失い，保有量は80数万トンで推移した。結局，軍部はこの限られた輸送能力に対して，航空ガソリン（および航空潤滑油）を重点的に輸送することでこの隘路を打開しようとした。それは直ちに日本本土における「民需」に反映した。「石油の配当減は一般の資材と異なり，その影響が急速にあらわれる。機帆船の運行が鈍化し，輸送力は目に見えて低下した。トラックの動きも鈍くなって輸送力不足のため鉱山や工場にストックがふえはじめてきた。そして潤滑油の減少が産業機構全体をきしませだした。戦力増強がこの面からあきらかに崩れだしたのである」（田中［1975］546-547頁）。

　商船と比べた場合，当初タンカーの喪失が少なかった原因として，アメリカ軍潜水艦のタンカー攻撃命令が1944年まで遅れたという説があり（三輪［2004］第5章註81），実は早く1942年には出されていたという説もある（アメリカ合衆国戦略爆撃調査団［1986］48頁）。いずれにせよ，1945年に入ると日本近海にまで出撃したアメリカ潜水艦，航空機によりタンカーは狙い撃ちされ，やがては本土周辺での組織的な機雷敷設により被害を大きくした。同年1月，18万トンという巨額の喪失の後，日本のタンカー輸送は一気に壊滅する。1945年に入ってからの南方油の輸入量は，封鎖線突破に成功した独航タンカーが1月，2月に持ち込んだ数千バーレルだけであったという（アメリカ合衆国戦略爆撃調査団［1986］53頁）。

3）終戦処理

　岩武照彦は，南方物資の当初の取得計画（本章註 24）参照）およびほぼ 3 年半の還送実績（前掲表 8-7）を精査した結論を次のように述べる（岩武 [1981]（上）120 頁）。

> 以上（の還送実績）をかりに還送数量で示すと，1942 年度の目標数量 2,814 千トンに対して実績は 415 千トン（15％），1944 年度の開発目標 8,543 千トンに対して，戦争中 4 ヵ年間の還送数量は 2,902 千トン（33％弱）にすぎない不成績である。概言すれば，戦時中の南方物資の輸送は，占領地域よりの石油類およびボーキサイト，ならびに仏印・タイよりの米穀の輸送に終わった，といっても過言ではあるまい。そして終戦時には恐らく，鉄鉱石 1,000 千トン前後，ゴム 150 千トン近く，錫およびパーム油それぞれ数万トンの在庫が，港頭や山元・農園および工場に残存し，進攻して来た連合国軍に押収されたのではないかと思われる。

　日本政府が連合国に対してポツダム宣言受託を通告した 1945 年 8 月 14 日時点において，ビルマ，フィリピンにおける日本軍の実効支配はすでに消滅していた。南方軍総司令部はシンガポール，マニラを経てサイゴンで終戦を迎えたが，8 月 29 日ラングーンにおいて総参謀長・沼田多稼蔵中将が英軍（東南アジア連合軍）との降伏文書に調印し，10 月 12 日シンガポールにおいて（総司令官・寺内寿一元帥の病気代理として）第 7 方面軍司令官・板垣征四郎大将が出席して英軍に対する正式の降伏式が行われた。マレイ，スマトラ，ジャワ，北ボルネオを隷下に置いた第 7 方面軍以下，南方軍隷下の各軍も全てこの時点をもって連合国軍に対して正式に降伏したとみなされたものであろう。日本の敗戦によりフィリピンは「アメリカ軍管区」，北緯 16 度以北の仏領インドシナは「中国軍管区」，ボルネオ，英領ニューギニア，ビスマルク諸島，ソロモン諸島は「オーストラリア軍管区」それ以外の東南アジア一帯は「東南アジア連合軍管区」に編入され，アメリカ，イギリス，やがてオランダ，フランスが復帰して旧支配の復活を企図した（中村・桐山 [1985]，日置 [2005]，加藤 [2009]，等）。

　終戦とともに日本人は軍人，軍属，民間人を問わず「総引揚げ」を開始し，

1947年頃までにはほぼこれを完了した[38]）。

むすび
―― 東南アジア貿易の復活 ――

　日本の降伏と撤退により「東南アジア」には旧宗主国が復帰し，激しい独立闘争を経てやがて国民国家群を形成した。ベトナム戦争を中心とする国家独立と民族自決の歴史を繙くことは，ここでの課題ではない。

　戦後日本の「南進」研究を切り開いた矢野暢は，敗戦と降伏により一度「南方圏」から完全に追放された日本が，戦後なぜ直ちに東南アジアに復活できたのかという「不思議」に思いを寄せなければ，日本の「南方関与」の歴史分析は閉じないといった（矢野［1975］178頁）。

　日本は1951（昭和26）年9月サンフランシスコ平和条約調印によって「東南アジア」のビルマ，フィリピン，インドネシア，ベトナム，ラオス，カンボジアの6ヵ国に対して戦争賠償責任を負うことになり，請求権を放棄したラオス，カンボジアを除く4ヵ国と順次賠償交渉を行った[39]）。まずビルマについては，1954年11月日緬平和条約ならびに賠償協定が調印され，翌年から賠償が始まった。賠償は総額2億ドル，経済協力として5千万ドルを日本人の役務および生産物で支払うもので，期間は10年間であった（のち1963年の経済技術協力協定により1億4千万ドルの無償援助を追加）。

　フィリピンとの間では1956年5月日比賠償協定が調印され，賠償総額5億5千万ドル，経済協力2億5千万ドル，計8億ドルで合意がなった。対価は同じく日本人の役務および生産物で支払うが，期間は20年とされた。またインドネシアの場合は，1958年1月日イ平和条約とともに賠償協定が調印され，賠償4億ドル（ただし対日焦付債務1.77億ドルを差し引いて純賠償額2.23億ドルで支払期間12年），経済借款4億ドル（支払期間20年）とされ，対価はほかと同じであった。

　ベトナムについては南ベトナム政府（ベトナム共和国）を正統政府とみなし

て1959年5月に協定に調印し、賠償3,900万ドル（5年間），借款750万ドル（3年間）が決まった。これに対して北ベトナム政府（ベトナム民主共和国）は賠償請求権の留保を声明した。また賠償請求権を放棄したラオスとカンボジアに対しては，1959年にそれぞれ10億ドルおよび15億ドルの経済技術協力が行われることで決着した。

こうして第二次世界大戦以後の日本の「東南アジア貿易」は1955年から日本の賠償支払とセットになって「再開」し，拡大した。戦争賠償は商品や機械の市場を開発しただけではない。役務賠償あるいは技術協力を通じて日本企業の進出を促し，その後の東南アジア各国経済と日本とを固く結びつける絆となった。それは，朝鮮戦争ほど劇的でなかったにしても，戦後日本の経済復興・産業育成に大きな役割を果たすことになったといえるであろう。

［註］
*）本章の初出は山本［2010］である。本章は，先稿の山本［2008］（本書第5章所収）を受けて，「南方圏」交易の実態をより長期的および微視的視点から見て分析を深めたものである。本章に関わる先行業績として第一に挙げるべきは，岩武［1981］とくにその第2章，および岩武［1989］である。また本章と共通の関心からなされた最近の業績として荒川［2011］第2章を挙げる。政策策定あるいは外交交渉の過程については，柴田［1995a］［1995b］，安達［1995］［2002］，等を参照した。本章は，これらとはやや観点を変えて，南方甲・乙地域全般の「物流」実績を貿易（交易）史的方法により実証的に解析しようとしたものである。この時期の貿易統計資料が使いにくい事情もあって，戦時期の貿易（交易）分析は意外と手薄い。しかし文献資料の再引を含め，上記を含む先行業績に負うところは大きい。なお本章においても，上記の先稿におけると同じく文献情報については籠谷直人氏（京都大学），統計情報については木越義則氏（京都大学）のご教示を得た。記して感謝する。
1）史料としての『日本人の海外活動に関する歴史的調査』に関しては，小林英夫による解説を見よ（小林［1997］）。
2）日本人の「南洋」概念と「南進の思想」の展開については別に論じなければならないが，いわゆる「内南洋」と「外南洋」という概念についてのみ簡単に触れる。第一次世界大戦前の日本では，一般に日本の南方熱帯海域を「南洋」と総称した。また第一次世界大戦後いわゆる「南洋群島」が国際連盟の委任統治地区として実質上日本の領土になると，赤道以北のこの南洋群島を「裏南洋」といい，赤道以南の南洋地域を「表南洋」と称することになった。ところが日本側の日本領を「裏」と称するのは好ましくないと

して，これを「内南洋」と呼称し，それ以外の南洋海域を「外南洋」と呼称する習慣が広がったという（春田［1999］87頁）。なお，「内南洋」は現在の地理分類ではほぼ「ミクロネシア」に相当し，「外南洋」はほぼ「東南アジア」に相当すると考えられている。ただし「外南洋」について，当時の政府・国民にこの用語に対する一定の基準あるいは共通の認識があったか否かについては，明らかでない。たとえば，外務省の海外移住者統計の南洋方面には東南アジアのほか大洋州全域が含まれ，場合によっては大洋州も南洋の一部と認識されていた（大野［2008］687頁）。

3）「国防資源の源泉としての南方圏」というその後の「南方政策」を方向づけた具体的な政策形成については，本章第II節1）で詳論する。

4）「大東亜共栄圏」構想とその構造については，本書第4章を見よ。

5）「東南アジア」という地域概念の成立過程については，清水［1987］が詳しい。「通説によれば，"South East Asia"の呼称は，第二次世界大戦中日本軍によって占領された地域を回復するため軍略上統一的対策をとる必要から1943年セイロンのコロンボに設けられた連合軍の"South East Asia Command"（東南アジア司令部）に由来する」とされ，戦後アメリカを中心とする地域研究の発展のなかで普及・定着したと考えられる。清水は，欧米におけるSouth East Asia概念の成立過程を検討する一方，1920年代の日本の国定教科書に現れた「東南アジヤ」概念の成立と消滅を検討して，誠に興味深い。

6）以下に述べるところの統計資料は，山澤・山本［1979］，東洋経済新報社［1935］，南洋協会［1943］，等による。なお，本表でいう「東南アジア」は，（『日本貿易精覧』がいうところの）「海峡植民地，英領ボルネオ，蘭領印度，仏領印度支那，比律賓諸島，暹羅」である。

7）以下本項については，註6)の統計のほか，浅香［1943］，安達［2002］，等を参照した。

8）1930年代東南アジア地域との通商摩擦と通商交渉の経緯については近年研究が多い。ここでは，清水［1986］，杉山・ブラウン［1990］，石井［1995］，白木沢［1999］，籠谷［2000］，秋田・籠谷［2001］，安達［1995］［2002］を挙げる。

9）以下については，安達［2002］第II部「「大東亜共栄圏」構想下の東南アジア資源への進出」第1章に負うところが多い。とくに外務省欧亜局第三課「欧州新情勢ニ対応スル南方政策」については，同書からの再引である。企画院「帝国必要資源の海外特に南方諸地域に於ける確保方策」は『現代史資料』43「国家総動員」1，172-176頁。

10）企画院による「補給圏」の構想は，第三国貿易が続くこの段階では「対東亜大陸及南方諸地域（香港，仏印，暹羅，英領マレイ，海峡植民地，蘭印，英領ボルネオ，比律賓及び緬甸）」であったが，「大東亜共栄圏」構想とともに拡大し，1941年7月9日閣議決定された「昭和16年度物資動員計画ノ策定方針ニ関スル件」では，「自給圏」を内外地円ブロック，「第一補給圏」を仏印，泰，「第二補給圏」を比島，馬来，蘭印，等，「第三補給圏」をビルマ，豪州，印度，北米，南米，阿弗利加，とした。原［1976］19

頁註 9。
11)「南方経済施策要綱」は 7 月 12 日の閣議決定により設置された第五委員会で検討され，8 月 6 日に委員会決定，8 月 16 日に閣議決定された。なお第五委員会は「南洋方面ニ対スル経済問題処理ノ為，企画院ニ関係各省（外，大，陸，海，農，商，拓）ノ打合委員会」として企画院内に設置されたものであり，1941 年 11 月 28 日第六委員会が設けられて廃止されるまで，「南進政策の『経済参謀本部』」として機能した。石川準吉『国家総動員史』「資料編第 8」16 頁，安達［2002］133 頁。
12) 1942 年 2 月 23 日大本営政府連絡会議決定「帝国領導下ニ新秩序ヲ建設スヘキ大東亜ノ地域」に至る「大東亜共栄圏」およびその一部をなす「南方圏」の範囲と構想に関する変転については，本書第 4 章を見よ。
13) 1940 年以降の日蘭交渉（いわゆる第二次日蘭交渉）および仏印との経済交渉については，長岡［1963］，安達［1995］［2002］を見よ。
14) その品目と数量は以下のとおりである（長岡［1963］84-85 頁，外務省［1965］（下）427 頁）。

1	スズ（鉱石共）	3,000 トン	8	屑鉄	100,000 トン
2	ゴム	20,000 トン	9	クローム銑鉄	5,000 トン
3	鉱油（石油）	1,000,000 トン	10	工業塩	100,000 トン
4	ボーキサイト	200,000 トン	11	ヒマシ	4,000 トン
5	ニッケル鉱	150,000 トン	12	規那（キナ）皮	600 トン
6	マンガン鉱	50,000 トン	13	モリブデン	1,000 トン
7	ウォルフラム	1,000 トン			

15) 蘭印に派遣する特派使節団については，団長の人選および交渉方針をめぐって軍を含む各省間に意見の相違があり，二転三転した。結局，小林使節への指令として 8 月 27 日閣議に提出された「対仏印交渉方針案」は，正式な訓令ではなく，「小林使節ニ参考トシテ手交スルコトニ閣議決定」したという（安達［2002］147 頁）。
16) 当時の日本の石油輸入量は，1938〜40 年の 3 ヵ年平均で約 439 万トン。うちほぼ 85％，375 万トンをアメリカから輸入し，残り 15％，64 万トンを蘭印などから輸入していた。（三輪［2004］119 頁，表 4-1）。
17) なお，貿易にともなう支払協定としては，1940 年 12 月には「日・蘭印銀行間金融協定」が締結され，翌 1 月から双務的清算協定として機能したが，これまた蘭印の対日資産凍結発表により停止された。本書第 7 章 169 頁以下。
18) 仏印物資のなかで日本が重視した産品は米，次いでゴムであった。米については日本側が 100 万トンを主張し，仏印側が 70 万トンを主張した。結局，70 万トンを最低保障量とし，輸出余力がある場合は極力留意するということで合意がなり，全体協定に先立って 1 月 20 日に仮調印が行われた。米を除くその他主要物資の要求・応諾量は以下のとおりである（安達［2002］表 14）。

		日本側要求量	フランス側応諾量
1	とうもろこし	25万トン	20万トン
2	生ゴム	6万トン又は全輸出可能量	1万5,000トン（暫定）
3	松脂	2,000トン	400トン
4	漆	1,500トン	1,500トン
5	ヒマシ	1,000トン	1,000トン
6	鉄鉱	15万トン	無制限
7	マンガン鉱	4,000トン	全生産量
8	タングステン	350トン	300トン
9	錫鉱	3,000トン	仏本国向300トンを除く全生産量（2,800トン）
10	亜鉛	3,000トン	仏印内消費1割，仏本国向25％を除く全生産量（5,000トン）
11	石炭	80万トン	80万トン
12			
13	硅砂	8万トン	8万トン
14	塩	全輸出可能量	4万トン
15	燐灰石	8万トン	全生産量
16	アンチモニー	40万トン	全生産量

19) 岩武［1981］（上）33-34頁，三輪［2004］134-135頁。この中央協定の原文は見当たらないとされ（岩武［1981］（上）47頁註37），岩武と三輪の引用には（たとえばビルマの有無など）若干の違いがある。当初9月段階ではビルマは占領予定地に入っておらず，その後11月段階までに予定地に入ったと考えれば整合性がつく。第1章でも述べたように，この分割の根拠についてはいろいろな説があるが，陸軍地域は「人口稠密ニシテ行政処理繁雑ナル地域」，海軍地域は「人口希薄ニシテ将来帝国ノ為保有スベキ処女地域」とされたという（原［1976］14頁註33，岩武［1981］（上）34頁）。なお，開戦後の戦局の展開にともなう，陸軍地域，海軍地域の諸地域追加についてはすでに見た（本書30頁註15），92頁参照）。

20) 1941年12月11日の第六委員会決定（原案）では甲地域に「ビルマ，其の他皇軍の占領地域」を含まないが，12月12日の関係大臣会議決定以降にこれが入る模様である。『現代史資料』43「国家総動員」1，195頁，および岩武［1981］（下）594頁参照。

21) 以下本項については先稿（山本［2008］）および本書第5章でも論じた。主要参考文献は，中井［1942a］［1943a］［1944］，堅山［1943］，浅香［1943］である。また南方甲地域の「臨軍交易方式」については下記の註22）をも見よ。

22) 臨軍会計による交易の細則については1942年1月19日第六委員会決定「臨時軍事費特別会計ニ依ル期間ノ南方甲地域トノ物資交流ニ関スル措置ニ関スル件」で定められた。輸出・輸入の具体的手続きについては，岩武［1981］（上）94頁，柴田［1995a］

182-183 頁。また臨軍会計による南方交易の会計処理については「今のところ会計年度で区分した臨時軍事費会計買取貿易を分離した集計は不可能である」由であるが（柴田［2002］48 頁註12），陸軍の「対南方交流物資費」および海軍の「物資購入特別諸費」等の勅裁済額の概要については，岩武［1981］（上）95-96 頁，柴田［1995a］155 頁。

23）ここでは田中申一の回想・資料に従って「企画院総裁を委員長とする第三委員会」としたが，内閣の秘密委員会としての第三委員会は中国占領地経営に関する関係官庁の協議機関として設置された委員会であり，1937 年 10 月 26 日に企画院を事務局に設置されたが，1938 年 12 月 16 日興亜院の設置により事務局をそちらに譲っている。しかし「南洋方面ニ対スル経済問題処理ノ為」に設置された第五委員会を強化するため，1941 年 12 月 2 日に企画院総裁を委員長とする第六委員会が新設されているので（石川準吉『国家総動員史』「資料編 8」15-17 頁，古川［1992］269 頁），この会議も第六委員会の主催で行われたものと見たほうが良いように思われる。

24）これと類似した目標計画案としては，第六委員会の立案を経て 1941 年 12 月 12 日に関係大臣会議で決定され，同日，大本営政府連絡会議に報告された「南方経済対策要綱」に「別紙」として付された「昭和 17 年度資源取得目標及び昭和 19 年度末開発目標」がある。これについては岩武［1981］（上）99 頁および 121 頁註 3，（下）附表第 2-8 表および附表第 2-9 表を見よ。

25）戦時経済統制の中核をなした「物資動員計画（物動）」は昭和 13 年物動から企画院において策定され，閣議決定されて実行に移された。物動とは「限られた物資をいかに陸軍（A），海軍（B），民需（C）に配当するかを定めたものであり，民需はさらに分割されて軍需用物資の原材料（充足軍需 –C1），生産力拡充用（C2），官需（C3），輸出用（C4），一般民需（C5）に分たれていた。結局陸海軍需を優先し，その残余を民需に回すことになるのだが，ここにいう軍需とは文字通りの軍需品生産であり，その基礎資材たる鉄鋼，アルミニウム，石油などの諸産業も民需（C1）扱いになっていたのである」（中村［1977］111 頁）。戦時期の物資動員計画（物動）については，中村［1974］，田中［1975］，安藤［1987］，山崎［2011］を見よ。また，物動を含む関係資料の復刻としては，原朗・山崎志郎（編集・解説）『戦時経済総動員関係資料集』第 1 期〜第 5 期，全 55 巻，現代史出版，がある。

26）当該期の『日本外国貿易年表』は昭和 17 年版までが戦前に刊行され，18 年版以降は戦後になって公刊された。また 18 年版の商品分類，計量単位，および国別分類が 17 年以前とほぼ同様の形式を踏襲するのに対して，19 年以降 23 年までの統計は『自昭和 19 年至昭和 23 年版』として一括公刊され，分類様式も大きく異なっている。したがって昭和 17 年から昭和 20 年のいわゆる戦時中の貿易統計を整理する場合，品目と地域の一貫性を保つことにさまざまな困難をともなう。岩武の当該附表は該博な知識と精緻な手続きによりこの困難を克服した労作である。氏の作業に敬意を表したい。これら当該期の『年表』に関わる諸問題については，本書第 5 章第 III 節および註 16），岩武［1981］

（上）第2章第3節，第4節，および（下）附表第2-15表の備考，註記類を見られたい。

27）ちなみに，残りの輸入元の第2位は蘭印で29万1千キロリットル（8％），第3位が英領ボルネオで10万9千キロリットル（3％）である。上記註16)も見よ。なお，陸海軍石油委員会作成にかかる1931〜45年度の日本（満洲，朝鮮，台湾を含む）の石油供給事情（原油および石油精製品（航空揮発油，普通揮発油，ディーゼル油，重油，潤滑油）の輸入および生産高と在庫状況），ならびに石油輸入事情については，アメリカ合衆国戦略爆撃調査団［1950］附表C-49以下附表C-56，コーヘン［1950］（上）199頁第14表，等を見よ。

28）三輪は明示していないが，この図は当然「原油」産油高を示すものと思われる。なお原油を1トン＝約1.143キロリットル，1キロリットル＝約6.3バーレルで換算すると（三輪［2004］119頁表4-1註3），この図の示す総額は9,969,665トン＝11,395,327キロリットル＝71,790,561バーレルとなる。また後の表8-8との比較のため，この図の旧「蘭印」地域のみの総額を計算すると7,939,000トン＝9,074,277キロリットル＝57,167,945バーレルとなる。

29）戦時期「物動」については，上記註25)を見よ。

30）「南方地域の産油量は日本のタンカー船腹の減少にともなって低下した。それは日本人には輸送できる量以上の石油を生産する気持ちがなかったからである」（アメリカ合衆国戦略爆撃調査団［1986］53頁）。

31）「バリクパパンとタラカンの石油は主にシンガポールに送られ，艦隊の燃料として使用された。パレンバン製油所で精製された石油の約40％は南方地域で艦隊により消費された。1943年（昭和18年）には海軍のボルネオ産石油の4分の3がラバウルおよびソロモン作戦に，1944年には約40％がマリアナ作戦向けに送られた」（アメリカ合衆国戦略爆撃調査団［1986］48頁）。

32）海軍担当の南ボルネオでは，オーストラリア軍を主体とするボルネオ攻略作戦が1945年4月末から始まり，ミリをはじめとするボルネオ燃料工廠では日本軍により採油施設の破壊が行われた。6月10日ミリ地区警備隊は破壊を完了して後方密林地帯に後退し，8月22日第37軍（灘軍）司令部の命令により戦闘を停止した。一方陸軍担当の南スマトラでは8月15日以降も連合軍の進駐が遅れ，12月の英印軍本隊の到着まで日本軍軍政による「現状維持」が図られ，油田・製油所の運営も日本人の手で続けられたという。山崎［2001］252-256頁。

33）小林英夫はこの再生産構造を「東南アジア域内交易圏」と名づけ，「イギリス植民地のマレー半島のゴムと錫を基軸に，タイや蘭印をつつみこんだ経済圏で，20世紀はじめに形成されていた。この交易圏はゴムと錫と米のくみあわせをもって特徴づけられる」という。小林［1993］108-109頁。

34）岩武［1981］（上）第2章第5節。関連する最近の業績としてクラトスカ［2011］。ま

た個別商品たとえば米の域内循環については，倉沢愛子による一連の仕事がある。倉沢［1995］［1997a］［2006］，等。

35）USSBS—大井統計を基礎資料として戦時輸送力と戦争経済の崩壊を分析した基本文献は中村［1977］である。旧くは山崎［1979］，新しくは荒川［2011］も基本的にはこれを踏襲している。

36）船舶の建造量，喪失量，船腹量，等の推移についてはかなり各種の資料が残っている模様である。当面使いやすいのは陸海軍および船舶運営会が提出した資料をもとにUSSBS が作成した統計であり，大井［1953］附表にまとめられている。

37）タンカー統計には，海軍が「特務艦」として建造し船籍に編入されていたものは含まない。大井［1953］附表第 4 表記事。

38）「満洲」におけると同じく，「残留軍人」「残留日本人」の問題は東南アジアにおいても例外ではない。『ビルマの竪琴』以来半世紀，最近また「帰還せざる」日本人の各種の物語が発掘されつつある。青沼［2006］，林［2007］，将口［2008］。

39）以下，東南アジアに対する戦争賠償問題と東南アジア貿易の再開については，矢野［1975］，小林［1983］第 1 部第 1 章，原［1993］，柴田［1995c］およびそこに挙げられた基本文献を見よ。

［戦時期物資動員・交易計画に関する補註］

　戦時における物資の交易（貿易）および動員に関する計画は，昭和 13 年 1 月から通年計画としてはじまった「物資動員計画」，および国家総動員計画の一貫として昭和 16 年度にはじまった「貿易計画」（昭和 18 年度から「交易計画」に改称）が主要なものであり，これらについては，原朗・山崎志郎（編集・解説）『戦時経済総動員関係資料集』全 59 巻に詳しい。また別に，本文および註 24)に挙げたような諸計画が政府や軍の各部局で作成されており，いまその全貌を明らかにしない。

　ここでは当時の「交易計画」の全体像を知るに興味深い「昭和 18 年度大東亜各地相互交易図解」（企画院「昭和 18 年度交易計画参考表」昭和 18 年 5 月 14 日）を参考図として掲げる（補図 8-1）。これは原・山崎（編）前掲資料集の第 5 期「後期物資動員計画資料」第 7 巻（656 頁）所収であるが，ここでは中村［1983］290 頁，第 1 図を参考にした。

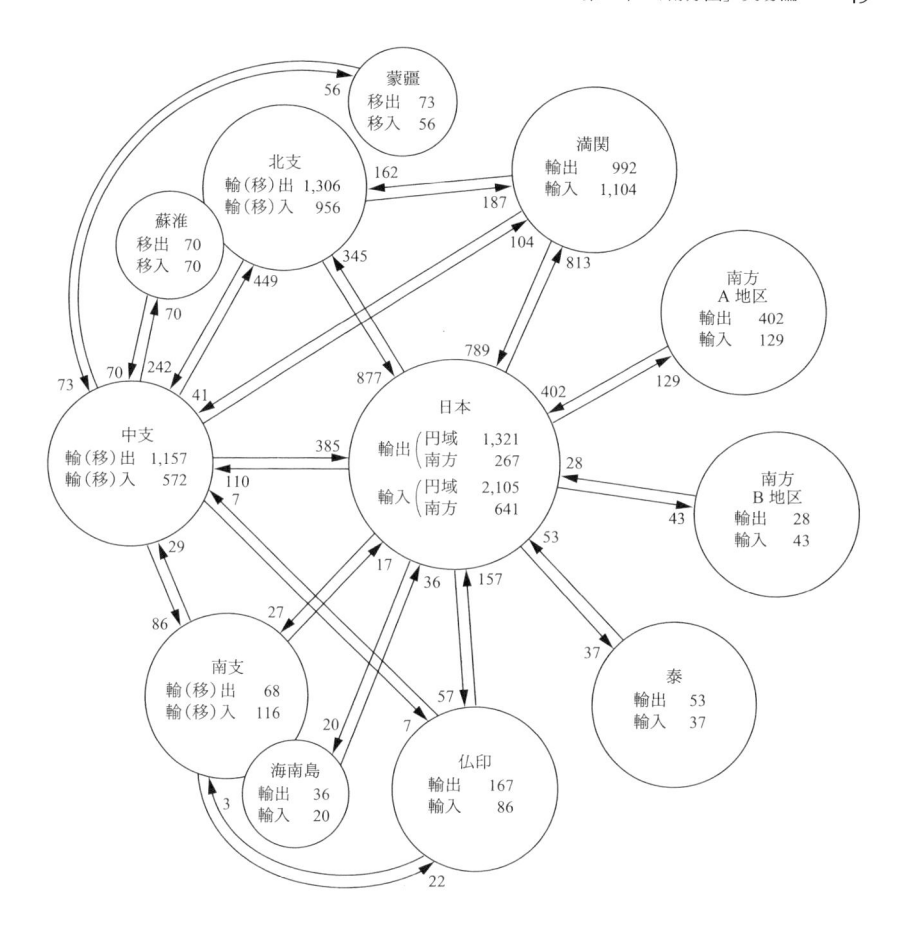

補図 8-1 昭和18年度大東亜各地域相互交易計画図解（単位：百万円）

出所）中村［1983］290頁。原資料は企画院「昭和18年度交易計画参考表」（昭和18年5月14日）。

註1）「北支ニハ蒙疆及蘇淮ヲ含ミ南支ニハ海南島ヲ含ム」（原註）。

3）南方A地域とはフィリピン，マライ，スマトラ，北ボルネオ，ビルマなど（陸軍支配地域），南方B地区とはセレベス，ボルネオ，セラムなど（海軍支配地域）を指す。

2）蘇淮は淮海，隴海とも呼ばれ，「山東省と山西省・江蘇省と河南省の省境地帯を走る隴海線（連雲港―徐州―開封）の沿線地帯を意味し，日本側はこの地帯を華北（北支）と華中（中支）の緩衝地帯として別扱いにしたようである」（中村［1983］201頁）。

4）「中，南支，仏印ヨリノ輸入ニハ仏印米ヲ含マズ」（原註）。

第9章 「南方圏」国民所得の推計について*
――解題・高橋泰蔵『南方経済に於ける国民所得の推算に関する一資料』――

はじめに

ここに1冊のパンフレットがある（図9-1)[1]。およそB5版のざら紙にガリ版刷りの全38頁。タイトルは『南方経済に於ける国民所得の推算に関する一資料』，著者は東京産業大学教授・東亜経済研究所所員の高橋泰蔵で，発行者は東京産業大学東亜経済研究所，右肩に「東亜経済研究報告第6輯」とある。発行年の記述はないが，1945（昭和20）年の刊行と思われる（後述)[2]。

この小冊子は一体何者であるか。どのような類の文献なのか。資料紹介を兼ねて，戦時期における「南方」地域に関する「国民所得」推計の試みなるものと，その背景を探ることにしたい。

I. 南方経済に於ける国民所得の推算に関する一資料

このパンフレットは3つの章からなっている。
　一　経済の規模の指標としての国民所得と南方経済に関するその測定の要求
　二　馬来に於ける通貨消費量の推算と国民所得の推算への応用
　三　爪哇に対する同じ方法の応用の試みと貨幣的並に自足的経済の構成
以下，まず各章の内容を簡単に紹介する。

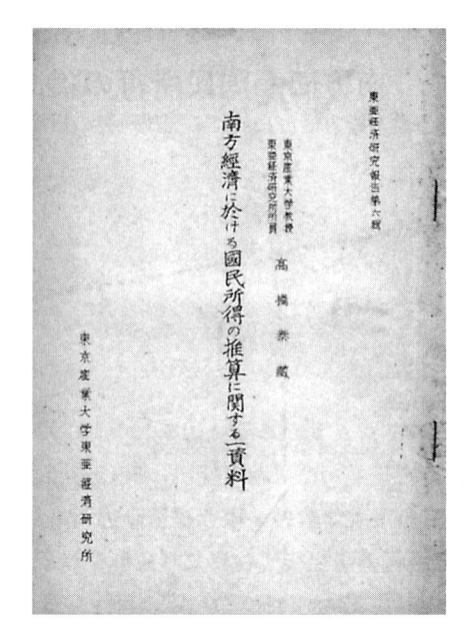

図 9-1　高橋泰蔵『南方経済に於ける国民所得の推算に関する一資料』

一　経済の規模の指標としての国民所得と南方経済に関するその測定の要求

　最近（と高橋はいう）急速に経済学ならびに経済問題の中心問題として登場してきた「国民所得」とは，国民経済の構造を把握する出発点として，経済の大きさあるいは規模を測ろうとするものである。ここで取り上げようとする地域は馬来(マライ)と爪哇(ジャワ)であって，「国民所得」という表現は必ずしも適当ではないが，他に適当な表現を思いつかないのでひとまずこの表現を用いる。

　日本における「国民所得」研究は，理論的検討と並行して，すでにこれを測定して（国家資金計画あるいは経済力測定の資料に用いるといった）実践に移す段階に入っている。しかし「南方」については従来こうした検討が試みられたことがない。また資料的に見ても，国民所得推計の「正攻法的な物的方法乃至人的方法」によって行われうる見込みは目下のところきわめて薄い。本論では，「偶目した一資料」を転載し，これに解説を加え，「強いて国民所得への変形」

第9章 「南方圏」国民所得の推計について　247

を試みようとするものである。

　ところで，「南方」経済の経済規模を（貨幣的尺度をもって）測定する国民所得を計測するに当たっては，「南方」経済に関する2つの特殊な問題を考える必要がある。すなわち，① 植民地的流通経済を特徴づける貿易の比重，② 貨幣経済と自足経済の比率である。前者は（主要な中継貿易港で巨大な通貨貿易を行うシンガポールを含むところの）馬来に特徴的であり，後者は爪哇において重要である[3]。

二　馬来に於ける通貨消費量の推算と国民所得の推算への応用

　まず高橋が Proceedings of the Legistrative Council of the S. S., 1934 において偶目したという資料「馬来に於ける通貨消費の推算」を表9-1に再録しよう。

　これは，職業別人口統計（1931年4月1日現在）に職業別賃金率（各職種の推定日額賃金率に1ヵ月を30日として推算した推定月間賃金率）を掛けた月額の「通貨消費量」の推計である。

　この資料には興味深い「註」が2つ付いている（という）。その1は，この表では職業別人口のうちの「其他の職業並に無職」を除いた7種の職業について推算されているが，総人口とこれら7種人口との差，すなわち「其他の職業並に無職」の2,375,840人については，うち2,198,238人は婦人および子供であって無職，残り177,602人の男女は一般労働者としての職業を持つと見られるという。そこで，この一般労働者の平均賃金率を1日25セントであると仮定すれば，この177,602人の月額通貨消費量は1,332,000海峡ドルとなり，これを表9-1の合計と合わせた通貨消費量の総計は55,231,826ドルとなる。

　興味深い「註」のその2は，この「通貨消費量」の55,231,826ドルが，1931年3月31日現在の「通貨流通量」（厳密には「通貨存在量」か――山本）54,057,598ドルときわめて高い近似値を示すという指摘である。

　この「註」の暗示するところからごく単純に類推を広げるならば，次のようなことがいえるであろう。① 1ヵ月の通貨消費量をもって1ヵ月の所得を代表せしめるとすれば，1ヵ年の国民所得は各月の通貨消費量の合計によって算出される。② 上の通貨消費量と通貨流通量との関係が1ヵ月における通貨の流

248　第Ⅲ部　「南方共栄圏」論

表 9-1　馬来に於ける通貨消費の推算

(単位：海峡ドル)

地　方	農　業 エステート労働者	農　業 其他	鉱工業	運輸業	商　業	公　務	自由業	人的労務	合　計
日額賃金率（弗）	0.40	0.30	0.50	0.75	4.00	4.00	4.00	0.60	
海峡植民地　合計	519,372	817,434	1,040,430	1,520,167	12,269,760	1,101,480	2,451,120	927,558	20,647,321
馬来聯邦州									
ペラー	1,031,448	1,177,794	1,137,945	383,242	3,978,840	608,400	432,600	399,438	9,149,707
セランゴール	1,159,104	463,329	650,295	334,755	3,168,720	496,080	289,560	356,472	6,918,315
ネグリセンビラン	678,948	365,148	121,545	106,898	839,640	161,880	150,120	119,844	2,544,023
パハン	148,404	477,747	131,220	56,655	416,400	136,560	93,120	65,718	1,525,824
合　計	3,017,904	2,484,018	2,041,005	881,550	8,403,600	1,402,920	965,400	941,472	20,137,869
馬来非聯邦州									
ジョホール	879,672	857,097	197,745	176,445	1,742,760	463,920	232,800	242,010	4,792,449
ケダー	586,140	1,015,542	110,175	94,252	1,301,520	193,320	236,880	128,484	3,666,313
クランタン	69,276	1,162,053	83,490	58,702	1,021,680	103,080	144,000	87,696	2,729,977
トレンガヌ	9,096	490,500	149,385	54,517	637,680	84,240	74,520	45,612	1,545,550
ペルリス	4,752	188,307	21,630	7,222	102,360	18,240	20,880	16,956	380,347
合　計	1,548,936	3,713,499	562,425	391,138	4,806,000	862,800	709,080	520,758	13,114,636
総　計	5,086,212	7,014,951	3,643,860	2,792,855	25,479,360	3,367,200	4,125,600	2,389,788	53,899,826

註1）1931年4月1日現在の職業別人口統計により，日額賃金率を基礎とし，1ヵ月を30日として計算せるもの。
2）原表の計算違いは山本が訂正した。

通速度が1回であることを示すことから，通貨の平均流通量を12倍したものをもって1ヵ年の国民所得を推定しうる。

さて，以上に見た関係から国民所得の推算を行えばいかになるか。月額所得を月額通貨消費量で代表し，月額通貨消費量を各月の通貨流通量で代表せしめることが可能であるとすれば，年間国民所得の概算を得るには各月ごとの通貨流通量あるいは年内平均の通貨流通量が明らかにならなければならない。月末統計としては，残念ながら前掲の3月末の通貨消費量あるいは通貨流通量しか判明しないので，仮に通貨流通量 54,057,598 ドルをもとに12倍してみると，馬来の1931年の国民所得は 648,691,176 ドルとなる。

ただしこの計数には註釈を要する。その他資料（たとえば「馬来に於ける銀行券実際流通高（年末残高）」）によって検討すると，1931年という年は通貨流通高が1918年以降で過去最低の値を示すやや異常な年であったこと，年末残高は3月末残高よりさらに少なく 49,286,227 ドルであったことが分かる。これをもとに馬来の1931年国民所得を計算すれば 592,435,724 ドルということになる[4]。通貨流通高を用いて国民所得を推算するについては，このような貨幣的事情による通貨流通高の増減（および国民所得との関係係数の増減）という問題にどのように対処するかが課題として残る。

さて最後に，以上のようにして推算される国民所得に代表される経済の規模と貿易の規模の比較を行う。表 9-2 は，上記「馬来に於ける銀行券実際流通高（年末残高）」により上記の方法で推算した国民所得と，最近の貿易統計から得た輸出・輸入の比較表である。

表 9-2 から明らかなように，馬来の経済規模に比して貿易の比重がきわめて大であることが読み取れるが，馬来についてはまたこの貿易中の相当部分（およそ半分）が通過貿易であることが注意されなければならない。物品貿易については，馬来が本来から植民地経済として，すなわち資源地および市場として発展してきたこと，通貨貿易についてはシンガポールを中心に中継貿易地として発展したことを反映するものである[5]。

なお以上の点と関連して注意すべきは，馬来が持つ典型的な特産物経済・植民地経済としての特質から，その経済が全面的に流通経済化し貨幣経済化して

表9-2 馬来に於ける国民所得と貿易の比較
(単位：千ドル (%))

年次	国民所得	輸入		輸出	
1934	730,140	471,437	(64.5)	568,492	(77.9)
1935	704,107	478,909	(68.0)	583,999	(82.9)
1936	765,269	512,901	(67.0)	638,768	(83.5)
1937	1,030,857	698,452	(67.8)	905,106	(87.8)
1938	876,659	559,409	(63.8)	581,554	(66.3)
1939	1,110,357	628,142	(56.5)	750,194	(67.6)

註1) 貿易額は東亜研究所『南方統計綜覧』による（原註）。正確には『南方統計要覧』(上) のことと思われる。
2) 百分率は小数2位以下を四捨五入。

いるというところである。最初に述べたところの，職業別所得の合計をもって直ちに通貨消費量とみなし，かつ通貨流通量に一定の係数を乗じて国民所得の推算を行った根拠にほかならない。この点は，次に述べる爪哇の場合とは大いに異なるところである。

三 爪哇に対する同じ方法の応用の試みと貨幣的並に自足的経済の構成

旧蘭印においても，馬来におけるとほぼ同様な分類による「職業別人口統計」が存在する（1930年現在）。この職業別人口は，土着人，白人，支那人，其他東洋人の人種別に集計され，また鉱業が原始産業中に含まれるなど馬来の場合と若干の違いはあるが，いま大まかにこれら人種間に賃金差はなく，また馬来の賃金率と同じ率を適用できると仮定すれば，「職業別人口による一日当りの所得」が得られる（表9-3）。

表9-3 旧蘭印に於ける職業別人口による1日当りの所得の推算（1930年）

職業別	人口(千人)	賃金率(盾)	職業別所得(弗)
原始産業	14,364.0	0.35	5,027,400
工業	2,208.9	0.50	1,104,450
運輸業	316.2	0.75	237,150
商業	1,293.3	4.00	5,173,200
自由業	169.5	4.00	678,000
官公吏	516.2	4.00	2,064,800
其他職業	2,003.2	0.60	1,201,920
総計	20,871.3		15,486,920

註1) 原表では賃金率を盾（ギルダー）とし，所得を弗（海峡ドル）としている。ギルダーとドルをパーとみなしているものであろう。
2) 人口統計の末尾が合わないが，原表のまま。

表9-3の総計から得られる15,486,920ドルを基礎としてこれを1ヵ年（360日として）に拡大すれば，1930年における旧蘭印の国民所得は5,575,291,200ドルということになる[6]。

そこで，現在の軍政の実情に合わせて[7]，爪哇地域（ジャワおよびマヅラ）に限定した国民所得を考えてみよう。まず，旧蘭印総人口に対する爪哇人口の比率は

69％弱である。また通貨流通量については通常 75％と推定されており，仮にこれを爪哇とその他「外領」との経済の密度を代表する指数とする。したがってこれら両者の比率の半ばをとって旧蘭印国民所得の分布の比率と見るとすればその比率は 72％となり，1930 年の爪哇の国民所得は 4,014,290,664 ドルとなる。

　さてこれとは別に，通貨流通量を基礎にした貨幣経済的所得の推計の試みを行ってみよう。さまざまな仮定を置いた上ではあるが，その計算過程を整理すれば以下のようである（単位：千ギルダー）。

(1)　全旧蘭印銀行券および政府発行小額紙幣流通高：293,858
(2)　銀行券，政府紙幣および鋳貨流通高合計（鋳貨流通高を(1)の 90％とする）：558,330
(3)　実際流通高（国庫および銀行手持高として(2)の 30％を差し引く）：390,831
(4)　爪哇実際流通高（全旧蘭印流通高の 75％）：293,122
(5)　貨幣経済的国民所得（実際流通高の 12 倍）：3,517,464

すなわち，1930 年における爪哇の貨幣経済的国民所得は 3,517,464 千ギルダーと推算される。

　以上爪哇については 2 つの計算を行った。これらが大いなる仮説の上に成り立っていることは繰り返した。以下ではいくつかの疑問点に関して若干の註釈を行う。

　まず職業別人口による所得計算において馬来と旧蘭印（爪哇）との賃金率を同一と仮定したが，これにより後者の推算がやや過大になる可能性がある。第 1 は海峡ドルとギルダーの通貨価値であって，戦争勃発直前において 100 ギルダー＝ 228 円 50 銭，100 海峡ドル＝ 201 円 50 銭と，ギルダーが海峡ドルよりも 1 割方高い。第 2 に上の比率により賃金率を換算するとしても同率の賃金率を用いることは爪哇に対して高きに失する。いまこれらを勘案して，先の計算結果より 1 割 5 分を低く見積もるとすれば，爪哇の 1930 年国民所得は 3,412,078,212 ドルとなる。

　次に，貨幣経済的所得の計算においても，① 爪哇の賃金率が過大に失するとすれば，貨幣の流通速度を馬来と同一と見ることも過大に失する可能性があ

る，② 推算の基礎である 1930 年通貨流通量は，その後の統計が急速に減少しているところから見れば過大に失する可能性がある。これら両者の可能性から，流通速度をそれぞれ 1 割，合計 2 割減ずるとすれば，貨幣的所得の推算結果は，2,931,220 千ギルダーとなる。

さて，爪哇における国民所得の推算が賃金率によるものと貨幣流通量によるもので異なり，後者のほうが少ないことをどのように解釈するか。前者の職業別賃金率によるものは仮に賃金率を用いているが，概念としては職業別家計収入を示すものであって，貨幣的収入と自足経済的すなわち実物収入とを問わないものである。これに対して後者の貨幣流通量を基礎とするものは国民所得中の貨幣経済的なるものを代表すると見ることができる。この差を自足経済の割合とみなすとすれば，先に述べたように，この差は馬来においては無視するに足りたが，爪哇においては無視しえぬ構造的な差として現れたものと見ることができる。

以上が 1930 年ないし 1931 年の馬来および爪哇の国民所得に関する高橋推計の概要である。高橋の推計は，少ない資料をさまざまな仮定の上に操作しているためにその内容を今日的用語で正確に述べることは難しいが，爪哇に関する推計において明らかなように，ひとつは（やや広義に解釈した）労働賃金所得を集計することによって分配国民所得（の大きな部分）を推計しようとするものであり[8]，もうひとつは $MV=Y$ すなわち所得の流通を媒介する通貨存在量とその流通速度から国民所得を推計しようとするものであったと要約することができよう。

ただし，高橋も繰り返し述べているように，以上の推計は「正統的」方法によるものではなく多くの仮定に基づく「極めて不正確な奇道的な方法」によるものであり，「直ちに実践に役立ちうべくもないこと言ふまでもない」が「経済構造を捉える出発点たる経済の規模について多少とも見当をつける」ことを目的として行われた作業である。したがってわれわれもまた，いまのところその内容の吟味に直接立ち入ることなく，ここではこの論文の生まれた背景を探ることを主眼としよう[9]。

II. 東京商科大学東亜経済研究所・南方派遣調査班

　東京産業大学（東京商科大学）教授・高橋泰蔵がこの不思議な論文を書くについては，同大学の附置研究所の東亜経済研究所が南方に派遣した調査班（調査団）に参加したことが大きく影響していると思われる。東亜経済研究所についてはその概略を註2)で述べた。東亜経済研究所が派遣した南方派遣調査班について，いま知られるところを簡単に整理しよう。

　1942（昭和17）年春「南方作戦」が一段落し，「南方統治」の時期に入ると，南方占領地域は陸軍および海軍による「軍政」が敷かれることになった。陸軍では各軍司令部に「軍政部」（1942年7月以降は「軍政監部」）が置かれ，シンガポール（昭南）にある南方総軍総司令部に「軍政総監部」が置かれて全体を統括した。海軍は各地に「民政部」を置き，南西方面艦隊司令部の「民政府総監部」がこれを所管した[10]。

　こうした軍政移行とほぼ同時に，各軍政機関に調査部を置くことが決まった。陸軍軍政部における調査部設置については，「占領地行政をして克く現地の実情に副はしむべしと云ふ諸般の要請に応へて諸資料の蒐集調査の為の別途の機関が占領地の各地域に設定され」ることが決まり（櫛田正夫の回想）（防衛庁防衛研究所戦史部［1985］499頁，深見［1988b］138頁），1942年6月，陸軍省内に南方政務部を設けて，この政務部と陸軍省の人事課によって派遣団体および人事の詮衡を行ったという（原［1984］33頁）。南方各軍とその地域区分ならびに調査部員の「差出団体」は表9-4のとおりである[11]。

　軍政機関に調査部を置くことが決まった具体的な経緯，ならびに各団体による担当地域の割振りが決まった経緯についてはいま必ずしも詳らかにしない。しかし東京商科大学関係者の回想によれば，太平洋戦争勃発の1941年12月8日に東亜経済研究所に集まった教官の間で「軍学協同」の調査活動が話題になったこと，当時の高瀬荘太郎学長が実弟の高瀬啓治中佐（参謀本部第一部勤務）に働きかけてこの意向の実現を図ったことが記録されている。この経緯から見て，東京商大班が軍政総監部付となり全体を統括する役割を担うことに

254 第Ⅲ部 「南方共栄圏」論

表 9-4　南方軍の編制と調査機関担当団体

軍の名称	司令部の位置	担当軍政地域	調査機関「差出団体」
南方総軍	昭南	隷下各軍の担当全域	東京商科大学東亜経済研究所
第十四軍	マニラ	フィリピン全域	三菱経済研究所
第十五軍	ラングーン	ビルマ全域	満鉄調査部
第十六軍	ジャカルタ	ジャワ全域	東亜研究所
第二十五軍	昭南	マライ・スマトラ全域	満鉄調査部
ボルネオ守備軍	クチン	北ボルネオ全域	太平洋協会

出所）軍関係の配置については岩武［1981］（上）第 1-10 表，調査機関の配置については防衛庁防衛研究所戦史室［1985］499 頁。

なったについては，他の諸機関からも当然とみなされたのではないかという（一橋大学学園史編纂事業委員会［1983］45-48 頁，深見［1988b］120-121 頁）。

　さて「軍政総監部調査部」を担当することになった東京商大東亜経済研究所班の結成前後の事情について，東京商大班の団長を務め，現地では終戦時まで調査部長を務めた教授・赤松要の「自作年譜」によれば，ほぼ以下のとおりである[12]。1942 年 6 月赤松に対して高瀬学長より調査団の結成を命ぜられて「調査要綱」の作成に取り掛かり[13]，軍の正式要請を受けて調査団の人選と準備がはじまったのが 11 月 10 日であったという。杉本栄一，高橋泰蔵ら 4 教授の「先発隊」が 11 月 25 日発，12 月 16 日シンガポール（昭南）着。次いで 12 月 3 日河合諄太郎教授に率いられた「女子部隊」（女子事務員，タイピスト等 7 名）が，さらに 12 月 13 日に赤松団長以下 26 名の「本隊」が東京を発した。本隊が（他の機関の調査班と合流の上）神戸港を出港したのが 12 月 18 日，シンガポールに到着したのが 12 月 28 日とされる（一橋大学学園史編纂事業委員会［1983］41-45 頁，如水会学園史刊行委員会［1989］170-178 頁，明石［2001］占領略年表 4 頁）。東京商大東亜経済研究所班のメンバーについては，東京商業大学以外からの参加者，「教育学生」，事務員，現地嘱託，等を含めて一橋大学学園史編纂事業委員会［1983］41-45 頁のリストが詳しく，その後の変化については深見［1988b］資料 2a，資料 2b が参考になる。

　当初の「軍政総監部調査部」の役割について，各軍政監部に属する「各調査機関がバラバラにやるんじゃなくて，そこに何か統一的な調査計画があって，それぞれが分担するという仕方で実施されるべきである。その場合のコーディ

第 9 章 「南方圏」国民所得の推計について   255

ネーションの役割を担うのが我々の任務だというわけで，そのための会合をシンガポールで二，三回やりました」と（開戦前から終戦に至るまで一貫して南方調査の主要メンバーであり，その後も赤松団長の秘書役を務めた）板垣與一は回顧している（一橋大学学園史編纂事業委員会［1983］49 頁)[14]。「しかし実際に現地へ行って見ると，それぞれの調査機関は，めいめい勝手なことをやって，全体を統括するということはうまくいかなかった」という（如水会学園史刊行委員会［1989］172 頁)[15]。

　その後，1944 年 3 月に南方軍総司令部がシンガポールからマニラに移転したため，東京商大班は第二十九軍の下に置かれた馬来軍政監部に所属して 4 月から「馬来軍政監部調査部」と称したが，規模も縮小され，班員もかなり分散した模様である。赤松調査部長は終戦を第二十九軍司令部のあったタイピンで迎えたが，「命令により一切の調査書類を焼却。しかしわたしは調査成果を惜しみ，ひそかに調査報告の一揃いを宿舎に残し，その上に日本の学者による現地経済の調査書である旨を英文で認めておいた」という。結局，赤松教授は1946 年 7 月シンガポールから海路帰国し，分散状態にあった班員もこの頃までには帰国した。

　東京商科大学東亜経済研究所が派遣した南方調査班の成果について，今日知られるところは以下の 3 種に分かれる[16]。

1. 『総調資』と総称される「軍政総監部調査部」時代に刊行した調査資料シリーズ。昭和 18 年 4 月刊行の第 1 号から 19 年 3 月刊の第 35 号まで。
2. 『馬来調資』と総称される「馬来軍政監部調査部」時代に刊行した調査資料シリーズ。上記シリーズを昭和 19 年 5 月刊の第 36 号から改称。いまのところ昭和 20 年 1 月刊の第 61 号までが知られる。
3. 『調査部報』。昭和 19 年 5 月 1 日第 1 号創刊の「馬来軍政監部調査部」の部報。いまのところ昭和 20 年 3 月 5 日の第 33 号までが知られる。

　また，日本にあって東亜経済研究所の本体が当時刊行した成果としては，大まかに以下の 3 種がある[17]。

1. 『東亜経済研究年報』第 1 輯，日本評論社，昭和 17 年（なお第 2 輯，第 3 輯も原稿は完成していたが戦火により灰燼に帰したという）。

2. 『東亜経済研究所研究叢書』。第1巻として，山田勇『東亜農業生産指数の研究』日本評論社，昭和17年，が刊行され，引き続き泉三義，阿部源一，根岸國孝の著作の刊行が予定されていたが，戦禍により出版されなかったという。
3. 『東亜経済研究報告』。第1輯から第10輯まで刊行され，第5輯を除いていずれも昭和20年刊。

東京商科大学助教授・高橋泰蔵が東亜経済研究所に関わるのは，1942（昭和17）年2月18日，研究所員を兼務したことに始まる。同年8月10日，東京商科大学教授に昇格した高橋は，同じく11月10日「現職のまま，兼ねて南方軍軍政総監部付を命ぜ」られ，その11月には上記の南方派遣調査班先発隊としてシンガポールに派遣される。しかし高橋教授の派遣は当初から半年間の短期出張が予定されていた模様で，1943（昭和18）年3月には帰国し，6月30日をもって南方軍軍政総監部付を免ぜられている[18]。

いま，上で述べた東亜経済研究所関係刊行物に掲載された高橋泰蔵の仕事を一覧にすれば，以下のごとくである[19]。

1. 「馬来に於けるインフレ問題」『総調資』第3号，昭和18年6月。
2. 「爪哇に於ける通貨問題」（早川泰正と共筆）『総調資』第8号，昭和18年7月。
3. 「南方経済に於ける国民所得の推算に関する一資料」『東亜経済研究報告』第6輯，昭和20年。

III. 戦時期の国民所得推計と国家資力研究所

高橋泰蔵推計を知るための第二の背景として，戦前期日本における「国民所得」推計の試みについて，その概要を整理することにしよう[20]。

わが国における国民所得推計の先駆的研究は中村金蔵であり，最初の公式推計は内閣統計局によるとされる。しかしこれらについては，のちに「資料不充

分等のため調査上に多少遺憾の点があった」といわれ（総理府統計局［1951］539 頁），本格的な官庁推計としてはまず昭和 5（1930）年に関する内閣統計局，次いで昭和 10（1935）年に関する総理庁統計局によるものが挙げられる。また官庁外の研究者による推計としては，土方成美による推計が代表的なものとされる。戦後になって，これら戦前の業績を蒐集・吟味し，歴史統計としての国民所得統計研究の出発点となったのは山田雄三であった。以上を簡単な書誌目録として示せば次のようである。

1. 中村金蔵「帝国人民の所得」『統計集誌』第 225 号，1902 年
2. 内閣統計局『大正十四年に於ける国民所得』同局，1928 年
3. 内閣統計局『昭和五年国民所得調査報告』同局，1937 年
4. 総理庁統計局『昭和十年国民所得推計方法　附調査結果』（謄写印刷）同局，1948 年
5. 総理庁統計局『昭和十年における我国富及び国民所得額』同局，1948 年
6. 土方成美『国民所得の構成』日本評論社，1933 年
7. 土方成美「我国最近の国民所得」『経済学論集』第 8 巻第 7 号，1938 年
8. 山田雄三『日本国民所得推計資料』東洋経済新報社，1951 年
9. 山田雄三『日本国民所得推計資料（増補版）』東洋経済新報社，1957 年

以上に見たわが国の戦前期における国民所得推計の方法上の特徴を簡潔に言えば，第 1 に，生産・分配・支出という 3 勘定のうち，分配勘定を重視する推計方法が取られたこと，第 2 に，推計方法を「人的方法」と「物的方法」とに分かった場合，前者「人的方法」を重視する傾向にあったことである。

生産勘定体系から出発する国が多かったなかで，日本の国民所得推計が分配勘定を重視し，その傾向が戦後初期にも引き継がれた事情について，溝口敏行は「分配国民所得で大きなシェアを占める勤労者所得が賃金統計と雇用統計から，また法人留保が企業会計から比較的安定した形で得ることができたことによるように思われる」という（溝口［2003］92–93 頁）。一方，支出勘定については，家計調査，農家経済調査，法人企業調査，等の標本調査を利用して行われたが，予算の制約から標本調査の規模が大きくなく，安定性に欠けるとされ

た。また生産勘定については，生産統計からモノの流れを追うコモディティー・フロー法が未開発であり，やはりその結果が安定性に欠けるとして，分配勘定に対する参考系列として作成されたに止まった。

　こうした事情がまた，日本において「人的方法」が主に採用された背景になった。すなわち「物的方法」が生産数量をベースに行う方法であるのに対して，「人的方法」が個人や法人など経済主体の調査から積み上げる方法であるため，日本においては後者のほうが安定した結果を得やすかったからであり，したがって「人的方法」により国民所得の「分配面」を知ることに主力が置かれたのである[21]。

　さて戦時期に入っての「国民所得」推計については，以上のほかに大蔵省等で行われたいくつかの推計があり，これらについても前掲の山田の2著に詳しいが，ここではさらに，いわゆる「国家資金計画」との関係で行われた「国民所得」推計について考えておく必要がある。すなわち当時の「国家資金計画」との関連で，1942（昭和17）年から終戦時まで継続的に国家資力研究所による「国家資力」と「国民所得」に関する推計が行われており，高橋泰蔵もまたこれに深く関わったと思われるからである。

　国家総動員計画の一環としての「資金統制計画」およびその発展形態としての「国家資金計画」について，ここでは詳述を避ける[22]。戦時期における綜合的資金統制は，まず「昭和14年度国家総動員計画に関する件」により年次「資金統制計画」が策定されることになり，さらに昭和16（1941）年7月閣議決定の「財政金融基本方策要綱」に基づいて昭和18年度分から「国家資金計画」が策定されることになって，終戦時までこれが続いた。昭和18年度計画の発表に当たった鈴木貞一企画院総裁の談話は，この間の事情をよく物語っている（大蔵省昭和財政史編集室［1955］220頁）。

　　従来の資金統制計画は資金の所謂金融的蓄積とその配分を中心としたいはば局部的計画であったが，本年度よりは貯蓄の源泉たる国民所得まで遡り戦時国民経済の実体に基き国家資力を概算し，その財政，産業及び国民消費の三者に対する配分関係を計画化することとなり，真の国家資金計画としての実体を具備するに

表 9-5　国家資金計画の概要

国家資力の算定	綜合計画			個別計画
	資金動員計画	動員資金配分計画	動員資金調達計画	
国民所得	動員資金	財政資金	租税その他	
物的所得	財政課徴	軍事費	公　債　←	→公債計画
農林水産業	租　税	行政費	現地収入	
鉱工業	専売官業	投資出資		
交通業	その他	地方財政		資金蓄積計画
商　業				
用務勤務所得	国民貯蓄	産業資金	企業自己資金	産業資金計画
海外事業労務利益	個　人	軍需産業	株　式	
	法　人	生拡産業	社　債	
国民所得以外の資金		一般産業	借入金	
既存資本動員	現地動員資金	その他		
海外資金動員		対外投資　←		→対外投資計画
振替所得		調整準備金		
その他				
	国民消費資金	国民消費資金		
合計（国家資力）	合計（=国家資力）	合計（=国家資力）		

出所）山口・沖中［1952］5 頁。

至ったのである。

　こうして「国民所得」を基礎として「国家資力」を計り，それを基にして財政・産業・消費資金を計画的に配分するという方式が確立することになった。この手順をチャート化して示せば表 9-5 のごとくである。

　しかし，このための国民所得推計にはこれまでの内閣統計局による作業では不充分であるということから，新設された国家資力研究所において新たな推計作業がはじめられたという（汐見［1947］42 頁）。国家資力研究所についてはいままとまった資料を持たないが，原［2003］によりその概略を知ることができる。

　1941 年 9 月以来，大蔵省理財局長の下に国家資力研究室が設けられていたが，その拡大強化を行政官庁の機構のなかで行うことは困難であるとして日銀の協力を仰ぎ，省外機構として 1943（昭和 18）年 9 月に財団法人国家資力研究所が創立された。同研究所では，国家資力研究室時代以来の研究事項に検討

を加え，新観点から国家資力概念を定立してその数量的研究を行うこと，貯蓄と投資との関係の統計的研究，標準的国民消費資金の調査研究，等きわめて「近代経済学的」実証研究が目指された。また専任研究員のほかに外部嘱託研究員にも研究を委託したという[23]。

高橋泰蔵がこの外部嘱託研究員であったかどうかについてはいま確かではない。ただし山口茂を中心とした東京商科大学の金融部門スタッフが国家資力研究所と深く関わったことは間違いなく，高橋もまたその一員であった[24]。

高橋における「南方圏」への関心が東京商大南方調査班に起因し，高橋における「国民所得」推計への関心が国家資力研究所との関わりから生まれたことは，（なお今後の検討課題を抱えながら）ほぼ断言してよいであろう。

むすび

本章では高橋泰蔵による「南方圏」国民所得推計の試みを紹介し，その背景として，太平洋戦争期における南方作戦と東京商科大学・東亜経済研究所・南方調査班の活動，および国家資金計画と国家資力研究所の活動を概観した。

筆者はかつて「満洲国」におけるマクロ経済統計を精査し，その「国民所得」推計の試みについてもかなり詳しい報告を行ったことがある（山本［2003b］第7章）。「満洲国」国民所得については「探せば必ずあるはず」との信念に基づいて資料調査を行い，成果を得たが，今回の「南方圏」国民所得資料の「発見」はある種偶然の結果であった。日本の植民地・支配地・占領地に関する経済統計資料の存在については誠に奥深いものがあることを実感する。植民地統計に関する既存資料の整理と新たな研究を，いま一度，共同研究として行ってみる時期が来ているのかもしれない。

［註］

＊）本章の執筆に当たっては一橋大学経済研究所およびその他機関の関係者各位にお世話になった。とくに，尾高煌之助氏，高橋益代氏，西沢保氏，村上勝彦氏のご教示に感謝す

る。本章の概要については QEH 研究会 2010 年夏期ワークショップにおいて報告し，尾高煌之助氏のコメントおよび参会諸氏からのご教示を得た。各位のご教示に感謝する。

1) 筆者の所蔵するパンフレットは東京の古書店から手に入れたものであるが，表紙右肩に「山田雄三先生」という鉛筆書きがある。山田雄三教授の旧蔵資料は東京経済大学図書館に残されているが，このパンフレットはそこに含まれていない（村上勝彦教授のご教示による）。国立情報学研究所 WebcatPlus によれば，全国高等学術機関で今のところこれを所蔵するところは一橋大学経済研究所のみの模様である。

2) 東京商科大学は戦時下の 1944 年 9 月に東京産業大学と改称し，1947 年 3 月に東京商科大学の旧称に復し，1949 年 5 月学制改正による新制大学としての一橋大学に包括・吸収されて今日に至っている。また東亜経済研究所は 1940 年 4 月に学内措置をもって設立されたが，1942 年 2 月官立商業大学官制の改正により附置研究所として「東亜における経済に関する綜合研究を行う」こととなった。戦後 1946 年 3 月「世界各国の経済に関する綜合研究」を目的とする経済研究所に名称を変更し，今日に至っている。

3) したがってマライとジャワの選択は必ずしも恣意的ではない。前者はゴムと錫の生産と輸出に特化したいわば「作り上げられた経済」であり，したがって貨幣経済の浸透度も大きい。これに対してジャワの場合は旧来からあった自給自足的な経済の上に後天的に植民地化せられた貨幣経済が乗っかって変形された経済であるという点で「南方」における別の類型をなす経済ということができる。下記註 19)に挙げた文献において高橋はこうした議論を展開している。

4) 49,286,227 ドルの 12 倍は 591,434,724 ドルのはずであるが，ここは高橋の原文に従う。

5) シンガポールおよび海峡植民地に関する中継貿易の状況，およびメキシコ銀系洋銀の流出入の実情については，かつて山本 [1986] で論じたことがある。このとき論じたのは 19 世紀末 1890 年代の実態であったが，1930 年代についても基本的な構造はそれほど変わらないものと思われる。

6) 以下本文中の記述に海峡ドル単位と現地通貨である盾（ギルダー）単位が混在するが，基本的には両者がパーであるとの前提に立つようである。ただし後述のようにギルダーは海峡ドルに対して実質上 1 割ほど低位であることが論ぜられている。
なお太平洋戦争前における各通貨の対円換算率はおよそ次のようであった（浅香 [1943] 6 頁）。

比律賓　　　100 ペソ＝約 210 円
仏印　　　　1 ピアストル＝約 97-98 銭
タイ　　　　100 バーツ＝約 160 円
マライ　　　100 海峡ドル＝約 200 円
旧蘭印　　　約 45 ギルダー＝100 円
ビルマ　　　80 ルピー弱＝100 円

7）日本軍の旧蘭印支配は陸海軍により3分割して行われた。すなわち，陸軍がジャワ，およびスマトラを分割して管轄し，海軍がボルネオを含むその他地域を管轄した。

8）ただし職業人口と賃金率を掛け合わせたものを高橋は「通貨消費量」と呼んでおり，これにより（やや広義の）「消費（C）」を推計したものと見れば，「支出国民所得」を推計しようとしたとも見ることができる。

9）現在一橋大学経済研究所を中心に進行中の「アジア長期経済統計」プロジェクトにおいて，インドネシア国民所得に関する推計が行われると聞く。成果を俟ちたい。

10）南方の軍政については，とりあえず，本書第8章第II節3)を見よ。南方軍政に関する最も優れた研究は，岩武［1981］（上）および岩武［1989］である。その他，小林［1993］，小池［1995］，中野［2006］が参考になる。軍政関係の史料集としては，岩武［1981］（下）および防衛庁防衛研究所戦史部［1985］が必携書である。

11）この南方軍付き調査班についての研究としては，いまのところ，原［1984］，深見［1988a］［1988b］が最もよくまとまっている。満鉄調査部，東亜研究所，等について，回想録の類は多いが，組織としての活動と成果の研究はなお手薄い。

　なお，これら陸軍担当地域の各軍政監部における調査班（部）の活動とは別に，海軍武官府調査部，企画院派遣の調査部（総軍付）があり，また委員会組織による研究者の派遣があった。たとえばフィリピンにおいては独立後の施策を研究する目的で「比島調査委員会」が作られ，東畑精一，末川博，蠟山政道，らが参加した。原［1984］34, 40-41頁，原［1985］86-87頁。

12）赤松要の生涯については赤松要博士還暦記念論集刊行会（編）『経済政策と国際貿易』（春秋社，1958年）所収の「自作年譜」がよく，また近年，評伝として池尾［2008］が刊行された。

13）この「調査要綱」は，多分，高橋泰蔵旧蔵の南方関係書類の中に見られるタイプ印刷の次の文書であろう。東京商科大学東亜経済研究所『調査実施要領（案）』昭和17年8月23日。高橋泰蔵旧蔵文書については高橋益代氏のご教示による。

14）東京商大・一橋大関係者でこの南方調査班の思い出を一番多く残しているのは板垣與一であろう。板垣與一『アジアとの対話』シリーズ（板垣［1988a］［1988b］［1988c］［1993］［1998］［2004］），東京大学教養学部国際関係論研究室（編）『（インタヴュー記録）日本の軍政』(D6) 1981年，一橋大学「学園史」の処々。なお板垣と南方に関する最近の研究として辛島［2010］がある。

15）調査班同士のコーディネートのために開かれたという「調査機関主任者会同」「学術機関主任者会同」「南方科学委員会」については，深見［1988］に若干の言及がある。また防衛省防衛研究所戦史部所蔵の「軍政資料」に関連文書が所蔵されているという（筆者未見）。

16）以下，成果の一覧については，一橋大学学園史編纂事業委員会［1983］54頁以下，原［1984］37-38頁，深見［1988b］資料2c，資料2d，ならびに高橋益代氏の調査資料

第9章 「南方圏」国民所得の推計について　　263

　　　による。
17）一橋大学経済研究所ホームページ「旧東亜経済研究所関係資料」による。
18）以上は主に『（高橋泰蔵教授退官記念論文集）金融論の基本問題』（東洋経済新報社，1969年）所収の「高橋泰蔵教授略年譜」による。その後1944（昭和19）年8月には研究所の資料部長に就任しており，この頃から研究所の運営にも携わったものと思われるが，1947（昭和22）年6月30日をもって研究所兼務を免ぜられ，研究所を離れている。またその後は1953（昭和28）年4月1日をもって一橋大学商学部に配置換えされ，商学部長，一橋大学長，等を歴任し，1969（昭和44）年3月31日，停年により一橋大学教授（商学部）を退官している。
19）このほかに関連する高橋の論文として下記が一橋大学経済研究所に所蔵されている。高橋泰蔵『大東亜諸地域の貨幣経済的生態と通貨問題』（経済指導者研究室講義要領16）（代謄写98頁）。経済指導者研究室についてはいま詳らかにしないが，商法学の米谷隆三教授が中心となって行われた外部に開かれたオープン・カレッジの運営母体ではなかったかと思われる。以上，尾高教授のご教示による。
20）以下の国民所得推計概史は主に総理府統計局［1951］，経済企画庁戦後経済史編集室［1963］，松田［1999］，溝口［2003］による。また国家資力研究所については主に原［2003］による。
21）国民所得推計の「人的方法」「物的方法」について，筆者は「満洲国」推計に関連して別の資料によってその概要を述べたことがある。山本［2003b］第7章をあわせて参照されたい。
22）「資金統制計画」および「国家資金計画」については，大蔵省昭和財政史編纂室（編）『昭和財政史』第11巻「金融」下，1955年，が基本文献であり，原［2003］6頁に詳しい関係文献リストがある。また計画本体については，原朗・山崎志郎（編集・解説）『戦時経済総動員関係資料集』全5期，全55巻，現代史料出版，に収められている。
23）国家資力研究所は，戦後も1945年末までは存続したが，1946年初頭に大蔵省理財局のなかの国家資力企画室に引き継がれ，1947年3月頃あたりまでは継続的に作業を続けた模様である（原［2003］）。またその後，国家資力研究所を母体として「戦後の統計制度の改革を行うため」に1946年10月に日本統計研究所（理事長・大内兵衛）が作られ，1981年4月には法政大学の附置研究所となって今日に至っているという（中村［2000］38頁，法政大学日本統計研究所ホームページ）。
24）山口［1944］は，「国家資力」をタイトルとして戦前期に刊行された書物として稀有な例であろう。高橋もまたこの論文集に「経済の循環と資金計画」を寄稿している。9人の寄稿者を執筆順に挙げれば，中山伊知郎，中川友長，森田優三，塩野谷九十九，小泉明，新庄博，高橋泰蔵，鬼頭仁三郎，山口茂である。なお，山口茂も1942（昭和17）年2月から47（昭和22年）年6月まで（高橋泰蔵とほぼ重なって）東京商科大学教授を勤めるとともに東亜経済研究所（経済研究所）所員を兼務している。『寸陰是惜八十

年―山口茂先生追悼記念集―』(同編纂委員会, 1975年), ほか。

附図　東京よりの等距離図
附表　戦時「日本帝国」関係略年表

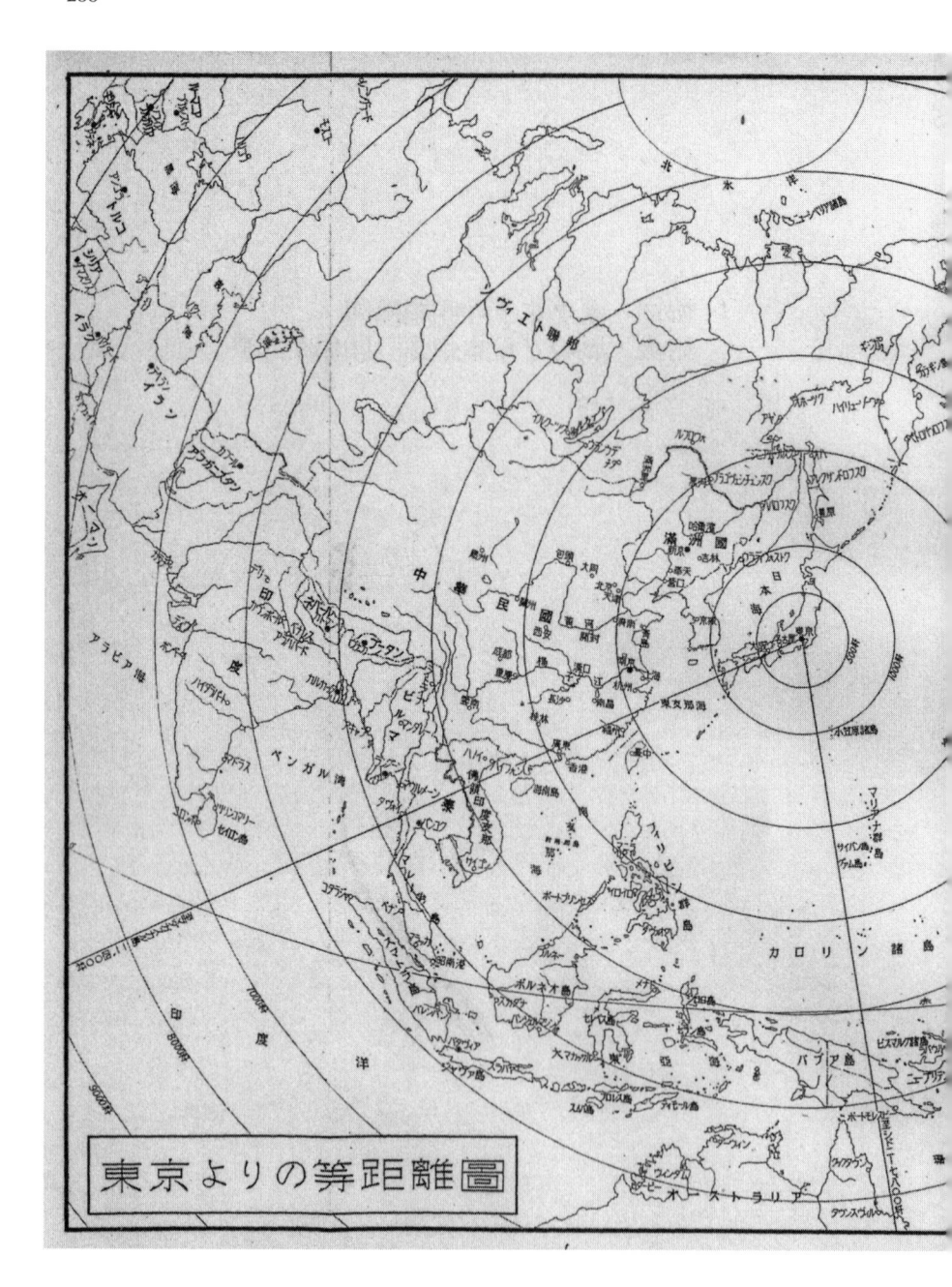

東京よりの等距離圖

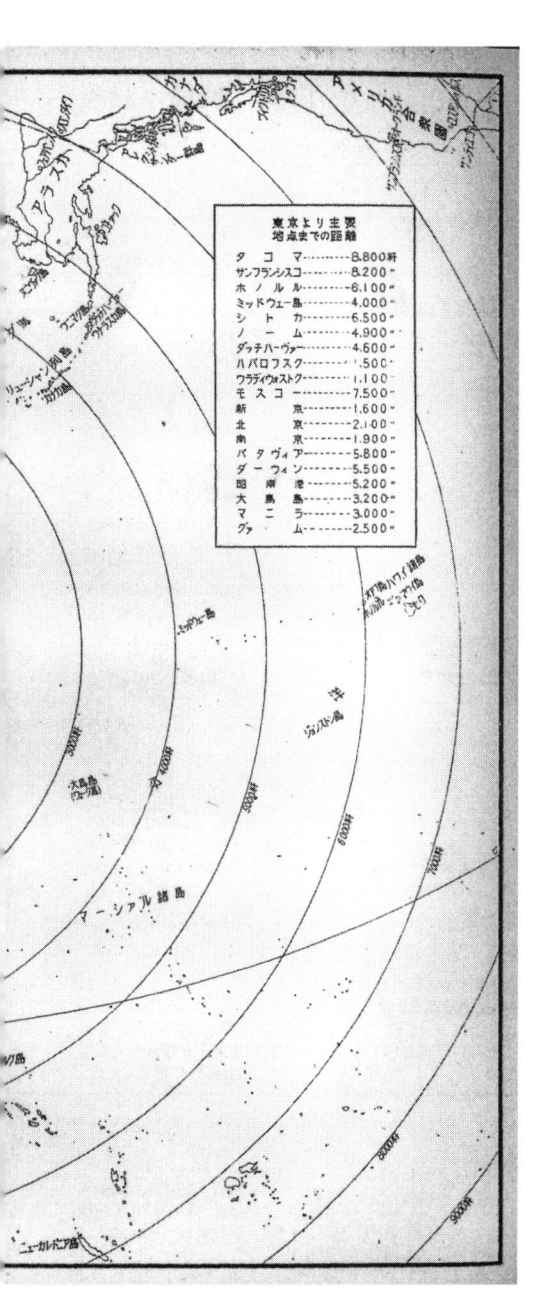

東京より主要地点までの距離	
タ コ マ	8,800粁
サンフランシスコ	8,200〃
ホ ノ ル ル	6,100〃
ミッドウェー島	4,000〃
シ ト カ	6,500〃
ノ ー ム	4,900〃
ダッチハーヴァー	4,600〃
ハバロフスク	1,500〃
ウラディオストク	1,100〃
モ ス コ	7,500〃
新 京	1,600〃
北 京	2,100〃
南 京	1,900〃
バ タ ヴィア	5,800〃
ダ ー ウィン	5,500〃
昭 南 港	5,200〃
大 島 島	3,200〃
マ ニ ラ	3,000〃
グ ァ ム	2,500〃

附図　東京よりの等距離図
出所）日本地政学協会『地政学』昭和17年6月号。
原註）本図は陸地測量部の認可を得て同部発行の〔皇道光被線概測図〕を基礎として作製したるものなり。

附表 戦時「日本

年月日	政治・外交・政策事項	月日	経
1931. 9.18	柳条湖事件勃発	4. 1	「重要産業統制法」公
1932. 5.15	5・15事件		
1933.10.21	「五相会議決定ノ外交方針ニ関スル件」（日満支三国ノ提携共助）閣議報告		
1934		3	「石油業法」公布・施
1935.10. 7	広田三原則（排日停止・満洲国黙認・赤化防止）を中国に提議		
1936. 2.26	2・26事件	5	「重要産業統制法」改
8. 7	「国策ノ基準」五相会議		
1937. 2. 2	林銑十郎内閣成立	5.29	「重要産業5ヵ年計画
6. 4	第1次近衛文麿内閣成立	6. 4	「賀屋・吉野三原則」産力の拡充）
7. 7	盧溝橋事件勃発→日中戦争に拡大	9. 8	「輸出入品等臨時措置
10.25	企画院設置	10	「輸出入リンク制」採
11.20	大本営設置		
1938. 1.16	第1次近衛声明（蒋介石政権を対手とせず）	1.16	昭和13年度物資動員
4. 1	国家総動員法公布	4. 1	「輸出入リンク制」本
11. 3	第2次近衛声明（東亜新秩序建設）		
12.16	興亜院設置		
1939		7.26	米国，日米通商航海条
9. 1	独軍，ポーランド侵攻／3 第二次世界大戦はじまる	9.20	「価格等統制令」（「9・
12.28	「対外施策方針要綱」外務・陸軍・海軍三相会議		
1940			
6.14	独軍，パリ入城		
7.22	第2次近衛内閣成立／26「基本国策要綱」閣議決定／27「世界情勢ノ推移ニ伴フ時局処理要綱」大本営政府連絡会議決定		
8.16	「南方経済施策要綱」閣議決定	8. 1	「基本国策要綱ニ基ク
9.27	日独伊三国同盟調印	9.26	米国，対日屑鉄全面禁
		12. 7	「経済新体制確立要綱」
1941		5.13	「貿易統制令」公布
6.22	独ソ戦開始		
7. 2	「情勢ノ推移ニ伴フ帝国国策要綱」御前会議決定	7.25	米国，在米日本資産を
18	第3次近衛内閣成立	8. 1	米国，対日石油全面禁
		30	重要産業団体令公布
9. 6	「帝国国策遂行要領（第1次）」御前会議決定		
10.18	東条英機内閣成立		

「帝国」関係略年表

済・貿易・金融事項	月日	「大東亜共栄圏」・「南方圏」事項
布		
	3. 1	「満洲国」建国宣言
	5.31	塘沽停戦協定
行		
	11.25	冀東防共自治委員会→12.25 冀東防共自治政府
	1.13	第1次「北支処理要綱」（華北5省の自治化）
正強化		
要綱」陸軍省 （物資需給の適合・国際収支の均衡，生		
	7. 9	「石沢・ハルト協定」（日蘭通商仮協定）
法」など経済統制3法公布 用		
	11.22	蒙疆聯合委員会（総務委員長・徳王）張家口に成立
	12.14	中華民国臨時政府（行政委員長・王克敏）北平に成立
計画を閣議決定（「物動」計画開始）	3.28	中華民国維新政府（行政院長・梁鴻志）南京に成立
格的運用開始		
	10.27	日本軍，武漢三鎮を占領（以後，持久態勢へ転換）
約の廃棄を通告（→'41.1.26 失効） 18ストップ令」）／「関満支向輸出調整令」	6.24	シャム，国号をタイに変更
	9. 1	蒙古聯合自治政府（首席・徳王）張家口に成立
	10. 1	支那派遣軍総司令部を南京に設置
	3.30	南京国民政府（汪兆銘政権）成立
具体問題処理要綱」閣議決定	8.16	「南方経済施策要綱」閣議決定
輸 閣議決定	9.23	日本軍，北部仏印進駐
	1.30	「対仏印，泰施策要綱」大本営政府連絡会議
	5. 6	日・仏印経済協定締結
	6. 6	「対南方施策要綱」大本営陸海軍部決定
凍結（7.26 英国，7.27 蘭印も凍結） 輸 （→9.1 施行）	7.28	日本軍，南部仏印進駐（←6.25 連絡会議決定）

	11. 5	「帝国国策遂行要領（第2次）」御前会議決定		
	12. 1	「対米英蘭開戦ノ件」御前会議決定		
	8	日本，米英に宣戦布告（太平洋戦争勃発）		
	10	「今次ノ対米英戦ヲ大東亜戦争ト呼称ス」大本営政府連絡会議決定		
1942. 1.21		「大東亜戦争指導方針」東条首相第79議会演説	1.27	日本貿易会設立（1942
2.23		「新秩序ヲ建設スヘキ大東亜ノ地域」大本営政府連絡会議決定	2.24	新「日本銀行法」公布
27		大東亜建設審議会発足		
3. 7		「戦争指導大綱」大本営政府連絡会議決定	3.30	南方開発金庫（南発）
			4. 1	船舶運営会設立
			18	戦時金融金庫設立
			5. 4	「大東亜経済建設基本
6. 5		ミッドウェー海戦始まる		
11. 1		大東亜省設置		
12.21		「大東亜戦争完遂ノ為ノ対支処理根本方針」（対華新政策）御前会議決定		
1943. 5.31		「大東亜政略指導大綱」御前会議決定		
			6. 8	交易営団設立
9.30		「今後執ルヘキ戦争指導ノ大綱」（絶対国防圏の設定）御前会議決定		
11. 1		軍需省を設置（企画院廃止）		
5		大東亜会議開会（→11.6 大東亜共同宣言）		
1944. 3. 8		インパール作戦開始（→7.4 作戦中止命令）		
6.15		米軍サイパン島上陸（→7.7 日本守備隊全滅）		
7.22		小磯国昭内閣成立		
8. 5		大本営政府連絡会議を最高戦争指導会議に改称		
10.24		レイテ沖海戦		
1945. 1.25		「決戦非常措置要綱」最高戦争指導会議決定		
			2.14	外資金庫（を大蔵省内
4. 7		鈴木貫太郎内閣成立		
6. 8		「今後採ルヘキ戦争指導ノ基本大綱」（本土決戦準備）御前会議決定		
8.14		日本政府，ポツダム宣言を受諾		
17		東久邇宮稔彦内閣成立		
9. 2		日本政府，降伏文書に調印		
			9.30	内外地主要国策機関の
10. 9		幣原喜重郎内閣成立		
1946			3. 8	「閉鎖機関令」「閉鎖機

註1）本年表は本書で論じた事項を中心に編成した。索引とあわせて参照されたい。
　2）本表の作成に当たっては，本文・註記に掲げた諸文献，一般的年表・事典のほか，アジア経済研究所［1983］，
　　た。

	11.6	南方軍戦闘序列発令
	20	「南方占領地行政実施要領」大本営政府連絡会議
	25	「南方作戦ニ伴フ占領地統治要綱」大本営陸軍部
	26	「占領地軍政実施に関する陸海軍中央協定」
	12.2	「南方軍占領地統治暫定要綱」南方軍総司令部
	8	日本軍（第25軍），マレイ半島コタバルに上陸
	12	「南方経済対策要綱」関係大臣会議決定
	21	日タイ軍事同盟条約調印
	30	「南方経済陸軍処理要領」大本営陸軍部
年5月貿易統制会と改称）	1.2	日本軍，マニラ入城
	2.15	日本軍，シンガポール入城
設立（→'43.4.1 南発券発券業務を開始）	3.14	「占領地軍政処理要綱」海軍省
	4.1	日本軍，西ニューギニア上陸
方針」（大東亜建設審議会第4部会答申）	5.1	日本軍，ビルマ・マンダレー占領（南進作戦一段落）
	31	「南方占領地各地域別統治要綱」大本営陸軍部
	7.1	南方軍総司令部をサイゴン（仏印）からシンガポールへ移動
	6.12	「南方甲地域経済対策要綱」大本営政府連絡会議
	8.1	ビルマ国独立宣言（日本ビルマ同盟条約調印）
	10.14	フィリピン共和国独立宣言（日比同盟条約調印）
	9.7	小磯首相声明「近い将来の東印度（インドネシア）独立」
に）設置	2.27	フィリピン・コモンウェルス政府マニラに帰還
	3.12	安南王国独立宣言／13 カンボジア王国独立宣言／4.8 ラオス王国独立宣言
	5.3	連合国軍，ビルマ・ラングーンを制圧
	8.9	ソ連軍「満洲」侵攻
	17	インドネシア独立準備委員会，独立宣言を発表
	18	「満洲国」解消
	29	南方軍ラングーンにて英連邦軍との降伏文書に調印（→9.12 シンガポールにて正式降伏式）
	9.5	英軍，マラヤ，シンガポール，ボルネオに軍政施行
活動停止に関するGHQ覚書	9	支那派遣軍（総司令官・岡村寧次大将）南京にて中国陸軍（総司令・何応欽一級上将）に降伏調印
関整理委員会令」公布		

防衛庁防衛研究所戦史部 [1998]，日置 [2005]，大阪外国語大学アジア研究会 [1995]，佐藤 [2001]，等を参照し

あとがき

　本書の刊行については，あまり考えもなく前著の「あとがき」に書いた一文がきっかけを作ってくれた。「予定する三部作の最後『「大東亜共栄圏」経済史研究』もまた，いつの日か名古屋大学出版会から刊行することができるであろうか」。これを見た出版会編集部の三木信吾氏が，是非実現しましょうといってくださり，話が動き出した。しかしそれから7年がたった。

　2004年の3月に京都大学人文科学研究所を定年で退職し，その4月から中部大学・人文学部に新設された歴史地理学科で教えることになった。人文研の最後の共同研究報告書を仕上げ，新任教師として授業を担当することに思わぬ時間を取られた。前者は山本有造（編著）『満洲　記憶と歴史』（京都大学学術出版会，2007年3月）として始末をつけた。研究所暮らしが長かったために，教えることには苦労した。学科主任をやり，研究科専攻主任をやり，入試出題委員のために夏休みを勉強に当て，たちまち3年が過ぎた。共同研究報告書を出した後，気を取り直して書いたのが「「大東亜共栄圏」交易論」（『中部大学人文学部研究論集』第20号，2008年7月――本書第5章所収）であった。それから，とにかく毎年1本は学部紀要に論文を書くことにしてようやく3本を仕上げ，どうやら本書の骨格が定まった。

　しかし本書の骨格が虚弱であることは，すでに「はしがき」でも述べた。前2著で主要な部分をなした「推計作業」の部あるいは「統計資料解題」の部を本書に加えることができなかった。本書第9章を含めた「資料解題」篇が作れなかったことが心残りである。残された時間の問題もあった。しかし，そもそも華中・華南からフィリピン，タイ，ベトナム，マレイ，インドネシアさらにビルマ（ミャンマー）までをも含む「大東亜共栄圏」期の「戦時経済」の実態を数量実証的に把握する最も適切な方法は何か。実のところ，この根幹がまだ分かっていないのかもしれない。

　2011年春，2度目の定年により中部大学を退職する。これを一区切りにしよ

うと心急いだために，本書の仕上げも不要に急ぎすぎたような気もする。また旧稿を再録するについて，内容，表現にやや繰り返しが多くなったが，各章を単独でも読めるように，あえて調整を加えなかったところがある。読者の了解を得たい。

　本書所収の論考の初出と謝辞は，各章註記の先頭に記した。例によって書き漏らしたことの多いことを恐れるが，いまはそのままにする。ただ，自費で蒐集した関係文献の多数を，自由に，長期にわたって貸与された籠谷直人氏（京都大学人文科学研究所）のご好意に対しては，ここで改めて深甚の謝意を表する。また「東京よりの等距離図」については蘭信三氏（上智大学外国語学部）および越水治氏（不二出版）から御教示を得た。

　なお，本書の刊行に当たっては日本学術振興会から平成23年度科学研究費補助金（研究成果公開促進費）の助成を受けた。

　このところ先輩・友人の訃報を聞くことが頓に多くなった。2010年正月の西川俊作先生（慶應義塾大学名誉教授）のご逝去は，私にとってとくに衝撃であった。1971年の数量経済史研究会（QEH研究会）の発足時に初めてお目に掛かって以来，弟のごとくにお世話になった。この間のご厚誼に感謝し，心からご冥福をお祈りする。

　最後に，40年の余にわたって私の生活に伴走してくれた妻・浩子にこのささやかな書物を捧げ，謝意を表することを許されたい。

2011年5月10日

　　　　　　　　　　　　　　　　　　　　　　　　　　　　山 本 有 造

参考文献一覧

1) 本書において直接的に参照・引用した文献のみを掲げる。
   ただし本文・図表に引用した資料の一部でここに掲記していない場合もある。なお主要な叢書類については末尾にその全容を再掲した。
2) 配列は編著者名のアルファベット順に従う。
3) 日本人編著者名はカナ読みのヘボン式表記を原則とする。
4) 朝鮮人・中国人の編著者名は便宜上漢字の日本語読みに従う。
5) 同一編著者の論著は発表年月順に配列する。
6) 共編著は筆頭編著者名の単編著の後に配列する。

安部博純［1989a］「〈大東亜共栄圏〉構想の形成」『北九州大学法政論集』第16巻第2号（のち安部［1996］第3編所収）。

安部博純［1989b］「〈大東亜共栄圏〉構想の展開」『北九州大学法政論集』第16巻第3・4号（のち安部［1996］第3編所収）。

安部博純［1989c］「〈大東亜共栄圏〉の実体的構造」徳本正彦ほか（編）『ナショナリズムの動態─日本のアジア─』九州大学出版会（のち安部［1996］第3編所収）。

安部博純［1996］『日本ファシズム論』影書房。

安達宏昭［1995］「開戦前の経済交渉─対蘭印・仏印交渉─」疋田［1995］第3章所収。

安達宏昭［2002］『戦前期日本と東南アジア─資源獲得の視点から─』吉川弘文館。

安達宏昭［2004］「「大東亜建設審議会」と「経済建設」構想─「大東亜経済建設基本方策」の形成をめぐって─」（立教大学史学会）『史苑』第65巻第1号。

安達宏昭［2005］「「大東亜建設審議会」と「経済建設」構想の展開─「大東亜産業（鉱業，工業及電力）建設基本方策」を中心に─」『史苑』第66巻第1号。

安達宏昭［2006］「戦時期の「大東亜経済建設」構想─「大東亜建設審議会」を中心に─」同時代史学会（編）『日中韓ナショナリズムの同時代史』日本経済評論社。

安達宏昭［2007］「「大東亜経済審議会」と「食糧自給」構想」『歴史』第108輯。

安達宏昭［2009a］「「決戦体制」下の「大東亜建設審議会」と繊維原料増産─棉花を中心に─」『東北大学文学研究科研究年報』第58号。

安達宏昭［2009b］「「決戦体制」下の「大東亜建設審議会」と鉱産資源開発」（日本植民地研究会）『日本植民地研究』第21号。

愛知揆一［1942］「大東亜の金融財政及交易に関する方策」『財政』第7巻第10号（のち日本銀行調査局編『日本金融史資料・昭和編』第32巻所収）。

赤松要博士還暦記念論集刊行会（編）［1958］『経済政策と国際貿易─赤松要博士還暦記念論集─』春秋社。

明石陽至（編）［2001］『日本占領下の英領マラヤ・シンガポール』岩波書店。
明石陽至・石井均（解題）［1995］『大東亜建設審議会関係史料―総会・部会速記録―』全4巻，龍溪書舎。
秋田茂・籠谷直人（編）［2001］『1930年代のアジア国際秩序』溪水社。
アメリカ合衆国戦略爆撃調査団（正木千冬訳）［1950］『日本戦争経済の崩壊』日本評論社。
アメリカ合衆国戦略爆撃調査団（奥田英雄・橋本啓子編訳）［1986］『日本における戦争と石油』石油評論社。
安藤良雄［1987］『太平洋戦争の経済史的研究―日本資本主義の展開過程―』東京大学出版会。
青沼陽一郎［2006］『帰還せず―残留日本兵六〇年目の証言―』新潮社。
荒川憲一［2011］『戦時経済体制の構想と展開―日本陸海軍の経済史的分析―』岩波書店。
蘭信三（編）［2008］『日本帝国をめぐる人口移動の国際社会学』不二出版。
浅田喬二［1986］「山本美越乃の植民論―矢内原忠雄の植民論との対比において―」（上）（下）（駒沢大学経済学会）『経済学論集』第18巻第1・2号，第3号。
浅田喬二［1988］「矢内原忠雄の植民論」（上）（中）（下）（駒沢大学経済学会）『経済学論集』第20巻第1号，第2号，第3号（のち浅田［1990］第4章所収）。
浅田喬二［1990］『日本植民地研究史論』未来社。
浅香末起［1943］『南方交易論』千倉書房。
浅野豊美（編）［2007］『南洋群島と帝国・国際秩序』慈学社出版。
浅野豊美［2008］『帝国日本の植民地法制』名古屋大学出版会。
浅野豊美・松田利彦（編）［2004a］『植民地帝国日本の法的構造』信山社。
浅野豊美・松田利彦（編）［2004b］『植民地帝国日本の法的展開』信山社。
アジア経済研究所（編）［1983］『『朝日新聞』（東京版）にみる「大東亜共栄圏」―1941〜45―：記事索引』所内資料（調査研究部 No. 57-1）。
防衛庁防衛研修所戦史室［1973］『大本営陸軍部　大東亜戦争開戦経緯(1)』「戦史叢書」(65)，朝雲新聞社。
防衛庁防衛研究所戦史部（編）［1985］『史料集　南方の軍政』朝雲新聞社。
防衛庁防衛研究所戦史部（米岡道夫）［1998］『日本軍事年表』（研究資料 98 RO-12 H）同研究所。
中支経済研究所［1939］『占領並非占領地貿易の基礎統計』（中支経済資料第83号）。
コーヘン，J. B.（大内兵衛訳）［1950］『戦時戦後の日本経済』（上）（下），岩波書店。
Cumings, Bruce [1984] "The Legacy of Colonialism in Korea," R. H. Myers and M. Peattie (eds.) [1984].
ドウス，ピーター［1992a］「日本／西欧列強／中国の半植民地化」『岩波講座　近代日本と植民地』2「帝国統治の構造」岩波書店。
ドウス，ピーター［1992b］「植民地なき帝国主義―「大東亜共栄圏」の構想―」『思想』814号。

江上芳郎［1997］『南方特別留学生招聘事業の研究』龍溪書舎。
藤井茂［1943］『大東亜計画貿易論』日本評論社。
深見純生［1988a］「日本軍政下ジャワにおける調査研究機関」『日蘭学会会誌』第13巻第1号（通巻第25号）。
深見純生［1988b］「東南アジアにおける日本軍政の調査」『南方文化』第15輯。
古川隆久［1992］『昭和戦中期の総合国策機関』吉川弘文館。
古厩忠夫［2004］『日中戦争と上海，そして私―古厩忠夫中国近現代史論集―』研文出版。
古屋哲夫（編）［1994］『近代日本のアジア認識』京都大学人文科学研究所（のち2001年緑蔭書房より再刊）。
外務省（編）［1965］『日本外交年表竝主要文書（1840-1945）』（上）（下），原書房。
權上康男［1974］「フランス植民地帝国主義（1881～1914年）―問題点と若干の回答の試み―」『エコノミア』50号。
後藤乾一［1995］『近代日本と東南アジア―南進の「衝撃」と「遺産」―』岩波書店。
Gunn, Lewis H.［1984］"Western and Japanese Colonialism : Some Preliminary Comparisons," Myers and Peattie (eds.)［1984］.
浜下武志［1997］『朝貢システムと近代アジア』岩波書店。
原朗［1969］「日中戦争期の国際収支」『社会経済史学』第34巻第6号。
原朗［1972］「日中戦争期の外貨決済」(1)(2)(3)（東京大学経済学会）『経済学論集』第38巻第1号，第2号，第3号。
原朗［1976］「「大東亜共栄圏」の経済的実態」『土地制度史学』第71号。
原朗［1993］「戦争賠償問題とアジア」『岩波講座　近代日本と植民地』8「アジアの冷戦と脱植民地化」岩波書店。
原朗［2003］「戦時戦後の資金計画―「国民所得」推計発展史の一考察―」『国民経済計算体系による日中長期推計の基礎的研究』（平成12年度東京国際大学特別研究助成・研究成果報告書）。
原覺天［1984］『現代アジア研究成立史論―満鉄調査部・東亜研究所・IPRの研究―』勁草書房。
原覺天［1985］『アジア研究と学者たち―覺天交遊録―』勁草書房。
秦郁彦（編）［1998］『南方軍政の機構・幹部軍政官一覧』南方軍政史研究フォーラム（非売品）。
波多野澄雄［1988］『「大東亜戦争」の時代』朝日出版社。
羽鳥敬彦［1986］『朝鮮における植民地幣制の形成』未来社。
春田哲吉［1999］『日本の海外植民地統治の終焉』原書房。
林大作（編）［1943］『交易営団への理論と実践』東亜書林。
林英一［2007］『残留日本兵の真実』作品社。
疋田康行（編）［1995］『「南方共栄圏」―戦時日本の東南アジア経済支配―』多賀出版。
日置英剛（編）［2005］『年表　太平洋戦争全史』国書刊行会。

平井廣一［2010］「「大東亜共栄圏」期の日本の物資供給」『北星論集』第 50 巻第 1 号。
菱沼勇［1941］『戦時経済と貿易国策』(戦時経済国策大系第 8 巻）産業経済学会。
一橋大学学園史編纂事業委員会（編）［1983］『第二次大戦と一橋』同会。
堀和生［1995］『朝鮮工業化の史的分析―日本資本主義と植民地経済―』有斐閣。
堀和生［2001］「植民地帝国日本の経済構造―1930 年代を中心に―」『日本史研究』第 462 号。
堀和生（編）［2008］『東アジア資本主義史論 II―構造と特質―』ミネルヴァ書房。
堀和生［2009］『東アジア資本主義史論 I―形成・構造・展開―』ミネルヴァ書房。
堀和生・中村哲（編）［2004］『日本資本主義と朝鮮・台湾―帝国主義下の経済変動―』京都大学学術出版会。
堀真琴［1939］『植民政策論』河出書房。
池田浩士（編）［2007］『大東亜共栄圏の文化建設』人文書院。
池尾愛子［2008］『赤松要―わが体系を乗りこえてゆけ―』（評伝日本の経済思想）日本経済評論社。
井村哲郎（編）［1997］『1940 年代の東アジア　文献解題』アジア経済研究所。
石井均［1994］『大東亜建設審議会と南方軍政下の教育』西日本法規出版（改訂版，1995 年）。
石井修［1995］『世界恐慌と日本の「経済外交」―1930〜1936 年―』勁草書房。
石島紀之［1984］『中国抗日戦争史』青木書店。
石川準吉［1976］『国家総動員史』「資料編第 4」同刊行会。
石川準吉［1979］『国家総動員史』「資料編第 8」同刊行会。
板垣與一［1988a］『(新装版) アジアとの対話』論創社（初版は，新紀元社，1968 年）。
板垣與一［1988b］『(新装版) 続アジアとの対話』論創社（初版は，論創社，1978 年）。
板垣與一［1988c］『アジアとの対話　第三集』論創社。
板垣與一［1993］『アジアとの対話　第四集』論創社。
板垣與一［1998］『アジアとの対話　第五集』論創社。
板垣與一［2004］『自己の中に永遠を』文芸社。
岩武照彦［1981］『南方軍政下の経済施策―マライ・スマトラ・ジャワの記録―』(上)(下)，私家版（発売：汲古書院）（のち 1995 年「南方軍政関係史料」21 として龍溪書舎より復刻）。
岩武照彦［1989］『南方軍政論集』巌南堂書店。
岩武照彦［1990］『近代中国通貨統一史―十五年戦争期における通貨闘争―』(上)(下)，みすず書房。
如水会学園史刊行委員会（編）［1989］『戦争の時代と一橋―昭和 12 年 1 月〜昭和 20 年 8 月―』同会。
上遠野寛子［2002］『東南アジアの弟たち―素顔の南方特別留学生―』暁印書館。
籠谷直人［2000］『アジア国際通商秩序と近代日本』名古屋大学出版会。

鴨井一司［2006］「戦時貿易統制における交易営団の役割」原朗・山崎志郎（編）『戦時日本の経済再編成』日本経済評論社。

金子文夫［1993］「植民地投資と工業化」『岩波講座　近代日本と植民地』3「植民地化と産業化」岩波書店。

金子文夫［2007］「占領地・植民地支配」石井寛治・原朗・武田晴人（編）『日本経済史』4「戦時・戦後期」第4章，東京大学出版会。

辛島理人［2010］「海軍省綜合研究会と板垣與一」石井友章・小林英夫・米谷匡史（編）『1930年代のアジア社会論―「東亜協同体」論を中心とする言語空間の諸相―』社会評論社。

春日豊［2010］『帝国日本と財閥商社―恐慌・戦争下の三井物産―』名古屋大学出版会。

堅山利忠［1943］『大東亜共栄圏の貿易と通貨』日本出版社。

加藤聖文［2009］『「大日本帝国」崩壊―東アジアの1945年―』（中公新書）中央公論新社。

加藤陽子［2002］『戦争の日本近現代史』（講談社現代新書）講談社。

川勝平太［1991］『日本文明と近代西洋―「鎖国」再考―』（NHKブックス）日本放送出版協会。

川北稔［2000］「帝国と植民地―18世紀イギリス帝国の変質―」濱下武志・川北稔（編）『支配の地域史』山川出版社。

経済企画庁戦後経済史編集室（編）［1963］『戦後経済史』6「国民所得編」大蔵省印刷局。

喜安朗［1967］「第三共和制の形成とフランス植民地主義」『史艸』第8号。

木畑洋一［1992］「英国と日本植民地統治」『岩波講座　近代日本と植民地』1「植民地帝国日本」岩波書店。

企画院研究会［1941］『国防国家の綱領』新紀元社。

企画院研究会［1943a］『大東亜建設の基本綱領』同盟通信社。

企画院研究会［1943b］『国家総動員法勅令解説』新紀元社。

木坂順一郎［1982］『太平洋戦争』（昭和の歴史7）小学館。

小林英夫［1975］『「大東亜共栄圏」の形成と崩壊』御茶の水書房。

小林英夫［1983］『戦後日本資本主義と「東アジア経済圏」』御茶の水書房。

小林英夫［1987］「（研究ノート）軍票史研究の現状と課題―日中・太平洋戦争期の華中を中心に―」（駒澤大学経済学会）『経済学論集』第19巻第1・2号。

小林英夫［1988］『大東亜共栄圏』（岩波ブックレット）岩波書店。

小林英夫［1993］『日本軍政下のアジア―「大東亜共栄圏」と軍票―』（岩波新書）岩波書店。

小林英夫［1997］「日本人の海外活動に関する歴史的調査」井村（編）［1997］第5部所収。

小林英夫［2011］「「大東亜共栄圏」と日本企業」和田ほか（編）［2011］所収。

小池聖一［1995］「海軍南方の「軍政」」疋田（編）［1995］第4章所収。

小泉明・長澤惟恭（編）［1969］『金融論の基本問題―高橋泰蔵教授退官記念論文集―』東洋経済新報社。

国策研究会［1943］『世界新秩序と交易新体制論』日本評論社。
駒込武［1996］『植民地帝国日本の文化統合』岩波書店。
厚生省引揚援護局［1978］『引揚げと援護三十年の歩み』ぎょうせい。
倉沢愛子［1995］「日本軍占領下の米経済の変容」疋田（編）［1995］第 13 章所収。
倉沢愛子［1997a］「米穀問題に見る占領期の東南アジア―ビルマ・マラヤの事情を中心に―」倉沢（編）［1997b］所収。
倉沢愛子（編）［1997b］『東南アジア史のなかの日本占領』早稲田大学出版部（新装版，2001 年）。
倉沢愛子［1997c］『南方特別留学生が見た戦時下の日本人』草思社。
倉沢愛子［2006］「帝国内の物流―米と鉄道―」『岩波講座　アジア・太平洋戦争』7「支配と暴力」岩波書店。
クラストカ，ポール・H［2011］「日本占領下における東南アジアの経済状況 1941-45」和田ほか（編）［2011］所収。
松田芳郎［1999］『ミクロ統計データの描く社会経済像』日本評論社。
Matsui Toru［1996］"On Japanese Colonialism : A World-Historical Perspective," *The Journal of Kawamura Gakuen Women's University*.
松本俊郎［1993］「第二次大戦期の戦時体制構想立案の動き―「美濃部洋次文書」にみる日満支経済協議会，大東亜建設審議会の活動―」『岡山大学経済学会雑誌』第 25 巻第 1・2 号。
松本俊郎［2000］『「満洲国」から新中国へ―鞍山鉄鋼業からみた中国東北の再編過程 1940-1954―』名古屋大学出版会。
松浦正孝［2010］『「大東亜戦争」はなぜ起きたのか―汎アジア主義の政治経済史―』名古屋大学出版会。
峰毅［2009］『中国に継承された「満洲国」の産業―化学工業を中心にみた継承の実態―』御茶の水書房。
三谷友吉［1943］「大東亜交易と交易営団」『関西大学研究論集』第 14 号（経済・商業篇）。
三輪宗弘［2004］『太平洋戦争と石油―戦略物資の軍事と経済―』日本経済評論社。
溝口敏行［2003］『日本の統計調査の進化―20 世紀における調査の変貌―』（広島経済大学研究叢書　第 24 冊）溪水社。
水野直樹［1997］「戦時期の植民地支配と「内外地行政一元化」」（京都大学人文科学研究所）『人文学報』第 79 号（特集号「1940 年代日本植民地帝国の諸相」）。
水野直樹（編）［2004］『生活の中の植民地主義』人文書院。
百瀬孝［1990］『事典　昭和戦前期の日本―制度と実態―』吉川弘文館。
百瀬孝［1995］『事典　昭和戦後期の日本―占領と改革―』吉川弘文館。
村上勝彦［1993］「矢内原忠雄における植民論と植民政策」『岩波講座　近代日本と植民地』4「統合と支配の論理」岩波書店。
Myers, Ramon and Peattie, Mark（eds.）［1984］*The Japanese Colonial Empire, 1895-1945*, Prince-

ton University Press.
長岡新次郎［1963］「南方施策の外交的展開（1937年〜1941年）」日本国際政治学会・太平洋戦争原因研究部（編）『太平洋戦争への道』6「南方進出」，朝日新聞社。
中井省三［1942a］『大東亜貿易新論』共栄書房。
中井省三［1942b］「広域経済の原理と大東亜共栄圏の物資交流に就て」（時事通信社）『講演時報』昭和17年6月中旬号。
中井省三［1943a］『大東亜計画貿易論』日本評論社。
中井省三［1943b］『交易と交易営団』船場書店。
中井省三［1944］『大東亜交易経済論』高山書院。
中村平治・桐山昇（編）［1985］『アジア1945年―「大東亜共栄圏」壊滅のとき―』青木書店。
中村正則・高村直助・小林英夫（編）［1994］『戦時華中の物資動員と軍票』多賀出版。
中村哲・安秉直（編）［1993］『近代朝鮮工業化の研究』日本評論社。
中村隆英［1971］『戦前期日本経済成長の分析』岩波書店。
中村隆英［1974］『日本の経済統制―戦時・戦後の経験と教訓―』（日経新書）日本経済新聞社。
中村隆英［1977］「戦争経済とその崩壊」『岩波講座　日本歴史』21「近代8」岩波書店。
中村隆英［1983］『戦時日本の華北経済支配』山川出版社。
中村隆英［2000］『昭和を生きる――エコノミストの回想―』東洋経済新報社。
中村隆英・原朗（編集解説）［1970］『国家総動員(1)　経済』「現代史資料」(43)，みすず書房。
中野聡［2006］「植民地統治と南方軍政―帝国・日本の解体と東南アジア―」『岩波講座　アジア・太平洋戦争』7「支配と暴力」岩波書店。
波形昭一［1985］『日本植民地金融政策史の研究』早稲田大学出版部。
波形昭一［1991］「南方占領地の通貨・金融政策」伊牟田敏充（編）『戦時体制下の金融構造』日本評論社。
南洋協会（編）［1943］『南方圏貿易統計表』日本評論社。
日本貿易振興協会日本貿易研究所（編）［1943］『大東亜交易基本統計表』栗田書店。
日本銀行調査局（編）［1943］『戦時金融統制の展開』（日本銀行調査局編『日本金融史資料・昭和編』第27巻「戦時金融関係資料(1)」所収）。
日本銀行調査局特別調査室（編）［1948］『満州事変以後の財政金融史』（日本銀行調査局編『日本金融史資料・昭和編』第27巻「戦時金融関係資料(1)」所収）。
日本銀行百年史編纂委員会（編）［1984］『日本銀行百年史』第4巻，同行。
日本銀行統計局［1966］『明治以降本邦主要経済統計』同局。
日本経済聯盟会調査課（編）［1942a］『大東亜共栄圏内主要物資交流表』（昭和17年3月）。
日本経済聯盟会調査課（編）［1942b］『大東亜戦争以降経済関係法規集』(2)，商工行政社。
小熊英二［1994］「差別即平等―日本植民地統治思想へのフランス人種社会学の影響―」『歴

史学研究』662号（のち小熊英二『〈日本人〉の境界—沖縄・アイヌ・台湾・朝鮮　植民地支配から復帰運動まで—』新曜社，1998年所収）。
岡部牧夫［1979］「日本ファシズムの植民地支配」今井清一（編）『15年戦争と東アジア』（「体系・日本現代史」第2巻）日本評論社。
大井篤［1953］『海上護衛戦—太平洋戦争の戦略的分析—』日本出版共同（のち改訂新版として『海上護衛参謀の回想—太平洋戦争の戦略批判—』原書房，1975年，『海上護衛戦』朝日ソノラマ，1983年，ほか）。
大蔵省（編）［1950］『財政金融統計月報』第5号（国際収支特集），大蔵財務協会。
大蔵省管理局［1950a］『日本人の海外活動に関する歴史的調査』通巻第1冊「総論」，同局。
大蔵省管理局［1950b］『日本人の海外活動に関する歴史的調査』通巻第30冊「南方編」第1分冊，同局。
大蔵省昭和財政史編集室（編）［1955］『昭和財政史』第11巻「金融」（下），東洋経済新報社。
大蔵省昭和財政史編集室（編）［1963］『昭和財政史』第13巻「国際金融・貿易」東洋経済新報社。
大蔵省・日本銀行（編）［1948］『財政経済統計年報』昭和23年版，大蔵財務協会。
大野俊［2008］「（第5部南洋）総説」蘭（編）［2008］所収。
大阪外国語大学アジア研究会（編）［1995］『1940年代アジア総合年表』同会（非売品）。
大矢繁夫［1994］「為替清算システム・「マルク決済圏」とドイツの銀行」（東北大学）研究年報『経済学』第55巻第4号。
ピーティー，マーク・R.［1993］「日中戦争・太平洋戦争期の日本の植民地帝国」細谷千博ほか（編）『太平洋戦争』東京大学出版会。
鯖田豊之［1999］『金（ゴールド）が語る20世紀—金本位制が揺らいでも—』（中公新書）中央公論新社。
斎藤修［2010］「数量経済史と近代日本経済史研究—方法的多様性を求めて—」石井寛治・原朗・武田晴人（編）『日本経済史』6「日本経済史入門」第3章，岩波書店。
桜井哲夫［1975］「フランスにおける植民地帝国主義と民主制—1880-1914—」『歴史学研究』別冊特集「歴史における民族の形成」（のち桜井哲夫『知識人の運命』三一書房，1983年所収）。
参謀本部（編）［1967］『杉山メモ』（上）（下），原書房。
佐藤元英（編）［2001］『アジア太平洋戦争期政策決定文書』原書房。
柴田善雅［1981］「日本帝国主義における中国占領地通貨金融政策」浅田喬二（編）『日本帝国主義下の中国』楽游書房（のち柴田［1999］所収）。
柴田善雅［1984］「固定相場制円ブロック形成後の「満州国」の対外決済」（中国研究所）『中国研究月報』第431号（のち柴田［1999］所収）。
柴田善雅［1986］「軍事占領下中国への資本輸出」国家資本輸出研究会（編）『日本の資本輸出』多賀出版。

柴田善雅［1993］「「蒙疆」における通貨金融政策の展開」『アジア経済』第 36 巻第 6 号（のち柴田［1999］所収）．
柴田善雅［1995a］「「南方共栄圏」の貿易政策」疋田（編）［1995］第 5 章所収．
柴田善雅［1995b］「南方軍事財政と通貨金融政策」疋田（編）［1995］第 6 章（のち柴田［1999］所収）．
柴田善雅［1995c］「戦後処理と戦後再進出」疋田（編）［1995］終章所収．
柴田善雅［1999］『占領地通貨金融政策の展開』日本経済評論社．
柴田善雅［2002］『戦時日本の特別会計』日本経済評論社．
柴田善雅［2005］『南洋日系栽培会社の時代』日本経済評論社．
柴田善雅［2007a］「蒙疆の財政と域際収支」内田・柴田［2007］第 4 章．
柴田善雅［2007b］「晩期戦時日本帝国の対日決済」『大東文化大学紀要』第 45 号（社会科学）．
柴田善雅［2008］『中国占領地日系企業の活動』日本経済評論社．
島野隆夫［1980］『商品生産輸出入物量累年統計表──1871 年（明治 4 年）から 1960 年（昭和 35 年）──』有恒書院．
島崎久弥［1980］「ブレトン・ウッズ体制成立前史の予備的考察」『経済系』第 123 集．
島崎久弥［1989］『円の侵略史──円為替本位制度の形成過程──』日本経済評論社．
清水元（編）［1986］『両大戦間期日本・東南アジア関係の諸相』アジア経済研究所．
清水元［1987］「近代日本における「東南アジア」地域概念の成立」(I)(II)『アジア経済』第 28 巻第 6 号，第 7 号（のち清水元『アジア海人の思想と行動──松浦党・からゆきさん・南進論者──』NTT 出版，1997 年所収）．
眞保潤一郎［1979］「大東亜共栄圏論」今井清一ほか（編）『体系・日本現代史』2「15 年戦争と東アジア」日本評論社．
白木沢旭児［1999］『大恐慌期日本の通商問題』御茶の水書房．
汐見三郎［1947］『各国の国民所得』（財政金融研究会紀要 5）有斐閣．
将口泰浩［2008］『未帰還兵──六十二年目の証言──』産経新聞出版．
総理府統計局［1951］『総理府統計局八十年史稿』同局．
菅浩二［2004］『日本統治下の海外神社──朝鮮神宮・台湾神社と祭神──』弘文堂．
菅原聖喜［1982］［1984］「フランス植民地思想の形成とナショナリズム」（上）（下）（東北大学）『法学』第 46 巻第 4 号，第 48 巻第 5 号．
杉原薫［1996］『アジア間貿易の形成と構造』ミネルヴァ書房．
杉山伸也・イアン・ブラウン（編）［1990］『戦間期東南アジアの経済摩擦──日本の南進とアジア欧米──』同文舘．
鈴木邦夫（編）［2007］『満州企業史研究』日本経済評論社．
多田井喜生（編集解説）［1983］『占領地通貨工作』「続・現代史資料」（11），みすず書房．
多田井喜生［1997］『大陸に渡った円の興亡』（上）（下），東洋経済新報社．
高石末吉［1970］『覚書終戦財政始末』第 3 巻「太平洋戦争と軍事諸費」大蔵財務協会．

高石末吉［1970］『覚書終戦財政始末』第 4 巻「戦費の調達と大陸各地の銀行」大蔵財務協会。
高石末吉［1970］『覚書終戦財政始末』第 5 巻「終戦と軍事借入金の弁済」大蔵財務協会。
高石末吉［1974］『為替波瀾の四十年』時潮社。
竹沢泰子［1994］『日系アメリカ人のエスニシティ―強制収容と補償運動による変遷―』東京大学出版会。
田中隆一［2007］『満洲国と日本の帝国支配』有志舎。
田中申一［1975］『日本戦争経済秘史』コンピュータ・エイジ社。
東京銀行［1982］『横浜正金銀行全史』第 4 巻，同行。
東洋経済新報社（編）［1935］『日本貿易精覧』東洋経済新報社。
角田順（編集解説）［1964］『日中戦争(3)』「現代史資料」⑽，みすず書房。
通商産業省（編）［1971］『商工政策史』第 6 巻，貿易（下），同刊行会。
内田知行・柴田善雅（編）［2007］『日本の蒙疆占領―1937-1945―』研文出版。
若槻泰雄［1991］『戦後引揚げの記録』時事通信社（新版，1995 年）。
ヤコノ，グザヴィエ（平野千果子訳）［1998］『フランス植民地帝国の歴史』白水社。
やまだあつし［1997］「植民地時代末期台湾工業の構造―国民党の接収記録を利用して―」（京都大学人文科学研究所）『人文学報』第 79 号（特集号「1940 年代日本植民地帝国の諸相」）。
山口茂（編）［1944］『国家資力の問題』理想社。
山口茂先生追悼記念集編纂委員会（編）［1975］『寸陰是惜八十年―山口茂先生追悼記念集―』同会。
山口茂・沖中恒幸（編）［1952］『資金需給―財政資金と産業資金―』（現代金融講座 4）春秋社。
山本有造［1986］「英領海峡植民地における円銀流通とその終焉」角山榮（編）『日本領事報告の研究』同文舘（のち山本有造『両から円へ―幕末・明治前期貨幣問題研究―』ミネルヴァ書房，1994 年所収）。
山本有造［1992］『日本植民地経済史研究』名古屋大学出版会。
山本有造［1994］「「大東亜共栄圏」構想とその構造―「大東亜建設審議会」答申を中心に―」古屋哲夫（編）［1994］所収。
山本有造［1997］「「大東亜金融圏」論」（京都大学人文科学研究所）『人文学報』第 79 号（特集号「1940 年代日本植民地帝国の諸相」）。
山本有造［2000］「植民地統治における「同化主義」の構造―山中モデルの批判的検討―」『人文学報』第 83 号。
山本有造［2001］「日本植民地帝国と東アジア」古屋哲夫・山室信一（編）『近代日本における東アジア問題』吉川弘文館。
山本有造（編）［2003a］『帝国の研究―原理・類型・関係―』名古屋大学出版会。
山本有造［2003b］『「満洲国」経済史研究』名古屋大学出版会。

山本有造 ［2005］『数量経済史という方法』「中部高等学術研究所共同研究会「はかる―はかりはかられる人と世界―」第 12 回記録，中部高等学術研究所．
山本有造 ［2006］「近代日本帝国における植民地支配の特質」（法政大学経済学会）『経済志林』（尾高教授退職記念論文集）．
山本有造 （編）［2007］『満洲　記憶と歴史』京都大学学術出版会．
山本有造 ［2008］「「大東亜共栄圏」交易論」『中部大学人文学部研究論集』第 20 号．
山本有造 ［2009］「「大東亜共栄圏」と日本の対外収支」『中部大学人文学部研究論集』第 22 号．
山本有造 ［2010］「「南方圏」交易論―市場から資源へ　貿易から交易へ―」『中部大学人文学部研究論集』第 24 号．
山本有造 ［2011a］「日本植民地帝国の展開と構造」西村成雄・石島紀之・田嶋信雄（編）『国際関係のなかの日中戦争』（日中戦争の国際共同研究 4）慶應義塾大学出版会．
山本有造 ［2011b］「私の経済史研究」（中部大学総合学術研究院）『アリーナ』第 12 号．
山本有造・盛田良治（編）［1999］『〈近代日本の南方関与〉に関する戦後日本刊行文献目録（稿）』京都大学人文科学研究所山本研究室（非売品）．
山室信一 ［2003］「「国民帝国」論の射程」山本（編）［2003a］所収．
山中速人 ［1982］［1983］「朝鮮同化政策と社会学的同化」（上）（下），『関西学院大学社会学部紀要』45 号，46 号．
山中速人 ［1993］「近代日本のエスニシティ観―新聞の朝鮮（人）報道を手掛かりに―」中野秀一郎・今津孝次郎（編）『エスニシティの社会学―日本社会の民族的構成―』世界思想社．
山崎広明 ［1979］「日本戦争経済の崩壊とその特質」東京大学社会科学研究所（編）『戦時日本経済』（「ファシズム期の国家と社会」第 2 巻）東京大学出版会．
山崎功 ［2001］「スマトラ・ボルネオ石油と日本軍政」明石（編）［2001］所収．
山崎志郎 ［2011］『戦時期経済総動員体制の研究』日本経済評論社．
山澤逸平・山本有造 ［1979］『貿易と国際収支』（長期経済統計　第 14 巻）東洋経済新報社．
矢野暢 ［1975］『「南進」の系譜』（中公新書）中央公論社（のち『日本の南洋史観』と合本して『「南進」の系譜　日本の南洋史観』千倉書房，2009 年として復刊）．
除野信道 ［1970］「南方開発金庫券の発行と責任」『上智経済論集』第 17 巻第 1・2 号（のち除野信道『太平洋戦争日本軍票論』学術選書，1978 年所収）．
和田春樹・後藤乾一・木畑洋一・山室信一・趙景達・中野聡・川島真（編）［2011］『岩波講座　東アジア近現代通史』6「アジア太平洋戦争と「大東亜共栄圏」1935-1945 年」岩波書店．
吉田裕 ［2007］『アジア・太平洋戦争』（岩波新書）岩波書店．

［資料叢書類］
明石陽至・石井均（編集・解題）［1995］『大東亜建設審議会関係史料―総会・部会速記録

―』全 4 巻，龍溪書舎．
防衛庁防衛研修所戦史室（戦史部）［1966-1980］『戦史叢書』全 102 巻，朝雲新聞社．
原朗・山崎志郎（編集・解説）［1997-2002］『戦時経済総動員関係資料集』第 1 期～第 5 期＋補遺，全 59 巻，現代出版社．
石川準吉［1975-1987］『国家総動員史』（上）（下）（補巻）（資料編第 1）（資料編第 2）（資料編第 3）（資料編第 4）（資料編第 5）（資料編第 6）（資料編第 7）（資料編第 8）（資料編第 9）（資料編別巻），同刊行会．
みすず書房［1962-1976］『現代史資料』全 45 巻＋別巻索引，みすず書房．
みすず書房［1982-］『続・現代史資料』全 12 巻，みすず書房．
日本銀行調査局（編）［1961-1974］『日本金融史資料・昭和編』全 35 巻，大蔵省印刷局．
日本銀行百年史編纂委員会（編）［1982-1986］『日本銀行百年史』全 6 巻＋資料編，同行．
大蔵省管理局［1950］『日本人の海外活動に関する歴史的調査』全 11 篇・目録とも全 37 分冊（本書の刊行年については仮に小林［1997］に従う．のち 2002 年小林英夫（監修）により「シリーズ戦後処理とアジア」第 I 期としてゆまに書房より復刻）．
大蔵省百年史編集室（編）［1969］『大蔵省百年史』（上）（下）（別巻），大蔵財務協会．
大蔵省昭和財政史編集室（編）［1954-1965］『昭和財政史』全 18 巻，東洋経済新報社．
高石末吉［1970-1973］『覚書終戦財政始末』全 25 巻，大蔵財政協会（第 25 巻のみ時潮社）．
東京銀行（編）［1980-1984］『横浜正金銀行全史』全 6 巻，東京銀行．
通商産業省（編）［1961-1985］『商工政策史』全 24 巻，商工政策史刊行会．

索　引

1）本文における重要事項・人名を五十音順に配列した。
　　(a)　図表，註記，あとがき，からは採録しない。
　　(b)　参考文献として挙げた編著者名は採録しない。
2）字句にこだわらず，内容により採録した場合がある。
3）イタリック体数字は，章，節，項，目のタイトルから採録された事項である。この場合，同一の項および目に再出する項目は採録しない。
4）→は参照項目を示す。

ア　行

預ケ合　147, 149, 150, 152
インフレーション（物価騰貴）　ii, 109, 184, 228
　戦時――　113, 115, 132, 148, 152, 179, 218
　占領地――　108
　大陸――　106
　通貨（紙幣）――　148, 149, 152
円域　99, 102, 105, 214
　――交易　→交易
　――貿易　→貿易
円貨　100, 161
　――決済圏　91, 133, 150, 157, 169, 174, 184
　――決済制度　169
　――圏　→円系通貨圏
　――債権（債務）　141, 152
円為替　169, 173, 178, 209
　――本位制　90, 162, 164, 165, 172, 184
円系通貨　179, 184
　――圏（円貨圏）　90, 91, 157, 164, *165*, 169, 174, 184
援蔣ルート　17, 18, 37, 75
円ブロック　99, 100, 133, 138, 172, 182, 184, 204, 206
汪兆銘（精衛）　14
　――国民政府　12, 14, 117, 147, 149, 165, 174
乙地域　19, *107*, 120, 140, 143, 146, *150*, 162, 166, 212, *215*, 223, 229
　→甲地域

カ　行

外貨　100, 133, 160, 168, 171, 172, 182, 203
　――決済圏　133
　――不足　98, 100, 133, 182
　――不足問題　135
外郭体　25, 42, *91*
　→中核体
外圏地帯　18, 74, 206
　→内圏地帯
外資金庫　152
外地　5, 25, 38, 42, 53, 63, 99, 128
　――の外国化　7
　――の内地化　7, 10, 38, 39, 63
　純領土たる――　6, 10
　準領土たる――　6, 10
　→内地
海南島　42, 114, 117, 132, 143, 149
解放区　14, 117
価格差（物価格差）　106, 132, 179, 181
　――調整　*181*
華興商業銀行　172, 173, 174
華中（中支）　12, 15, 42, 100, 116, 143
華中・華南（中南支）地域　42, 75, 89, 90, *148*, 165, 169
華南（南支）　15, 42, 75, 116, 143
華北（北支）　12, 15, 75, 87, 88, 89, 90, 91, 92, 100, 116, 133, 143, 146, *147*, 165
　――の「満洲国」化　37, 39
華北分離工作　14, 36
為替交易調整特別会計　110
関満支貿易調整令　101, 102

関満支向輸出調整令　101, 182
企画院　73, 74, 77, 78, 82, 83, 99, 101, 158, 204, 207, 216, 218, 226, 230
基本国策要綱　17, 70, 82, 83, 91, 101, *157*, 163, 192, 205
業者指定方式　24, 42, 214
　→国策会社方式
協同主義　*48*, 52
　→同化主義
協力的地域　19, 76, 92, 97, 120, 166
　→占領地
金銀（正貨）収支　127, *139*, 141
金（正貨）現送　135, 139, 141, 150
金本位制離脱　133
軍政　19, 20, 76, 92, 149, 210, 253
　――の財政　151
　――の三原則　19, 211
軍票　90, 91, 108, 149, 151, 165, 166, 169, 178, 183, 214
　――為替　178
軍部　11, 35, 233
経済新体制　99, 158
　→新体制運動
経済新体制確立要綱　101, 158
現地通貨政府貸上制度　147, 149, 150, 151, 152
小磯国昭意見書　73
広域経済圏　104, 162, 164
交易　97, 98, *103*, 127, *191*, 211, 213, 214
　円域――　*105*, 214
　大東亜――　*98, 103, 105, 111*
　　→大東亜交易圏
　大東亜共栄圏――　*97, 111, 114*, 135, 214
　南方圏――　*191, 194, 204, 216, 230*
　南方占領地（南方甲地域）――　105, *107*, 212, *215*
　仏印およびタイ（南方乙地域）――　105, *107*, 215
　→貿易
交易営団　103, *108*, 184
交易外収支　120, 127, *138*, 141, 152
　→貿易外収支
交易収支　120, 127, *135*, 141, 152, 195, 197
　→貿易収支
交易統制及価格調整ニ関スル件　103, 108
工業化　*40*
　植民地――　*41*

満洲（国）――　41, 87
甲地域　19, *107*, 120, 143, 146, *151*, 152, 166, 212, 214, *215*, 223, 229
　→乙地域
皇道主義　39, 61
皇民化　*38*, 45
　――政策　10, 39, 45, 63
国際収支（対外収支）　ⅰ, 120, *127, 133, 141*, 161
　――推計　ⅰ
　――統計　*127*, 141
　――不均衡　*141*
　――分析　ⅱ
　――問題　→外貨不足問題
国策会社方式　214
　→業者指定方式
国策研究会　73, 158
国策ノ基準　191
国統区　14, 117
国土計画設定要綱　82
国民所得　ⅰ, 245
　――推計　ⅰ, *245*, 256
　南方圏の――　*245*
国民帝国　34
国家資金計画　258
国家資力研究所　256
国家総動員計画　91, 258
国家総動員法　99, 101, 210
近衛文麿　99
　第一次――内閣　98
　第二次――内閣　17, 70, 82, 91, 101, 158, 192, 205, 207
小林特派使節携行対蘭印交渉方針案　71, 207

サ 行

在外資産凍結　76, 102, 135, 139, 160, 171, 172, 174, 183, 208
財政金融基本方策要綱　160, 258
サンフランシスコ平和条約　25, 235
自給圏　158, 159, 205
　→補給圏
資源　13, 24, 37, 40, 42, 69, 81, 85, 87, 99, 104, 107, 114, 158, *191*, 204, 206, 211, 213
　――の内地還送　*216*
　――の内地輸送　*230*
　→物資
資源圏　24, 42, 92

索　引　289

　　→自存圏
自存圏　　24, 42, 75, 160
　　→資源圏
自治主義　　51
　　→同化主義
支那　　88, 89, 116, 143
　　→中国，中華民国
支配地　　i, 3, 14, 25, 40, 100, 127, 132, 165, 169, 173, 184, 260
　　→占領地
主権線　　37
　　→利益線
蔣介石
　　――国民政府　　14, 117, 169
昭和研究会　　158
植民政策学　　43, 51
植民地　　i, 3, 5, 40, 53, 63, 128, 165, 169, 184, 260
　　――支配　　33, 47, 63, 64
　　――政策　　48, 55, 61, 62, 63
　　――統治　　38, 45, 63
　　――問題　　11
　　公式――　　i, 3, 5, 11, 12, 24, 34, 133, 152
　　非公式――　　12
植民地帝国
　　近代――　　5, 33, 43, 49
　　日本――　　i, 3, 10, 24, 33, 42, 61
新体制運動　　157
　　→経済新体制
人民幣　　132
数量経済史的方法　　i
生活圏　　74
　　→生存圏
生産指数　　i
生存圏　　18, 71, 74
政府貸上制度　　→現地通貨政府貸上制度
政府直営方式　　→臨軍交易方式
世界情勢ノ推移ニ伴フ時局処理要綱　　17, 70, 192, 205
石油　　17, 37, 42, 69, 76, 86, 92, 100, 114, 120, 146, 199, 200, 206, 207, 208, 213, 216, 217, 234
　　――委員会　　233
　　――の内地還送　　223
　　――の内地輸送　　232
占領地　　i, 3, 14, 19, 25, 40, 70, 76, 92, 97, 107, 120, 132, 138, 165, 169, 173, 184, 204, 210, 260
　　→協力的地域
　　→支配地
占領地軍政実施ニ関スル陸海軍中央協定　　19, 76, 92, 211
総合国策十ヵ年計画　　73, 83
宗主国　　3, 22, 47, 53, 63, 112, 120, 205
双務的清算協定　　169, 178

タ　行

対外（為替）決済　　90, 104, 121, 160, 162, 169, 177, 209
　　双務的――　　172, 173
　　　　→双務的清算協定
　　多角的――　　172, 173, 175
　　　　→多角的綜合清算制
対外収支　　→国際収支
対外施策方針要綱　　192, 204
第三国　　100, 133, 143, 208
　　――取引　　173
　　――貿易（交易）　　100, 105, 133, 135, 160, 174, 182, 206, 214, 216
大東亜会議　　24
大東亜共栄圏　　i, ii, 3, 17, 24, 34, 40, 69, 70, 81, 97, 101, 111, 114, 127, 143, 146, 157, 162, 172, 191
大東亜共同宣言　　24
大東亜金融圏　　90, 157, 160, 162, 164, 165, 174, 177, 184
大東亜金融，財政及交易基本政策　　80, 90, 103, 162, 175
大東亜経済圏　　73, 81, 91
大東亜経済建設基本方策　　78, 80, 81, 163
大東亜建設審議会　　69, 76, 81, 102, 104, 162
大東亜交易圏　　160
大東亜交通基本政策　　80, 89
大東亜産業（鉱業，工業及電力）建設基本方策　　80, 86
大東亜省　　8, 78
大東亜新秩序　　17, 21, 70
大東亜政略指導大綱　　23
大東亜戦争　　17, 76, 81, 85, 91, 163
大東亜戦争ノ現情勢ニ於テ帝国領導下ニ新秩序ヲ建設スヘキ大東亜ノ地域　　69, 74
大東亜ノ農業，林業，水産業及畜産業ニ関スル方策　　80, 88
大日本帝国　　6, 15

→日本帝国
対仏印経済交渉　*206*
対蘭印経済交渉　*73, 206*
　→日蘭会商
多角的綜合清算制　*90, 164, 172, 174, 184*
拓務省　*8*
中央儲備銀行　*90, 147, 149, 172, 173, 174, 175*
　——券（儲備券）　*90, 140, 149, 165, 169, 183*
中核体　*25, 42, 91*
　→外郭体
中華民国　*116, 143*
中華民国維新政府　*12*
中華民国国民政府　*11, 14*
　→汪兆銘（精衛）国民政府
　→蔣介石国民政府
中華民国臨時政府　*12, 147*
中国　*3, 13, 34, 36, 100, 112, 113, 116, 121, 143, 169, 173*
中国圏　*35, 152, 165*
中国問題　*36*
中国聯合準備銀行（聯銀）　*147, 172, 175, 182*
　——券（聯銀券）　*90, 117, 140, 147, 165, 169, 183*
中支　→華中
中南支　→華中・華南
調整料制度　*182, 214*
　→留保金制度
朝鮮銀行（朝銀）　*147, 152, 173*
　——券（朝銀券）　*147*
通貨　*132, 163*
　——圏　*132, 143, 149*
　——制度　*132*
　——戦　*149, 165, 169*
　決済——　*132*
　日系——　*150*
　法定——　*147*
帝国　*33, 43*
　近代——　*33, 43*
　公式——　*3, 5, 10, 25, 42, 100*
　日本——　→日本帝国
　非公式——　*3, 11*
東亜　*17, 70, 104, 192*
東亜共栄圏　*71, 75, 82, 159, 160*
東亜経済圏　*73*
同化　*45, 64, 169*
　——主義　*8, 10, 38, 45, 46, 48, 51, 54, 59, 63*

　→協同主義，自治主義
　——政策　*10, 46, 48, 59*
　——論　*46, 59*
東京商科大学東亜経済研究所　*245, 253*
東条英機　*70, 76, 78, 79, 84, 162*
統制　ii, *41, 100, 213*
　為替——　*161, 175*
　経済——　*98*
　貿易——　*98, 100, 102, 103, 105, 108, 161*
東南アジア　*3, 37, 121, 191, 235*
特別円　*106, 109, 150, 168, 171, 172, 177*
　決済資金的——　*173, 174*
　固定的——　*173*
　補償的——　*173, 181, 182*
特別統治主義　*8*

ナ 行

内外地行政一元化　*8, 10*
内圏地帯　*18, 74, 206*
　→外圏地帯
内地　*5, 10, 25, 53, 85, 88, 91, 100, 128*
　→外地
内地延長主義　*9, 62*
内面指導　*12, 22*
南支　→華南
南進　*3, 17, 37, 70, 75, 204, 235*
　——政策　*17*
　——論　*41*
南部仏印進駐　*18, 75, 150, 160, 168, 208*
南方　*3, 17, 71, 75, 87, 88, 89, 91, 92, 102, 112, 114, 116, 191*
　——開発　*89*
　——経営　*3, 70, 210, 229*
　——経済　*245*
　——作戦　*3, 69, 75, 89, 92, 97, 162, 216, 227, 253*
　——統治　*223, 253*
南方開発金庫（南発）　*91, 108, 151, 152, 166, 169, 176*
　——券（南発券）　*151, 166, 169, 176*
南方経営調査会　*111*
南方経済施策要綱　*18, 74, 205, 207, 208*
南方経済対策要綱　*19, 76, 211*
南方圏　ii, *3, 20, 34, 37, 42, 71, 97, 102, 107, 114, 120, 121, 143, 152, 165, 173, 191, 206, 235, 245*
　——の外地化　*10*

索引　291

南方占領地行政実施要領　19, 75, 211
南方派遣調査団（班）　253
南洋　*191*
南洋貿易会　102, 210, 215
南洋貿易調整令　101, 102, 210
日独伊三国同盟　73, 160, 170, 205, 208
日独伊枢軸強化に関する件　17, 71
日米通商航海条約　98, 100
日満一体化　39
日満支　17, 70, 73, 83, 91, 101, 102, 158, 159
　　──経済　85, 159
　　──ブロック　15, 97, 100, 204
日満支経済建設要綱　71, 74, 82, 159
日満支経済協議会　82
日満ブロック　37, 41
日蘭会商　203
　第一次──　203
　第二次──　171
日本銀行（日銀）　90, 99, 147, 164, 173
　　──改組　*174*
日本帝国　3, 5, 10, *25*, *33*, 63, 133, 127, 165, 205
　円環的に拡大した──　3, 25
　拡大──　75, 92
　南に肥大した──　3, 25
日本貿易会　102, 214, 215
　→貿易統制会
日本本国　3, 5
日本本土　3, 5, 10, 27, 100

ハ　行

賠償　235
引揚げ　26, 234
物価
　物価格差　→価格差
　物価騰貴　→インフレーション
物資　85, 86, 98, 103, 104, 108, 109, 114, 140, 141, 152, 160, 181, 185, 206, 207, 209, *216*
　　──の内地還送　*218*, 234
　　──の南方供給　228
　南方期待──　87, 216
　→資源
物資動員計画（物動）　87, 91, 93, 103, 106, 107, 108, 161, 207, 209, 213, 216, 218, 226, 228, 230
分治合作主義　12
分離主義　38, *46*, 62

植民地──　9, 53
　→本国延長主義
　→同化主義
貿易　100, 102, 103, 105, *191*, 210
　　──決済　210
　　──統計　ii, 116, 218
　　──分析　i
　　──摩擦　201
　円域──　99, 102
　東南アジア──　194, *235*
　→交易
貿易外収支　127, *138*
　→交易外収支
貿易収支　113, 127, *135*, 195, 197, 203
　→交易収支
貿易統制会　102, 103, 105, 108, 214, 215
貿易統制令　99, 101, 102, 108
法幣　132, 149, 169, 183
補給圏　205, 216
　→自給圏
北支　→華北
北部仏印進駐　18, 75, 150, 168, 171, 209
ポツダム宣言　25, 26, 234
北方圏　ii, 3, 97, 120, 191
本国延長主義　53
　→内地延長主義
　→分離主義

マ・ヤ行

満韓　5
満洲　75, 87, 88, 91, 92, 100
満洲国　i, 11, 12, 14, 15, 34, 36, 39, 41, 75, 87, 88, 90, 100, 112, 113, 117, 133, 143, *146*
　　──の外地化　10, 39
満洲国幣　90, 117, 179
　→満銀券
満洲中央銀行（満銀）　172, 173, 175
　　──券（満銀券）　147, 165, 169
満蒙　3, 5, 13, 133
　　──特殊権益　11
　　──問題　36
満・蒙・華北（満蒙北支）地域　15, 25, 42, 165, 169
蒙疆　12, 15, 75, 89, 90, 100, 116, 143
蒙疆・華北地域　146, *147*
蒙疆銀行（蒙銀）　148, 172, 173, 174, 175
　　──券（蒙銀券）　90, 117, 148, 165, 169

蒙疆聯合委員會　12
蒙古聯合自治政府　12, 14, 148
輸出入品等臨時措置法　98, 102
輸出入リンク制　99
輸送　108, 213, 215, 227, *230*, 234
　　──線　228, 232
　　──船舶　89, 207, 230
　　──問題　135, 223
　　──力　224, *230*, 233
　　海上──　89, 203, *230*
横浜正金銀行（正金）　146, 147, 149, 150, 152, 170, 172, 173, 176, 177, 182

ラ・ワ行

利益線　37
　→主権線
留保金制度　106, 109, 182
　→調整料制度
淪陷区　14, 117
臨軍交易方式　108, 151, 212, 214, 215
臨時軍事費特別会計　107, 146, 151, 152, 178, 212, 215
滙申　178, 183

《著者略歴》

山本有造
やま　もと　ゆう　ぞう

1940 年　京都市に生まれる
1967 年　京都大学大学院経済学研究科修士課程修了
京都大学人文科学研究所教授，中部大学人文学部教授などを経て
現　在　京都大学名誉教授，博士（経済学）
著　書　『日本植民地経済史研究』（名古屋大学出版会，1992 年）
　　　　『両から円へ』（ミネルヴァ書房，1994 年）
　　　　『「満洲国」経済史研究』（名古屋大学出版会，2003 年）
　　　　『カロライン・フリート号が来た！』（風媒社，2017 年）
　　　　『「満洲国」の研究』（編著，緑蔭書房，1995 年）
　　　　『帝国の研究』（編著，名古屋大学出版会，2003 年）
　　　　『満洲　記憶と歴史』（編著，京都大学学術出版会，2007 年）他

「大東亜共栄圏」経済史研究

2011 年 9 月 30 日　初版第 1 刷発行
2022 年 4 月 30 日　初版第 2 刷発行

定価はカバーに
表示しています

著　者　山　本　有　造
発行者　西　澤　泰　彦

発行所　一般財団法人　名古屋大学出版会
〒 464-0814　名古屋市千種区不老町 1 名古屋大学構内
電話(052)781-5027 / FAX(052)781-0697

ⓒ YAMAMOTO Yuzo, 2011　　　　　　　　　　Printed in Japan
印刷・製本　亜細亜印刷㈱　　　　　　　ISBN978-4-8158-0680-4
乱丁・落丁はお取替えいたします。

JCOPY 〈出版者著作権管理機構　委託出版物〉

本書の全部または一部を無断で複製（コピーを含む）することは，著作権法上での例外を除き，禁じられています。本書からの複製を希望される場合は，そのつど事前に出版者著作権管理機構（Tel：03-5244-5088, FAX：03-5244-5089, e-mail：info@jcopy.or.jp）の許諾を受けてください。

山本有造著 日本植民地経済史研究	A5・320 頁 本体 6,000 円
山本有造著 「満洲国」経済史研究	A5・332 頁 本体 5,500 円
山本有造編 帝国の研究 ―原理・類型・関係―	A5・406 頁 本体 5,500 円
松浦正孝著 「大東亜戦争」はなぜ起きたのか ―汎アジア主義の政治経済史―	A5・1092 頁 本体 10,000 円
石井寛治著 帝国主義日本の対外戦略	A5・336 頁 本体 5,600 円
春日　豊著 帝国日本と財閥商社 ―恐慌・戦争下の三井物産―	A5・796 頁 本体 8,500 円
前田廉孝著 塩と帝国 ―近代日本の市場・専売・植民地―	A5・484 頁 本体 8,000 円
安冨歩／深尾葉子編 「満洲」の成立 ―森林の消尽と近代空間の形成―	A5・586 頁 本体 7,400 円
等松春夫著 日本帝国と委任統治 ―南洋群島をめぐる国際政治 1914-1947―	A5・336 頁 本体 6,000 円
浅野豊美著 帝国日本の植民地法制 ―法域統合と帝国秩序―	A5・808 頁 本体 9,500 円